HINDI
VOCABULÁRIO

PALAVRAS MAIS ÚTEIS

PORTUGUÊS
HINDI

Para alargar o seu léxico e apurar
as suas competências linguísticas

9000 palavras

Vocabulário Português-Hindi - 9000 palavras

Por Andrey Taranov

Os vocabulários da T&P Books destinam-se a ajudar a aprender, a memorizar, e a rever palavras estrangeiras. O dicionário é dividido em temas, cobrindo todas as principais esferas de atividades quotidianas, negócios, ciência, cultura, etc.

O processo de aprendizagem, utilizando os dicionários baseados em temáticas da T&P Books dá-lhe as seguintes vantagens:

- Informação de origem corretamente agrupada predetermina o sucesso em fases subsequentes da memorização de palavras
- Disponibilização de palavras derivadas da mesma raiz, o que permite a memorização de unidades de texto (em vez de palavras separadas)
- Pequenas unidades de palavras facilitam o processo de estabelecimento de vínculos associativos necessários para a consolidação do vocabulário
- O nível de conhecimento da língua pode ser estimado pelo número de palavras aprendidas

T&P Books Publishing
www.tpbooks.com

ISBN: 978-1-78616-533-6

Este livro também está disponível em formato E-book.
Por favor visite www.tpbooks.com ou as principais livrarias on-line.

VOCABULÁRIO HINDI
palavras mais úteis

Os vocabulários da T&P Books destinam-se a ajudar a aprender, a memorizar, e a rever palavras estrangeiras. O vocabulário contém mais de 9000 palavras de uso comum organizadas tematicamente.

O vocabulário contém as palavras mais comummente usadas
Recomendado como adicional para qualquer curso de línguas
Satisfaz as necessidades dos iniciados e dos alunos avançados de línguas estrangeiras
Conveniente para o uso diário, sessões de revisão e atividades de auto-teste
Permite avaliar o seu vocabulário

Características especias do vocabulário

*   As palavras estão organizadas de acordo com o seu significado, e não por ordem alfabética
*   As palavras são apresentadas em três colunas para facilitar os processos de revisão e auto-teste
*   As palavras compostas são divididas em pequenos blocos para facilitar o processo de aprendizagem
*   O vocabulário oferece uma transcrição simples e adequada de cada palavra estrangeira

O vocabulário contém 256 tópicos incluindo:

Conceitos básicos, Números, Cores, Meses, Estações do ano, Unidades de medida, Roupas & Acessórios, Alimentos & Nutrição, Restaurante, Membros da Família, Parentes, Caráter, Sentimentos, Emoções, Doenças, Cidade, Passeios, Compras, Dinheiro, Casa, Lar, Escritório, Trabalho no Escritório, Importação & Exportação, Marketing, Pesquisa de Emprego, Desportos, Educação, Computador, Internet, Ferramentas, Natureza, Países, Nacionalidades e muito mais ...

TABELA DE CONTEÚDOS

GUIA DE PRONUNCIAÇÃO

Letra	Exemplo Hindi	Alfabeto fonético T&P	Exemplo Português

Vogais

अ	अक्सर	[a]; [ɑ], [ə]	chamar; milagre
आ	आगमन	[aː]	rapaz
इ	इनाम	[i]	sinónimo
ई	ईश्वर	[i], [iː]	sinónimo
उ	उठना	[ʊ]	bonita
ऊ	ऊपर	[uː]	blusa
ऋ	ऋग्वेद	[r, rʲ]	abril
ए	एकता	[eː]	plateia
ऐ	ऐनक	[aj]	baixar
ओ	ओला	[oː]	albatroz
औ	औरत	[au]	produção
अं	अंजीर	[ŋ]	alcançar
अः	अ से अः	[h]	[h] aspirada
ऑं	ऑफिस	[ɒ]	chamar

Consoantes

क	कमरा	[k]	kiwi
ख	खिड़की	[kh]	[k] aspirada
ग	गरज	[g]	gosto
घ	घर	[gh]	[g] aspirada
ङ	डाकू	[n]	alcançar
च	चक्कर	[tʲ]	Tchau!
छ	छात्र	[tʲh]	[tsch] aspirado
ज	जाना	[dʒ]	adjetivo
झ	झलक	[dʒ]	adjetivo
ञ	विज्ञान	[ɲ]	ninhada
ट	मटर	[t]	tulipa
ठ	ठेका	[th]	[t] aspirada
ड	डंडा	[d]	dentista
ढ	ढलान	[d]	dentista
ण	क्षण	[n]	O nasal retroflexo
त	ताकत	[t]	tulipa
थ	थकना	[th]	[t] aspirada
द	दरवाज़ा	[d]	dentista
ध	धोना	[d]	dentista
न	नाई	[n]	natureza

Letra	Exemplo Hindi	Alfabeto fonético T&P	Exemplo Português
प	पिता	[p]	presente
फ	फल	[f]	safári
ब	बच्चा	[b]	barril
भ	भाई	[b]	barril
म	माता	[m]	magnólia
य	याद	[j]	géiser
र	रीछ	[r]	riscar
ल	लाल	[l]	libra
व	वचन	[v]	fava
श	शिक्षक	[ʃ]	mês
ष	भाषा	[ʃ]	mês
स	सोना	[s]	sanita
ह	हज़ार	[h]	[h] aspirada

Consoantes adicionais

क़	क़लम	[q]	teckel
ख़	ख़बर	[h]	[h] aspirada
ड़	लड़का	[r]	riscar
ढ़	पढ़ना	[r]	riscar
ग़	ग़लती	[ɣ]	agora
ज़	ज़िन्दगी	[z]	sésamo
झ़	टैंझर	[ʒ]	talvez
फ़	फ़ौज	[f]	safári

ABREVIATURAS
usadas no vocabulário

Abreviaturas do Português

adj	-	adjetivo
adv	-	advérbio
anim.	-	animado
conj.	-	conjunção
desp.	-	desporto
etc.	-	etecetra
ex.	-	por exemplo
f	-	nome feminino
f pl	-	feminino plural
fem.	-	feminino
inanim.	-	inanimado
m	-	nome masculino
m pl	-	masculino plural
m, f	-	masculino, feminino
masc.	-	masculino
mat.	-	matemática
mil.	-	militar
pl	-	plural
prep.	-	preposição
pron.	-	pronome
sb.	-	sobre
sing.	-	singular
v aux	-	verbo auxiliar
vi	-	verbo intransitivo
vi, vt	-	verbo intransitivo, transitivo
vr	-	verbo reflexivo
vt	-	verbo transitivo

Abreviaturas do Hindi

f	-	nome feminino
f pl	-	feminino plural
m	-	nome masculino
m pl	-	masculino plural

CONCEITOS BÁSICOS

Conceitos básicos. Parte 1

1. Pronomes

eu	मैं	main
tu	तुम	tum
ele, ela	वह	vah
nós	हम	ham
vocês	आप	āp
eles, elas	वे	ve

2. Cumprimentos. Saudações. Despedidas

Olá!	नमस्कार!	namaskār!
Bom dia! (formal)	नमस्ते!	namaste!
Bom dia! (de manhã)	नमस्ते!	namaste!
Boa tarde!	नमस्ते!	namaste!
Boa noite!	नमस्ते!	namaste!
cumprimentar (vt)	नमस्कार कहना	namaskār kahana
Olá!	नमस्कार!	namaskār!
saudação (f)	अभिवादन (m)	abhivādan
saudar (vt)	अभिवादन करना	abhivādan karana
Como vai?	आप कैसे हैं?	āp kaise hain?
O que há de novo?	क्या हाल है?	kya hāl hai?
Até à vista!	अलविदा!	alavida!
Até breve!	फिर मिलेंगे!	fir milenge!
Adeus! (sing.)	अलिवदा!	alivada!
Adeus! (pl)	अलविदा!	alavida!
despedir-se (vr)	अलविदा कहना	alavida kahana
Até logo!	अलविदा!	alavida!
Obrigado! -a!	धन्यवाद!	dhanyavād!
Muito obrigado! -a!	बहुत बहुत शुक्रिया!	bahut bahut shukriya!
De nada	कोई बात नहीं	koī bāt nahin
Não tem de quê	कोई बात नहीं	koī bāt nahin
De nada	कोई बात नहीं	koī bāt nahin
Desculpa!	माफ़ कीजिएगा!	māf kījiega!
Desculpe!	माफ़ी कीजियेगा!	māfī kījiyega!
desculpar (vt)	माफ़ करना	māf karana
desculpar-se (vr)	माफ़ी मांगना	māfī māngana
As minhas desculpas	मुझे माफ़ कीजिएगा	mujhe māf kījiega

Desculpe!	मुझे माफ़ कीजिएगा!	mujhe māf kījiega!
perdoar (vt)	माफ़ करना	māf karana
por favor	कृप्या	krpya

Não se esqueça!	भूलना नहीं!	bhūlana nahin!
Certamente! Claro!	ज़रूर!	zarūr!
Claro que não!	बिल्कुल नहीं!	bilkul nahin!
Está bem! De acordo!	ठीक है!	thīk hai!
Basta!	बहुत हुआ!	bahut hua!

3. Como se dirigir a alguém

senhor	श्रीमान	shrīmān
senhora	श्रीमती	shrīmatī
rapariga	मैम	maim
rapaz	बेटा	beta
menino	बेटा	beta
menina	कुमारी	kumārī

4. Números cardinais. Parte 1

zero	ज़ीरो	zīro
um	एक	ek
dois	दो	do
três	तीन	tīn
quatro	चार	chār

cinco	पाँच	pānch
seis	छह	chhah
sete	सात	sāt
oito	आठ	āth
nove	नौ	nau

dez	दस	das
onze	ग्यारह	gyārah
doze	बारह	bārah
treze	तेरह	terah
catorze	चौदह	chaudah

quinze	पन्द्रह	pandrah
dezasseis	सोलह	solah
dezassete	सत्रह	satrah
dezoito	अठारह	athārah
dezanove	उन्नीस	unnīs

vinte	बीस	bīs
vinte e um	इक्कीस	ikkīs
vinte e dois	बाईस	baīs
vinte e três	तेईस	teīs

trinta	तीस	tīs
trinta e um	इकत्तीस	ikattīs

| trinta e dois | बतीस | battīs |
| trinta e três | तैंतीस | taintīs |

quarenta	चालीस	chālīs
quarenta e um	इक्तालीस	iktālīs
quarenta e dois	बयालीस	bayālīs
quarenta e três	तैंतालीस	taintālīs

cinquenta	पचास	pachās
cinquenta e um	इक्यावन	ikyāvan
cinquenta e dois	बावन	bāvan
cinquenta e três	तिरपन	tirapan

sessenta	साठ	sāth
sessenta e um	इकसठ	ikasath
sessenta e dois	बासठ	bāsath
sessenta e três	तिरसठ	tirasath

setenta	सत्तर	sattar
setenta e um	इकहत्तर	ikahattar
setenta e dois	बहत्तर	bahattar
setenta e três	तिहत्तर	tihattar

oitenta	अस्सी	assī
oitenta e um	इक्यासी	ikyāsī
oitenta e dois	बयासी	bayāsī
oitenta e três	तिरासी	tirāsī

noventa	नब्बे	nabbe
noventa e um	इक्यानवे	ikyānave
noventa e dois	बानवे	bānave
noventa e três	तिरानवे	tirānave

5. Números cardinais. Parte 2

cem	सौ	sau
duzentos	दो सौ	do sau
trezentos	तीन सौ	tīn sau
quatrocentos	चार सौ	chār sau
quinhentos	पाँच सौ	pānch sau

seiscentos	छह सौ	chhah sau
setecentos	सात सो	sāt so
oitocentos	आठ सौ	āth sau
novecentos	नौ सौ	nau sau

mil	एक हज़ार	ek hazār
dois mil	दो हज़ार	do hazār
De quem são ...?	तीन हज़ार	tīn hazār
dez mil	दस हज़ार	das hazār
cem mil	एक लाख	ek lākh

| um milhão | दस लाख (m) | das lākh |
| mil milhões | अरब (m) | arab |

16

6. Números ordinais

primeiro	पहला	pahala
segundo	दूसरा	dūsara
terceiro	तीसरा	tīsara
quarto	चौथा	chautha
quinto	पाँचवाँ	pānchavān
sexto	छठा	chhatha
sétimo	सातवाँ	sātavān
oitavo	आठवाँ	āthavān
nono	नौवाँ	nauvān
décimo	दसवाँ	dasavān

7. Números. Frações

fração (f)	अपूर्णांक (m)	apūrnānk
um meio	आधा	ādha
um terço	एक तीहाई	ek tīhaī
um quarto	एक चौथाई	ek chauthaī
um oitavo	आठवां हिस्सा	āthavān hissa
um décimo	दसवां हिस्सा	dasavān hissa
dois terços	दो तिहाई	do tihaī
três quartos	पौना	pauna

8. Números. Operações básicas

subtração (f)	घटाव (m)	ghatāv
subtrair (vi, vt)	घटाना	ghatāna
divisão (f)	विभाजन (m)	vibhājan
dividir (vt)	विभाजित करना	vibhājit karana
adição (f)	जोड़ (m)	jor
somar (vt)	जोड़ करना	jor karana
adicionar (vt)	जोड़ना	jorana
multiplicação (f)	गुणन (m)	gunan
multiplicar (vt)	गुणा करना	guna karana

9. Números. Diversos

algarismo, dígito (m)	अंक (m)	ank
número (m)	संख्या (f)	sankhya
numeral (m)	संख्यावाचक (m)	sankhyāvāchak
menos (m)	घटाव चिह्न (m)	ghatāv chihn
mais (m)	जोड़ चिह्न (m)	jor chihn
fórmula (f)	फ़ारमूला (m)	fāramūla
cálculo (m)	गणना (f)	ganana
contar (vt)	गिनना	ginana

calcular (vt)	गिनती करना	ginatī karana
comparar (vt)	तुलना करना	tulana karana
Quanto, -os, -as?	कितना?	kitana?
soma (f)	कुल (m)	kul
resultado (m)	नतीजा (m)	natīja
resto (m)	शेष (m)	shesh
alguns, algumas ...	कुछ	kuchh
um pouco de ...	थोड़ा ...	thora ...
resto (m)	बाक़ी	bāqī
um e meio	डेढ़	derh
dúzia (f)	दर्जन (m)	darjan
ao meio	दो भागों में	do bhāgon men
em partes iguais	बराबर	barābar
metade (f)	आधा (m)	ādha
vez (f)	बार (m)	bār

10. Os verbos mais importantes. Parte 1

abrir (vt)	खोलना	kholana
acabar, terminar (vt)	ख़त्म करना	khatm karana
aconselhar (vt)	सलाह देना	salāh dena
adivinhar (vt)	अंदाज़ा लगाना	andāza lagāna
advertir (vt)	चेतावनी देना	chetāvanī dena
ajudar (vt)	मदद करना	madad karana
almoçar (vi)	दोपहर का भोजन करना	dopahar ka bhojan karana
alugar (~ um apartamento)	किराए पर लेना	kirae par lena
amar (vt)	प्यार करना	pyār karana
ameaçar (vt)	धमकाना	dhamakāna
anotar (escrever)	लिख लेना	likh lena
apanhar (vt)	पकड़ना	pakarana
apressar-se (vr)	जल्दी करना	jaldī karana
arrepender-se (vr)	अफ़सोस जताना	afasos jatāna
assinar (vt)	हस्ताक्षर करना	hastākshar karana
atirar, disparar (vi)	गोली चलाना	golī chalāna
brincar (vi)	मज़ाक करना	mazāk karana
brincar, jogar (crianças)	खेलना	khelana
buscar (vt)	तलाश करना	talāsh karana
caçar (vi)	शिकार करना	shikār karana
cair (vi)	गिरना	girana
cavar (vt)	खोदना	khodana
cessar (vt)	बंद करना	band karana
chamar (~ por socorro)	बुलाना	bulāna
chegar (vi)	पहुँचना	pahunchana
chorar (vi)	रोना	rona
começar (vt)	शुरू करना	shurū karana
comparar (vt)	तुलना करना	tulana karana

compreender (vt)	समझना	samajhana
concordar (vi)	राज़ी होना	rāzī hona
confiar (vt)	यकीन करना	yakīn karana

confundir (equivocar-se)	गड़बड़ा जाना	garabara jāna
conhecer (vt)	जानना	jānana
contar (fazer contas)	गिनना	ginana
contar com (esperar)	भरोसा रखना	bharosa rakhana
continuar (vt)	जारी रखना	jārī rakhana

controlar (vt)	नियंत्रित करना	niyantrit karana
convidar (vt)	आमंत्रित करना	āmantrit karana
correr (vi)	दौड़ना	daurana
criar (vt)	बनाना	banāna
custar (vt)	दाम होना	dām hona

11. Os verbos mais importantes. Parte 2

dar (vt)	देना	dena
dar uma dica	इशारा करना	ishāra karana
decorar (enfeitar)	सजाना	sajāna
defender (vt)	रक्षा करना	raksha karana
deixar cair (vt)	गिराना	girāna

descer (para baixo)	उतरना	utarana
desculpar-se (vr)	माफ़ी मांगना	māfī māngana
dirigir (~ uma empresa)	प्रबंधन करना	prabandhan karana
discutir (notícias, etc.)	चर्चा करना	charcha karana
dizer (vt)	कहना	kahana

duvidar (vt)	शक करना	shak karana
encontrar (achar)	ढूंढना	dhūrhana
enganar (vt)	धोखा देना	dhokha dena
entrar (na sala, etc.)	अंदर आना	andar āna
enviar (uma carta)	भेजना	bhejana

errar (equivocar-se)	गलती करना	galatī karana
escolher (vt)	चुनना	chunana
esconder (vt)	छिपाना	chhipāna
escrever (vt)	लिखना	likhana
esperar (o autocarro, etc.)	इंतज़ार करना	intazār karana

esperar (ter esperança)	आशा करना	āsha karana
esquecer (vt)	भूलना	bhūlana
estudar (vt)	पढ़ाई करना	parhaī karana
exigir (vt)	मांगना	māngana
existir (vi)	होना	hona

explicar (vt)	समझाना	samajhāna
falar (vi)	बोलना	bolana
faltar (clases, etc.)	ग़ैर-हाज़िर होना	gair-hāzir hona
fazer (vt)	करना	karana
gabar-se, jactar-se (vr)	डींग मारना	dīng mārana
gostar (apreciar)	पसंद करना	pasand karana

gritar (vi)	चिल्लाना	chillāna
guardar (cartas, etc.)	रखना	rakhana
informar (vt)	खबर देना	khabar dena
insistir (vi)	आग्रह करना	āgrah karana

insultar (vt)	अपमान करना	apamān karana
interessar-se (vr)	रुचि लेना	ruchi lena
ir (a pé)	जाना	jāna
ir nadar	तैरना	tairana
jantar (vi)	रात्रिभोज करना	rātribhoj karana

12. Os verbos mais importantes. Parte 3

ler (vt)	पढ़ना	parhana
libertar (cidade, etc.)	आज़ाद करना	āzād karana
matar (vt)	मार डालना	mār dālana
mencionar (vt)	उल्लेख करना	ullekh karana
mostrar (vt)	दिखाना	dikhāna

mudar (modificar)	बदलना	badalana
nadar (vi)	तैरना	tairana
negar-se a ...	इन्कार करना	inkār karana
objetar (vt)	एतराज़ करना	etarāz karana

observar (vt)	देखना	dekhana
ordenar (mil.)	हुक्म देना	hukm dena
ouvir (vt)	सुनना	sunana
pagar (vt)	दाम चुकाना	dām chukāna
parar (vi)	रुकना	rukana

participar (vi)	भाग लेना	bhāg lena
pedir (comida)	ऑर्डर करना	ordar karana
pedir (um favor, etc.)	माँगना	māngana
pegar (tomar)	लेना	lena
pensar (vt)	सोचना	sochana

perceber (ver)	देखना	dekhana
perdoar (vt)	क्षमा करना	kshama karana
perguntar (vt)	पूछना	pūchhana
permitir (vt)	अनुमति देना	anumati dena
pertencer a ...	स्वामी होना	svāmī hona

planear (vt)	योजना बनाना	yojana banāna
poder (vi)	सकना	sakana
possuir (vt)	मालिक होना	mālik hona

| preferir (vt) | तरजीह देना | tarajīh dena |
| preparar (vt) | खाना बनाना | khāna banāna |

prever (vt)	उम्मीद करना	ummīd karana
prometer (vt)	वचन देना	vachan dena
pronunciar (vt)	उच्चारण करना	uchchāran karana
propor (vt)	प्रस्ताव रखना	prastāv rakhana
punir (castigar)	सज़ा देना	saza dena

13. Os verbos mais importantes. Parte 4

quebrar (vt)	तोड़ना	torana
queixar-se (vr)	शिकायत करना	shikāyat karana
querer (desejar)	चाहना	chāhana
recomendar (vt)	सिफ़ारिश करना	sifārish karana
repetir (dizer outra vez)	दोहराना	doharāna
repreender (vt)	डाँटना	dāntana
reservar (~ um quarto)	बुक करना	buk karana
responder (vt)	जवाब देना	javāb dena
rir (vi)	हंसना	hansana
roubar (vt)	चुराना	churāna
saber (vt)	मालूम होना	mālūm hona
sair (~ de casa)	बाहर जाना	bāhar jāna
salvar (vt)	बचाना	bachāna
seguir ...	पीछे चलना	pīchhe chalana
sentar-se (vr)	बैठना	baithana
ser necessário	आवश्यक होना	āvashyak hona
ser, estar	होना	hona
significar (vt)	अर्थ होना	arth hona
sorrir (vi)	मुस्कुराना	muskurāna
subestimar (vt)	कम मूल्यांकन करना	kam mūlyānkan karana
surpreender-se (vr)	हैरान होना	hairān hona
tentar (vt)	कोशिश करना	koshish karana
ter (vt)	होना	hona
ter fome	भूख लगना	bhūkh lagana
ter medo	डरना	darana
ter sede	प्यास लगना	pyās lagana
tocar (com as mãos)	छूना	chhūna
tomar o pequeno-almoço	नाश्ता करना	nāshta karana
trabalhar (vi)	काम करना	kām karana
traduzir (vt)	अनुवाद करना	anuvād karana
unir (vt)	संयुक्त करना	sanyukt karana
vender (vt)	बेचना	bechana
ver (vt)	देखना	dekhana
virar (ex. ~ à direita)	मुड़ जाना	mur jāna
voar (vi)	उड़ना	urana

14. Cores

cor (f)	रंग (m)	rang
matiz (m)	रंग (m)	rang
tom (m)	रंग (m)	rang
arco-íris (m)	इन्द्रधनुष (f)	indradhanush
branco	सफ़ेद	safed
preto	काला	kāla

cinzento	धूसर	dhūsar
verde	हरा	hara
amarelo	पीला	pīla
vermelho	लाल	lāl

azul	नीला	nīla
azul claro	हल्का नीला	halka nīla
rosa	गुलाबी	gulābī
laranja	नारंगी	nārangī
violeta	बैंगनी	bainganī
castanho	भूरा	bhūra

| dourado | सुनहरा | sunahara |
| prateado | चांदी-जैसा | chāndī-jaisa |

bege	हल्का भूरा	halka bhūra
creme	क्रीम	krīm
turquesa	फ़िरोज़ी	fīrozī
vermelho cereja	चेरी जैसा लाल	cherī jaisa lāl
lilás	हल्का बैंगनी	halka bainganī
carmesim	गहरा लाल	gahara lāl

claro	हल्का	halka
escuro	गहरा	gahara
vivo	चमकीला	chamakīla

de cor	रंगीन	rangīn
a cores	रंगीन	rangīn
preto e branco	काला-सफ़ेद	kāla-safed
unicolor	एक रंग का	ek rang ka
multicor	बहुरंगी	bahurangī

15. Questões

Quem?	कौन?	kaun?
Que?	क्या?	kya?
Onde?	कहाँ?	kahān?
Para onde?	किधर?	kidhar?
De onde?	कहाँ से?	kahān se?
Quando?	कब?	kab?
Para quê?	क्यों?	kyon?
Porquê?	क्यों?	kyon?

Para quê?	किस लिये?	kis liye?
Como?	कैसे?	kaise?
Qual?	कौन-सा?	kaun-sa?
Qual? (entre dois ou mais)	कौन-सा?	kaun-sa?

A quem?	किसको?	kisako?
Sobre quem?	किसके बारे में?	kisake bāre men?
Do quê?	किसके बारे में?	kisake bāre men?
Com quem?	किसके?	kisake?
Quanto, -os, -as?	कितना?	kitana?
De quem? (masc.)	किसका?	kisaka?

16. Preposições

com (prep.)	के साथ	ke sāth
sem (prep.)	के बिना	ke bina
a, para (exprime lugar)	की तरफ़	kī taraf
sobre (ex. falar ~)	के बारे में	ke bāre men
antes de ...	के पहले	ke pahale
diante de ...	के सामने	ke sāmane
sob (debaixo de)	के नीचे	ke nīche
sobre (em cima de)	के ऊपर	ke ūpar
sobre (~ a mesa)	पर	par
de (vir ~ Lisboa)	से	se
de (feito ~ pedra)	से	se
dentro de (~ dez minutos)	में	men
por cima de ...	के ऊपर चढ़कर	ke ūpar charhakar

17. Palavras funcionais. Advérbios. Parte 1

Onde?	कहाँ?	kahān?
aqui	यहाँ	yahān
lá, ali	वहां	vahān
em algum lugar	कहीं	kahīn
em lugar nenhum	कहीं नहीं	kahīn nahin
ao pé de ...	के पास	ke pās
ao pé da janela	खिड़की के पास	khirakī ke pās
Para onde?	किधर?	kidhar?
para cá	इधर	idhar
para lá	उधर	udhar
daqui	यहां से	yahān se
de lá, dali	वहां से	vahān se
perto	पास	pās
longe	दूर	dūr
perto de ...	निकट	nikat
ao lado de	पास	pās
perto, não fica longe	दूर नहीं	dūr nahin
esquerdo	बायाँ	bāyān
à esquerda	बायीं तरफ़	bāyīn taraf
para esquerda	बायीं तरफ़	bāyīn taraf
direito	दायां	dāyān
à direita	दायीं तरफ़	dāyīn taraf
para direita	दायीं तरफ़	dāyīn taraf
à frente	सामने	sāmane
da frente	सामने का	sāmane ka

em frente (para a frente)	आगे	āge
atrás de ...	पीछे	pīchhe
por detrás (vir ~)	पीछे से	pīchhe se
para trás	पीछे	pīchhe
meio (m), metade (f)	बीच (m)	bīch
no meio	बीच में	bīch men
de lado	कोने में	kone men
em todo lugar	सभी	sabhī
ao redor (olhar ~)	आस-पास	ās-pās
de dentro	अंदर से	andar se
para algum lugar	कहीं	kahīn
diretamente	सीधे	sīdhe
de volta	वापस	vāpas
de algum lugar	कहीं से भी	kahīn se bhī
de um lugar	कहीं से	kahīn se
em primeiro lugar	पहले	pahale
em segundo lugar	दूसरा	dūsara
em terceiro lugar	तीसरा	tīsara
de repente	अचानक	achānak
no início	शुरू में	shurū men
pela primeira vez	पहली बार	pahalī bār
muito antes de ...	बहुत समय पहले ...	bahut samay pahale ...
de novo, novamente	नई शुरूआत	naī shurūāt
para sempre	हमेशा के लिए	hamesha ke lie
nunca	कभी नहीं	kabhī nahin
de novo	फिर से	fir se
agora	अब	ab
frequentemente	अकसर	akasar
então	तब	tab
urgentemente	तत्काल	tatkāl
usualmente	आमतौर पर	āmataur par
a propósito, ...	प्रसंगवश	prasangavash
é possível	मुमकिन	mumakin
provavelmente	संभव	sambhav
talvez	शायद	shāyad
além disso, ...	इस के अलावा	is ke alāva
por isso ...	इस लिए	is lie
apesar de ...	फिर भी ...	fir bhī ...
graças a ...	... की मेहरबानी से	... kī meharabānī se
que (pron.)	क्या	kya
que (conj.)	कि	ki
algo	कुछ	kuchh
alguma coisa	कुछ भी	kuchh bhī
nada	कुछ नहीं	kuchh nahin
quem	कौन	kaun
alguém (~ teve uma ideia ...)	कोई	koī

alguém	कोई	koī
ninguém	कोई नहीं	koī nahin
para lugar nenhum	कहीं नहीं	kahīn nahin
de ninguém	किसी का नहीं	kisī ka nahin
de alguém	किसी का	kisī ka

tão	कितना	kitana
também (gostaria ~ de …)	भी	bhī
também (~ eu)	भी	bhī

18. Palavras funcionais. Advérbios. Parte 2

Porquê?	क्यों?	kyon?
por alguma razão	किसी कारणवश	kisī kāranavash
porque …	क्यों कि ...	kyon ki ...
por qualquer razão	किसी वजह से	kisī vajah se

e (tu ~ eu)	और	aur
ou (ser ~ não ser)	या	ya
mas (porém)	लेकिन	lekin
para (~ a minha mãe)	के लिए	ke lie

demasiado, muito	ज़्यादा	zyāda
só, somente	सिर्फ़	sirf
exatamente	ठीक	thīk
cerca de (~ 10 kg)	करीब	karīb

aproximadamente	लगभग	lagabhag
aproximado	अनुमानित	anumānit
quase	करीब	karīb
resto (m)	बाक़ी	bāqī

cada	हर एक	har ek
qualquer	कोई	koī
muito	बहुत	bahut
muitas pessoas	बहुत लोग	bahut log
todos	सभी	sabhī

| em troca de … | … के बदले में | … ke badale men |
| em troca | की जगह | kī jagah |

| à mão | हाथ से | hāth se |
| pouco provável | शायद ही | shāyad hī |

provavelmente	शायद	shāyad
de propósito	जानबूझकर	jānabūjhakar
por acidente	संयोगवश	sanyogavash

muito	बहुत	bahut
por exemplo	उदाहरण के लिए	udāharan ke lie
entre	के बीच	ke bīch
entre (no meio de)	में	men
tanto	इतना	itana
especialmente	ख़ासतौर पर	khāsataur par

Conceitos básicos. Parte 2

19. Opostos

rico	अमीर	amīr
pobre	ग़रीब	garīb
doente	बीमार	bīmār
são	तंदरूस्त	tandarūst
grande	बड़ा	bara
pequeno	छोटा	chhota
rapidamente	जल्दी से	jaldī se
lentamente	धीरे	dhīre
rápido	तेज़	tez
lento	धीमा	dhīma
alegre	हँसमुख	hansamukh
triste	उदास	udās
juntos	साथ-साथ	sāth-sāth
separadamente	अलग-अलग	alag-alag
em voz alta (ler ~)	बोलकर	bolakar
para si (em silêncio)	मन ही मन	man hī man
alto	लंबा	lamba
baixo	नीचा	nīcha
profundo	गहरा	gahara
pouco fundo	छिछला	chhichhala
sim	हाँ	hān
não	नहीं	nahin
distante (no espaço)	दूर	dūr
próximo	निकट	nikat
longe	दूर	dūr
perto	पास	pās
longo	लंबा	lamba
curto	छोटा	chhota
bom, bondoso	नेक	nek
mau	दुष्ट	dusht
casado	शादीशुदा	shādīshuda

solteiro	अविवाहित	avivāhit
proibir (vt)	प्रतिबंधित करना	pratibandhit karana
permitir (vt)	अनुमति देना	anumati dena
fim (m)	अंत (m)	ant
começo (m)	शुरू (m)	shurū
esquerdo	बायाँ	bāyān
direito	दायां	dāyān
primeiro	पहला	pahala
último	आखिरी	ākhirī
crime (m)	जुर्म (m)	jurm
castigo (m)	सज़ा (f)	saza
ordenar (vt)	हुक्म देना	hukm dena
obedecer (vt)	मानना	mānana
reto	सीधा	sīdha
curvo	टेढ़ा	terha
paraíso (m)	जन्नत (m)	jannat
inferno (m)	नरक (m)	narak
nascer (vi)	जन्म होना	janm hona
morrer (vi)	मरना	marana
forte	शक्तिशाली	shaktishālī
fraco, débil	कमज़ोर	kamazor
idoso	बूढ़ा	būrha
jovem	जवान	javān
velho	पुराना	purāna
novo	नया	naya
duro	कठोर	kathor
mole	नरम	naram
tépido	गरम	garam
frio	ठंडा	thanda
gordo	मोटा	mota
magro	दुबला	dubala
estreito	तंग	tang
largo	चौड़ा	chaura
bom	अच्छा	achchha
mau	बुरा	bura
valente	बहादुर	bahādur
cobarde	कायर	kāyar

20. Dias da semana

segunda-feira (f)	सोमवार (m)	somavār
terça-feira (f)	मंगलवार (m)	mangalavār
quarta-feira (f)	बुधवार (m)	budhavār
quinta-feira (f)	गुरूवार (m)	gurūvār
sexta-feira (f)	शुक्रवार (m)	shukravār
sábado (m)	शनिवार (m)	shanivār
domingo (m)	रविवार (m)	ravivār

hoje	आज	āj
amanhã	कल	kal
depois de amanhã	परसों	parason
ontem	कल	kal
anteontem	परसों	parason

dia (m)	दिन (m)	din
dia (m) de trabalho	कार्यदिवस (m)	kāryadivas
feriado (m)	सार्वजनिक छुट्टी (f)	sārvajanik chhuttī
dia (m) de folga	छुट्टी का दिन (m)	chhuttī ka din
fim (m) de semana	सप्ताहांत (m)	saptāhānt

o dia todo	सारा दिन	sāra din
no dia seguinte	अगला दिन	agala din
há dois dias	दो दिन पहले	do din pahale
na véspera	एक दिन पहले	ek din pahale
diário	दैनिक	dainik
todos os dias	हर दिन	har din

semana (f)	हफ़्ता (f)	hafata
na semana passada	पिछले हफ़्ते	pichhale hafate
na próxima semana	अगले हफ़्ते	agale hafate
semanal	सप्ताहिक	saptāhik
cada semana	हर हफ़्ते	har hafate
duas vezes por semana	हफ़्ते में दो बार	hafate men do bār
cada terça-feira	हर मंगलवार को	har mangalavār ko

21. Horas. Dia e noite

manhã (f)	सुबह (m)	subah
de manhã	सुबह में	subah men
meio-dia (m)	दोपहर (m)	dopahar
à tarde	दोपहर में	dopahar men

noite (f)	शाम (m)	shām
à noite (noitinha)	शाम में	shām men
noite (f)	रात (f)	rāt
à noite	रात में	rāt men
meia-noite (f)	आधी रात (f)	ādhī rāt

segundo (m)	सेकन्ड (m)	sekand
minuto (m)	मिनट (m)	minat
hora (f)	घंटा (m)	ghanta

meia hora (f)	आधा घंटा	ādha ghanta
quarto (m) de hora	सवा	sava
quinze minutos	पंद्रह मीनट	pandrah mīnat
vinte e quatro horas	24 घंटे (m)	chaubīs ghante
nascer (m) do sol	सूर्योदय (m)	sūryoday
amanhecer (m)	सूर्योदय (m)	sūryoday
madrugada (f)	प्रातःकाल (m)	prātahkāl
pôr do sol (m)	सूर्यास्त (m)	sūryāst
de madrugada	सुबह-सवेरे	subah-savere
hoje de manhã	इस सुबह	is subah
amanhã de manhã	कल सुबह	kal subah
hoje à tarde	आज शाम	āj shām
à tarde	दोपहर में	dopahar men
amanhã à tarde	कल दोपहर	kal dopahar
hoje à noite	आज शाम	āj shām
amanhã à noite	कल रात	kal rāt
às três horas em ponto	ठीक तीन बजे में	thīk tīn baje men
por volta das quatro	लगभग चार बजे	lagabhag chār baje
às doze	बारह बजे तक	bārah baje tak
dentro de vinte minutos	बीस मीनट में	bīs mīnat men
dentro duma hora	एक घंटे में	ek ghante men
a tempo	ठीक समय पर	thīk samay par
menos um quarto	पौने ... बजे	paune ... baje
durante uma hora	एक घंटे के अंदर	ek ghante ke andar
a cada quinze minutos	हर पंद्रह मीनट	har pandrah mīnat
as vinte e quatro horas	दिन-रात (m pl)	din-rāt

22. Meses. Estações

janeiro (m)	जनवरी (m)	janavarī
fevereiro (m)	फ़रवरी (m)	faravarī
março (m)	मार्च (m)	mārch
abril (m)	अप्रैल (m)	aprail
maio (m)	माई (m)	maī
junho (m)	जून (m)	jūn
julho (m)	जुलाई (m)	julaī
agosto (m)	अगस्त (m)	agast
setembro (m)	सितम्बर (m)	sitambar
outubro (m)	अक्तूबर (m)	aktūbar
novembro (m)	नवम्बर (m)	navambar
dezembro (m)	दिसम्बर (m)	disambar
primavera (f)	वसन्त (m)	vasant
na primavera	वसन्त में	vasant men
primaveril	वसन्त	vasant
verão (m)	गरमी (f)	garamī

no verão	गरमियों में	garamiyon men
de verão	गरमी	garamī

outono (m)	शरद (m)	sharad
no outono	शरद में	sharad men
outonal	शरद	sharad

inverno (m)	सर्दी (f)	sardī
no inverno	सर्दियों में	sardiyon men
de inverno	सर्दी	sardī
mês (m)	महीना (m)	mahīna
este mês	इस महीने	is mahīne
no próximo mês	अगले महीने	agale mahīne
no mês passado	पिछले महीने	pichhale mahīne

há um mês	एक महीने पहले	ek mahīne pahale
dentro de um mês	एक महीने में	ek mahīne men
dentro de dois meses	दो महीने में	do mahīne men
todo o mês	पूरे महीने	pūre mahīne
um mês inteiro	पूरे महीने	pūre mahīne

mensal	मासिक	māsik
mensalmente	हर महीने	har mahīne
cada mês	हर महीने	har mahīne
duas vezes por mês	महिने में दो बार	mahine men do bār

ano (m)	वर्ष (m)	varsh
este ano	इस साल	is sāl
no próximo ano	अगले साल	agale sāl
no ano passado	पिछले साल	pichhale sāl
há um ano	एक साल पहले	ek sāl pahale
dentro dum ano	एक साल में	ek sāl men
dentro de 2 anos	दो साल में	do sāl men
todo o ano	पूरा साल	pūra sāl
um ano inteiro	पूरा साल	pūra sāl

cada ano	हर साल	har sāl
anual	वार्षिक	vārshik
anualmente	वार्षिक	vārshik
quatro vezes por ano	साल में चार बार	sāl men chār bār

data (~ de hoje)	तारीख़ (f)	tārīkh
data (ex. ~ de nascimento)	तारीख़ (f)	tārīkh
calendário (m)	कैलेन्डर (m)	kailendar

meio ano	आधे वर्ष (m)	ādhe varsh
seis meses	छमाही (f)	chhamāhī
estação (f)	मौसम (m)	mausam
século (m)	शताब्दी (f)	shatābadī

23. Tempo. Diversos

tempo (m)	वक़्त (m)	vakt
momento (m)	क्षण (m)	kshan

instante (m)	क्षण (m)	kshan
instantâneo	तुरंत	turant
lapso (m) de tempo	बीता (m)	bīta
vida (f)	जीवन (m)	jīvan
eternidade (f)	शाश्वतता (f)	shāshvatata
época (f)	युग (f)	yug
era (f)	सम्वत् (f)	samvat
ciclo (m)	काल (m)	kāl
período (m)	काल (m)	kāl
prazo (m)	समय (m)	samay
futuro (m)	भविष्य (m)	bhavishy
futuro	आगामी	āgāmī
da próxima vez	अगली बार	agalī bār
passado (m)	भूतकाल (m)	bhūtakāl
passado	पिछला	pichhala
na vez passada	पिछली बार	pichhalī bār
mais tarde	बाद में	bād men
depois	के बाद	ke bād
atualmente	आजकाल	ājakāl
agora	अभी	abhī
imediatamente	तुरंत	turant
em breve, brevemente	थोड़ी ही देर में	thorī hī der men
de antemão	पहले से	pahale se
há muito tempo	बहुत समय पहले	bahut samay pahale
há pouco tempo	हाल ही में	hāl hī men
destino (m)	भाग्य (f)	bhāgy
recordações (f pl)	यादगार (f)	yādagār
arquivo (m)	पुरालेखागार (m)	purālekhāgār
durante ...	... के दौरान	... ke daurān
durante muito tempo	ज़्यादा समय	zyāda samay
pouco tempo	ज़्यादा समय नहीं	zyāda samay nahin
cedo (levantar-se ~)	जल्दी	jaldī
tarde (deitar-se ~)	देर	der
para sempre	सदा के लिए	sada ke lie
começar (vt)	शुरू करना	shurū karana
adiar (vt)	स्थगित करना	sthagit karana
simultaneamente	एक ही समय पर	ek hī samay par
permanentemente	स्थायी रूप से	sthāyī rūp se
constante (ruído, etc.)	लगातार	lagātār
temporário	अस्थायी रूप से	asthāyī rūp se
às vezes	कभी-कभी	kabhī-kabhī
raramente	शायद ही	shāyad hī
frequentemente	अक्सर	aksar

24. Linhas e formas

quadrado (m)	चतुष्कोण (m)	chatushkon
quadrado	चौकोना	chaukona

círculo (m)	घेरा (m)	ghera
redondo	गोलाकार	golākār
triângulo (m)	त्रिकोण (m)	trikon
triangular	त्रिकोना	trikona

oval (f)	ओवल (m)	oval
oval	ओवल	oval
retângulo (m)	आयत (m)	āyat
retangular	आयताकार	āyatākār

pirâmide (f)	शुंडाकार स्तंभ (m)	shundākār stambh
rombo, losango (m)	रोम्बस (m)	rombas
trapézio (m)	विषम चतुर्भुज (m)	visham chaturbhuj
cubo (m)	घनक्षेत्र (m)	ghanakshetr
prisma (m)	क्रकच आयत (m)	krakach āyat

circunferência (f)	परिधि (f)	paridhi
esfera (f)	गोला (m)	gola
globo (m)	गोला (m)	gola
diâmetro (m)	व्यास (m)	vyās
raio (m)	व्यासार्ध (m)	vyāsārdh
perímetro (m)	परिणिति (f)	pariniti
centro (m)	केन्द्र (m)	kendr

horizontal	क्षैतिज	kshaitij
vertical	ऊर्ध्व	ūrdhv
paralela (f)	समांतर-रेखा (f)	samāntar-rekha
paralelo	समानान्तर	samānāntar

linha (f)	रेखा (f)	rekha
traço (m)	लकीर (f)	lakīr
reta (f)	सीधी रेखा (f)	sīdhī rekha
curva (f)	टेढ़ी रेखा (f)	terhī rekha
fino (linha ~a)	पतली	patalī
contorno (m)	परिरेखा (f)	parirekha

interseção (f)	प्रतिच्छेदन (f)	pratichchhedan
ângulo (m) reto	समकोण (m)	samakon
segmento (m)	खंड (m)	khand
setor (m)	क्षेत्र (m)	kshetr
lado (de um triângulo, etc.)	साइड (m)	said
ângulo (m)	कोण (m)	kon

25. Unidades de medida

peso (m)	वज़न (m)	vazan
comprimento (m)	लम्बाई (f)	lambaī
largura (f)	चौड़ाई (f)	chauraī
altura (f)	ऊंचाई (f)	ūnchaī
profundidade (f)	गहराई (f)	gaharaī
volume (m)	घनत्व (f)	ghanatv
área (f)	क्षेत्रफल (m)	kshetrafal
grama (m)	ग्राम (m)	grām
miligrama (m)	मिलीग्राम (m)	milīgrām

quilograma (m)	किलोग्राम (m)	kilogrām
tonelada (f)	टन (m)	tan
libra (453,6 gramas)	पौण्ड (m)	paund
onça (f)	औन्स (m)	auns
metro (m)	मीटर (m)	mītar
milímetro (m)	मिलीमीटर (m)	milīmītar
centímetro (m)	सेंटीमीटर (m)	sentīmītar
quilómetro (m)	किलोमीटर (m)	kilomītar
milha (f)	मील (m)	mīl
polegada (f)	इंच (m)	inch
pé (304,74 mm)	फुट (m)	fut
jarda (914,383 mm)	गज (m)	gaj
metro (m) quadrado	वर्ग मीटर (m)	varg mītar
hectare (m)	हेक्टेयर (m)	hekteyar
litro (m)	लीटर (m)	līṭar
grau (m)	डिग्री (m)	digrī
volt (m)	वोल्ट (m)	volt
ampere (m)	ऐम्पेयर (m)	aimpeyar
cavalo-vapor (m)	अश्व शक्ति (f)	ashv shakti
quantidade (f)	मात्रा (f)	mātra
um pouco de ...	कुछ ...	kuchh ...
metade (f)	आधा (m)	ādha
dúzia (f)	दर्जन (m)	darjan
peça (f)	टुकड़ा (m)	tukara
dimensão (f)	माप (m)	māp
escala (f)	पैमाना (m)	paimāna
mínimo	न्यूनतम	nyūnatam
menor, mais pequeno	सब से छोटा	sab se chhota
médio	मध्य	madhy
máximo	अधिकतम	adhikatam
maior, mais grande	सबसे बड़ा	sabase bara

26. Recipientes

boião (m) de vidro	शीशी (f)	shīshī
lata (~ de cerveja)	डिब्बा (m)	dibba
balde (m)	बाल्टी (f)	bālṭī
barril (m)	पीपा (m)	pīpa
bacia (~ de plástico)	चिलमची (f)	chilamachī
tanque (m)	कुण्ड (m)	kund
cantil (m) de bolso	फ्लास्क (m)	flāsk
bidão (m) de gasolina	जेरिकैन (m)	jerikain
cisterna (f)	टंकी (f)	tankī
caneca (f)	मग (m)	mag
chávena (f)	प्याली (f)	pyālī

pires (m)	सॉसर (m)	sosar
copo (m)	गिलास (m)	gilās
taça (f) de vinho	वाइन गिलास (m)	vain gilās
panela, caçarola (f)	सॉसपैन (m)	sosapain

| garrafa (f) | बोतल (f) | botal |
| gargalo (m) | गला (m) | gala |

jarro, garrafa (f)	जग (m)	jag
jarro (m) de barro	सुराही (f)	surāhī
recipiente (m)	बरतन (m)	baratan
pote (m)	घड़ा (m)	ghara
vaso (m)	फूलदान (m)	fūladān

frasco (~ de perfume)	शीशी (f)	shīshī
frasquinho (ex. ~ de iodo)	शीशी (f)	shīshī
tubo (~ de pasta dentífrica)	ट्यूब (m)	tyūb

saca (ex. ~ de açúcar)	थैला (m)	thaila
saco (~ de plástico)	थैली (f)	thailī
maço (m)	पैकेट (f)	paiket

caixa (~ de sapatos, etc.)	डिब्बा (m)	dibba
caixa (~ de madeira)	डिब्बा (m)	dibba
cesta (f)	टोकरी (f)	tokarī

27. Materiais

material (m)	सामग्री (f)	sāmagrī
madeira (f)	लकड़ी (f)	lakarī
de madeira	लकड़ी का बना	lakarī ka bana

| vidro (m) | कांच (f) | kānch |
| de vidro | कांच का | kānch ka |

| pedra (f) | पत्थर (m) | patthar |
| de pedra | पत्थर का | patthar ka |

| plástico (m) | प्लास्टिक (m) | plāstik |
| de plástico | प्लास्टिक का | plāstik ka |

| borracha (f) | रबड़ (f) | rabar |
| de borracha | रबड़ का | rabar ka |

| tecido, pano (m) | कपड़ा (m) | kapara |
| de tecido | कपड़े का | kapare ka |

| papel (m) | कागज़ (m) | kāgaz |
| de papel | कागज़ का | kāgaz ka |

cartão (m)	दफ़ती (f)	dafatī
de cartão	दफ़ती का	dafatī ka
polietileno (m)	पॉलिएथीलीन (m)	polīethīlīn
celofane (m)	सेल्लोफ़ेन (m)	sellofen

contraplacado (m)	प्लाईवुड (m)	plaĩvud
porcelana (f)	चीनी मिट्टी (f)	chīnī mittī
de porcelana	चीनी मिट्टी का	chīnī mittī ka
barro (f)	मिट्टी (f)	mittī
de barro	मिट्टी का	mittī ka
cerâmica (f)	चीनी मिट्टी (f)	chīnī mittī
de cerâmica	चीनी मिट्टी का	chīnī mittī ka

28. Metais

metal (m)	धातु (m)	dhātu
metálico	धात्वीय	dhātvīy
liga (f)	मिश्रधातु (m)	mishradhātu

ouro (m)	सोना (m)	sona
de ouro	सोना	sona
prata (f)	चाँदी (f)	chāndī
de prata	चाँदी का	chāndī ka

ferro (m)	लोहा (m)	loha
de ferro	लोहे का बना	lohe ka bana
aço (m)	इस्पात (f)	ispāt
de aço	इस्पात का	ispāt ka
cobre (m)	ताँबा (f)	tānba
de cobre	ताँबे का	tānbe ka

alumínio (m)	अल्युमीनियम (m)	alyumīniyam
de alumínio	अलुमीनियम का बना	alumīniyam ka bana
bronze (m)	काँसा (f)	kānsa
de bronze	काँसे का	kānse ka

latão (m)	पीतल (f)	pītal
níquel (m)	निकल (m)	nikal
platina (f)	प्लैटिनम (m)	plaitinam
mercúrio (m)	पारा (f)	pāra
estanho (m)	टिन (m)	tin
chumbo (m)	सीसा (f)	sīsa
zinco (m)	जस्ता (m)	jasta

O SER HUMANO

O ser humano. O corpo

29. Humanos. Conceitos básicos

ser (m) humano	मनुष्य (m)	munashy
homem (m)	आदमी (m)	ādamī
mulher (f)	औरत (f)	aurat
criança (f)	बच्चा (m)	bachcha
menina (f)	लड़की (f)	larakī
menino (m)	लड़का (m)	laraka
adolescente (m)	किशोर (m)	kishor
velho (m)	बूढ़ा (m)	būrha
velha, anciã (f)	बूढ़िया (f)	būrhiya

30. Anatomia humana

organismo (m)	शरीर (m)	sharīr
coração (m)	दिल (m)	dil
sangue (m)	खून (f)	khūn
artéria (f)	धमनी (f)	dhamanī
veia (f)	नस (f)	nas
cérebro (m)	मास्तिष्क (m)	māstishk
nervo (m)	नस (f)	nas
nervos (m pl)	नसें (f)	nasen
vértebra (f)	कशेरुका (m)	kasheruka
coluna (f) vertebral	रीढ़ की हड्डी	rīrh kī haddī
estômago (m)	पेट (m)	pet
intestinos (m pl)	आँतें (f)	ānten
intestino (m)	आँत (f)	ānt
fígado (m)	जिगर (f)	jigar
rim (m)	गुर्दा (f)	gurda
osso (m)	हड्डी (f)	haddī
esqueleto (m)	कंकाल (m)	kankāl
costela (f)	पसली (f)	pasalī
crânio (m)	खोपड़ी (f)	khoparī
músculo (m)	मांसपेशी (f)	mānsapeshī
bíceps (m)	बाइसेप्स (m)	baiseps
tríceps (m)	ट्राईसेप्स (m)	traīseps
tendão (m)	कंडरा (m)	kandara
articulação (f)	जोड़ (m)	jor

pulmões (m pl)	फेफ़्ड़े (m pl)	fefare
órgãos (m pl) genitais	गुसांग (m)	guptāng
pele (f)	त्वचा (f)	tvacha

31. Cabeça

cabeça (f)	सिर (m)	sir
cara (f)	चेहरा (m)	chehara
nariz (m)	नाक (f)	nāk
boca (f)	मुँह (m)	munh
olho (m)	आँख (f)	ānkh
olhos (m pl)	आँखें (f)	ānkhen
pupila (f)	आँख की पुतली (f)	ānkh kī putalī
sobrancelha (f)	भौंह (f)	bhaunh
pestana (f)	बरौनी (f)	baraunī
pálpebra (f)	पलक (m)	palak
língua (f)	जीभ (m)	jībh
dente (m)	दाँत (f)	dānt
lábios (m pl)	होंठ (m)	honth
maçãs (f pl) do rosto	गाल की हड्डी (f)	gāl kī haddī
gengiva (f)	मसूड़ा (m)	masūra
palato (m)	तालु (m)	tālu
narinas (f pl)	नथने (m pl)	nathane
queixo (m)	ठोड़ी (f)	thorī
mandíbula (f)	जबड़ा (m)	jabara
bochecha (f)	गाल (m)	gāl
testa (f)	माथा (m)	mātha
têmpora (f)	कनपट्टी (f)	kanapattī
orelha (f)	कान (m)	kān
nuca (f)	सिर का पिछला हिस्सा (m)	sir ka pichhala hissa
pescoço (m)	गरदन (m)	garadan
garganta (f)	गला (m)	gala
cabelos (m pl)	बाल (m pl)	bāl
penteado (m)	हेयरस्टाइल (m)	heyarastail
corte (m) de cabelo	हेयरकट (m)	heyarakat
peruca (f)	नकली बाल (m)	nakalī bāl
bigode (m)	मूँछें (f pl)	mūnchhen
barba (f)	दाढ़ी (f)	dārhī
usar, ter (~ barba, etc.)	होना	hona
trança (f)	चोटी (f)	chotī
suíças (f pl)	गलमुच्छा (m)	galamuchchha
ruivo	लाल बाल	lāl bāl
grisalho	सफ़ेद बाल	safed bāl
calvo	गंजा	ganja
calva (f)	गंजाई (f)	ganjaī
rabo-de-cavalo (m)	पोनी-टेल (f)	ponī-tel
franja (f)	बेंग (m)	beng

32. Corpo humano

mão (f)	हाथ (m)	hāth
braço (m)	बाँह (m)	bānh
dedo (m)	उँगली (m)	ungalī
polegar (m)	अँगूठा (m)	angūtha
dedo (m) mindinho	छोटी उंगली (f)	chhotī ungalī
unha (f)	नाखून (m)	nākhūn
punho (m)	मुट्ठी (m)	mutthī
palma (f) da mão	हथेली (f)	hathelī
pulso (m)	कलाई (f)	kalaī
antebraço (m)	प्रकोष्ठ (m)	prakoshth
cotovelo (m)	कोहनी (f)	kohanī
ombro (m)	कंधा (m)	kandha
perna (f)	टाँग (f)	tāng
pé (m)	पैर का तलवा (m)	pair ka talava
joelho (m)	घुटना (m)	ghutana
barriga (f) da perna	पिंडली (f)	pindalī
anca (f)	जाँघ (f)	jāngh
calcanhar (m)	एड़ी (f)	erī
corpo (m)	शरीर (m)	sharīr
barriga (f)	पेट (m)	pet
peito (m)	सीना (m)	sīna
seio (m)	स्तन (f)	stan
lado (m)	कूल्हा (m)	kūlha
costas (f pl)	पीठ (f)	pīth
região (f) lombar	पीठ का निचला हिस्सा (m)	pīth ka nichala hissa
cintura (f)	कमर (f)	kamar
umbigo (m)	नाभी (f)	nābhī
nádegas (f pl)	नितंब (m pl)	nitamb
traseiro (m)	नितम्ब (m)	nitamb
sinal (m)	सौंदर्य चिन्ह (f)	saundary chinh
sinal (m) de nascença	जन्म चिह्न (m)	janm chihn
tatuagem (f)	टैटू (m)	taitū
cicatriz (f)	घाव का निशान (m)	ghāv ka nishān

Vestuário & Acessórios

33. Roupa exterior. Casacos

roupa (f)	कपड़े (m)	kapare
roupa (f) exterior	बाहरी पोशाक (m)	bāharī poshāk
roupa (f) de inverno	सर्दियों की पोशाक (f)	sardiyon kī poshak
sobretudo (m)	ओवरकोट (m)	ovarakot
casaco (m) de peles	फरकोट (m)	farakot
casaco curto (m) de peles	फ़र की जैकेट (f)	far kī jaiket
casaco (m) acolchoado	फ़ेदर कोट (m)	fedar kot
casaco, blusão (m)	जैकेट (f)	jaiket
impermeável (m)	बरसाती (f)	barasātī
impermeável	जलरोधक	jalarodhak

34. Vestuário de homem & mulher

camisa (f)	कमीज़ (f)	kamīz
calças (f pl)	पैंट (m)	paint
calças (f pl) de ganga	जीन्स (m)	jīns
casaco (m) de fato	कोट (m)	kot
fato (m)	सूट (m)	sūt
vestido (ex. ~ vermelho)	फ़्रॉक (f)	frok
saia (f)	स्कर्ट (f)	skart
blusa (f)	ब्लाउज़ (f)	blauz
casaco (m) de malha	कार्डिगन (f)	kārdigan
casaco, blazer (m)	जैकेट (f)	jaiket
T-shirt, camiseta (f)	टी-शर्ट (f)	tī-shart
calções (Bermudas, etc.)	शोट्र्स (m pl)	shorts
fato (m) de treino	ट्रैक सूट (m)	traik sūt
roupão (m) de banho	बाथ रोब (m)	bāth rob
pijama (m)	पजामा (m)	pajāma
suéter (m)	सूटर (m)	sūtar
pulôver (m)	पुलोवर (m)	pulovar
colete (m)	बण्डी (m)	bandī
fraque (m)	टेल-कोट (m)	tel-kot
smoking (m)	डिनर-जैकेट (f)	dinar-jaiket
uniforme (m)	वर्दी (f)	vardī
roupa (f) de trabalho	वर्दी (f)	vardī
fato-macaco (m)	ओवरऑल्स (m)	ovarols
bata (~ branca, etc.)	कोट (m)	kot

35. Vestuário. Roupa interior

roupa (f) interior	अंगवस्त्र (m)	angavastr
camisola (f) interior	बनियान (f)	baniyān
peúgas (f pl)	मोज़े (m pl)	moze
camisa (f) de noite	नाइट गाउन (m)	nait gaun
sutiã (m)	ब्रा (f)	bra
meias longas (f pl)	घुटनों तक के मोज़े (m)	ghutanon tak ke moze
meia-calça (f)	टाइट्स (m pl)	taits
meias (f pl)	स्टाकिंग (m pl)	stāking
fato (m) de banho	स्विम सूट (m)	svim sūt

36. Adereços de cabeça

chapéu (m)	टोपी (f)	topī
chapéu (m) de feltro	हैट (f)	hait
boné (m) de beisebol	बैस्बॉल कैप (f)	baisbol kaip
boné (m)	फ्लैट कैप (f)	flait kaip
boina (f)	बेरेट (m)	beret
capuz (m)	हूड (m)	hūd
panamá (m)	पनामा हैट (m)	panāma hait
gorro (m) de malha	बुनी हुई टोपी (f)	bunī huī topī
lenço (m)	सिर का स्कार्फ़ (m)	sir ka skārf
chapéu (m) de mulher	महिलाओं की टोपी (f)	mahilaon kī topī
capacete (m) de proteção	हेलमेट (f)	helamet
bibico (m)	पुलिसीया टोपी (f)	pulisīya topī
capacete (m)	हेलमेट (f)	helamet
chapéu-coco (m)	बॉलर हैट (m)	bolar hait
chapéu (m) alto	टॉप हैट (m)	top hait

37. Calçado

calçado (m)	पनही (f)	panahī
botinas (f pl)	जूते (m pl)	jūte
sapatos (de salto alto, etc.)	जूते (m pl)	jūte
botas (f pl)	बूट (m pl)	būt
pantufas (f pl)	चप्पल (f pl)	chappal
ténis (m pl)	टेनिस के जूते (m)	tenis ke jūte
sapatilhas (f pl)	स्नीकर्स (m)	snīkars
sandálias (f pl)	सैन्डल (f)	saindal
sapateiro (m)	मोची (m)	mochī
salto (m)	एड़ी (f)	erī
par (m)	जोड़ा (m)	jora
atacador (m)	जूते का फ़ीता (m)	jūte ka fīta

apertar os atacadores	फ़ीता बाँधना	fīta bāndhana
calçadeira (f)	शू-होर्न (m)	shū-horn
graxa (f) para calçado	बूट-पालिश (m)	būt-pālish

38. Têxtil. Tecidos

algodão (m)	कपास (m)	kapās
de algodão	सूती	sūtī
linho (m)	फ़्लैक्स (m)	flaiks
de linho	फ़्लैक्स का	flaiks ka
seda (f)	रेशम (f)	resham
de seda	रेशमी	reshamī
lã (f)	ऊन (m)	ūn
de lã	ऊनी	ūnī
veludo (m)	मख़मल (m)	makhamal
camurça (f)	स्वैड (m)	svaid
bombazina (f)	कॉरडरॉय (m)	koradaroy
náilon (m)	नायलॉन (m)	nāyalon
de náilon	नायलॉन का	nāyalon ka
poliéster (m)	पॉलिएस्टर (m)	poliestar
de poliéster	पॉलिएस्टर का	poliestar ka
couro (m)	चमड़ा (m)	chamara
de couro	चमड़े का	chamare ka
pele (f)	फ़र (m)	far
de peles, de pele	फ़र का	far ka

39. Acessórios pessoais

luvas (f pl)	दस्ताने (m pl)	dastāne
mitenes (f pl)	दस्ताने (m pl)	dastāne
cachecol (m)	मफ़लर (m)	mafalar
óculos (m pl)	ऐनक (m pl)	ainak
armação (f) de óculos	चश्मे का फ्रेम (m)	chashme ka frem
guarda-chuva (m)	छतरी (f)	chhatarī
bengala (f)	छड़ी (f)	chharī
escova (f) para o cabelo	ब्रश (m)	brash
leque (m)	पंखा (m)	pankha
gravata (f)	टाई (f)	taī
gravata-borboleta (f)	बो टाई (f)	bo taī
suspensórios (m pl)	पतलून बाँधने का फ़ीता (m)	patalūn bāndhane ka fīta
lenço (m)	रूमाल (m)	rūmāl
pente (m)	कंघा (m)	kangha
travessão (m)	बालपिन (f)	bālapin
gancho (m) de cabelo	हेयरक्लीप (f)	heyaraklīp
fivela (f)	बकसुआ (m)	bakasua

| cinto (m) | बेल्ट (m) | belt |
| correia (f) | कंधे का पट्टा (m) | kandhe ka patta |

mala (f)	बैग (m)	baig
mala (f) de senhora	पर्स (m)	pars
mochila (f)	बैकपैक (m)	baikapaik

40. Vestuário. Diversos

moda (f)	फ़ैशन (m)	faishan
na moda	प्रचलन में	prachalan men
estilista (m)	फ़ैशन डिज़ाइनर (m)	faishan dizainar

colarinho (m), gola (f)	कॉलर (m)	kolar
bolso (m)	जेब (m)	jeb
de bolso	जेब	jeb
manga (f)	आस्तीन (f)	āstīn
alcinha (f)	हैंगिंग लूप (f)	hainging lūp
braguilha (f)	ज़िप (f)	zip

fecho (m) de correr	ज़िप (f)	zip
fecho (m), colchete (m)	हुक (m)	huk
botão (m)	बटन (m)	batan
casa (f) de botão	बटन का काज (m)	batan ka kāj
soltar-se (vr)	निकल जाना	nikal jāna

coser, costurar (vi)	सीना	sīna
bordar (vt)	काढ़ना	kārhana
bordado (m)	कढ़ाई (f)	karhaī
agulha (f)	सूई (f)	sūī
fio (m)	धागा (m)	dhāga
costura (f)	सीवन (m)	sīvan

sujar-se (vr)	मैला होना	maila hona
mancha (f)	धब्बा (m)	dhabba
engelhar-se (vr)	शिकन पड़ जाना	shikan par jāna
rasgar (vt)	फट जाना	fat jāna
traça (f)	कपड़ों के कीड़े (m)	kaparon ke kīre

41. Cuidados pessoais. Cosméticos

pasta (f) de dentes	टूथपेस्ट (m)	tūthapest
escova (f) de dentes	टूथब्रश (m)	tūthabrash
escovar os dentes	दाँत साफ़ करना	dānt sāf karana

máquina (f) de barbear	रेज़र (f)	rezar
creme (m) de barbear	हजामत का क्रीम (m)	hajāmat ka krīm
barbear-se (vr)	शेव करना	shev karana

sabonete (m)	साबुन (m)	sābun
champô (m)	शैम्पू (m)	shaimpū
tesoura (f)	कैंची (f pl)	kainchī

lima (f) de unhas	नाख़ून घिसनी (f)	nākhūn ghisanī
corta-unhas (m)	नाख़ून कतरनी (f)	nākhūn kataranī
pinça (f)	ट्वीज़र्स (f)	tvīzars
cosméticos (m pl)	श्रृंगार-सामग्री (f)	shrrngār-sāmagrī
máscara (f) facial	चेहरे का लेप (m)	chehare ka lep
manicura (f)	मैनीक्योर (m)	mainīkyor
fazer a manicura	मैनीक्योर करवाना	mainīkyor karavāna
pedicure (f)	पेडिक्यूर (m)	pedikyūr
mala (f) de maquilhagem	श्रृंगार थैली (f)	shrrngār thailī
pó (m)	पाउडर (m)	paudar
caixa (f) de pó	कॉम्पैक्ट पाउडर (m)	kompaikt paudar
blush (m)	ब्लशर (m)	blashar
perfume (m)	ख़ुशबू (f)	khushabū
água (f) de toilette	टॉयलेट वॉटर (m)	tāyalet votar
loção (f)	लोशन (m)	loshan
água-de-colónia (f)	कोलोन (m)	kolon
sombra (f) de olhos	आई-शैडो (m)	āī-shaido
lápis (m) delineador	आई-पेंसिल (f)	āī-pensil
máscara (f), rímel (m)	मस्कारा (m)	maskāra
batom (m)	लिपस्टिक (m)	lipastik
verniz (m) de unhas	नेल पॉलिश (f)	nel polish
laca (f) para cabelos	हेयर स्प्रे (m)	heyar spre
desodorizante (m)	डिओडरेन्ट (m)	diodarent
creme (m)	क्रीम (m)	krīm
creme (m) de rosto	चेहरे की क्रीम (f)	chehare kī krīm
creme (m) de mãos	हाथ की क्रीम (f)	hāth kī krīm
creme (m) antirrugas	एंटी रिंकल क्रीम (f)	entī rinkal krīm
de dia	दिन का	din ka
da noite	रात का	rāt ka
tampão (m)	टैम्पन (m)	taimpan
papel (m) higiénico	टॉयलेट पेपर (m)	toyalet pepar
secador (m) elétrico	हेयर ड्रायर (m)	heyar drāyar

42. Joalheria

joias (f pl)	ज़ेवर (m pl)	zevar
precioso	बहुमूल्य	bahumūly
marca (f) de contraste	छाप (m)	chhāp
anel (m)	अंगूठी (f)	angūthī
aliança (f)	शादी की अंगूठी (f)	shādī kī angūthī
pulseira (f)	चूड़ी (m)	chūrī
brincos (m pl)	कान की रिंग (f)	kān kī ring
colar (m)	माला (f)	māla
coroa (f)	ताज (m)	tāj
colar (m) de contas	मोती की माला (f)	motī kī māla

diamante (m)	हीरा (m)	hīra
esmeralda (f)	पन्ना (m)	panna
rubi (m)	माणिक (m)	mānik
safira (f)	नीलम (m)	nīlam
pérola (f)	मुक्ताफल (m)	muktāfal
âmbar (m)	एम्बर (m)	embar

43. Relógios de pulso. Relógios

relógio (m) de pulso	घड़ी (f pl)	gharī
mostrador (m)	डायल (m)	dāyal
ponteiro (m)	सुई (f)	suī
bracelete (f) em aço	धातु से बनी घड़ी का पट्टा (m)	dhātu se banī gharī ka patta
bracelete (f) em couro	घड़ी का पट्टा (m)	gharī ka patta
pilha (f)	बैटरी (f)	baiterī
descarregar-se	ख़त्म हो जाना	khatm ho jāna
trocar a pilha	बैटरी बदलना	baiterī badalana
estar adiantado	तेज़ चलना	tez chalana
estar atrasado	धीमी चलना	dhīmī chalana
relógio (m) de parede	दीवार-घड़ी (f pl)	dīvār-gharī
ampulheta (f)	रेत-घड़ी (f pl)	ret-gharī
relógio (m) de sol	सूरज-घड़ी (f pl)	sūraj-gharī
despertador (m)	अलार्म घड़ी (f)	alārm gharī
relojoeiro (m)	घड़ीसाज़ (m)	gharīsāz
reparar (vt)	मरम्मत करना	marammat karana

Alimentação. Nutrição

44. Comida

carne (f)	गोश्त (m)	gosht
galinha (f)	चीकन (m)	chīkan
frango (m)	रॉक कोर्निश मुर्गी (f)	rok kornish murgī
pato (m)	बत्तख़ (f)	battakh
ganso (m)	हंस (m)	hans
caça (f)	शिकार के पशुपक्षी (f)	shikār ke pashupakshī
peru (m)	टर्की (m)	tarkī
carne (f) de porco	सुअर का गोश्त (m)	suar ka gosht
carne (f) de vitela	बछड़े का गोश्त (m)	bachhare ka gosht
carne (f) de carneiro	भेड़ का गोश्त (m)	bher ka gosht
carne (f) de vaca	गाय का गोश्त (m)	gāy ka gosht
carne (f) de coelho	ख़रगोश (m)	kharagosh
chouriço, salsichão (m)	सॉसेज (f)	sosej
salsicha (f)	वियना सॉसेज (m)	viyana sosej
bacon (m)	बेकन (m)	bekan
fiambre (f)	हैम (m)	haim
presunto (m)	सुअर की जांघ (f)	suar kī jāngh
patê (m)	पिसा हुआ गोश्त (m)	pisa hua gosht
fígado (m)	जिगर (f)	jigar
carne (f) moída	कीमा (m)	kīma
língua (f)	जीभ (m)	jībh
ovo (m)	अंडा (m)	anda
ovos (m pl)	अंडे (m pl)	ande
clara (f) do ovo	अंडे की सफ़ेदी (m)	ande kī safedī
gema (f) do ovo	अंडे की ज़र्दी (m)	ande kī zardī
peixe (m)	मछली (f)	machhalī
mariscos (m pl)	समुद्री खाना (m)	samudrī khāna
caviar (m)	मछली के अंडे (m)	machhalī ke ande
caranguejo (m)	केकड़ा (m)	kekara
camarão (m)	झिंगा (m)	chingara
ostra (f)	सीप (m)	sīp
lagosta (f)	लोबस्टर (m)	lobastar
polvo (m)	ओक्टोपस (m)	oktopas
lula (f)	स्कीड (m)	skīd
esturjão (m)	स्टर्जन (f)	starjan
salmão (m)	सालमन (m)	sālaman
halibute (m)	हैलिबट (f)	hailibat
bacalhau (m)	कॉड (f)	kod
cavala, sarda (f)	माक्रैल (f)	mākrail

| atum (m) | टूना (f) | tūna |
| enguia (f) | बाम मछली (f) | bām machhalī |

truta (f)	ट्राउट मछली (f)	traut machhalī
sardinha (f)	सार्डीन (f)	sārdīn
lúcio (m)	पाइक (f)	paik
arenque (m)	हेरिंग मछली (f)	hering machhalī

pão (m)	ब्रेड (f)	bred
queijo (m)	पनीर (m)	panīr
açúcar (m)	चीनी (f)	chīnī
sal (m)	नमक (m)	namak

arroz (m)	चावल (m)	chāval
massas (f pl)	पास्ता (m)	pāsta
talharim (m)	नूडल्स (m)	nūdals

manteiga (f)	मक्खन (m)	makkhan
óleo (m) vegetal	तेल (m)	tel
óleo (m) de girassol	सूरजमुखी तेल (m)	sūrajamukhī tel
margarina (f)	नकली मक्खन (m)	nakalī makkhan

| azeitonas (f pl) | जैतून (m) | jaitūn |
| azeite (m) | जैतून का तेल (m) | jaitūn ka tel |

leite (m)	दूध (m)	dūdh
leite (m) condensado	रबड़ी (f)	rabarī
iogurte (m)	दही (m)	dahī
nata (f) azeda	खट्टी क्रीम (f)	khattī krīm
nata (f) do leite	मलाई (f pl)	malaī

| maionese (f) | मेयोनेज़ (m) | meyonez |
| creme (m) | क्रीम (m) | krīm |

grãos (m pl) de cereais	अनाज के दाने (m)	anāj ke dāne
farinha (f)	आटा (m)	āta
enlatados (m pl)	डिब्बाबन्द खाना (m)	dibbāband khāna

flocos (m pl) de milho	कॉर्नफ्लेक्स (m)	kornafleks
mel (m)	शहद (m)	shahad
doce (m)	जैम (m)	jaim
pastilha (f) elástica	चूइन्गा गाम (m)	chūing gam

45. Bebidas

água (f)	पानी (m)	pānī
água (f) potável	पीने का पानी (f)	pīne ka pānī
água (f) mineral	मिनरल वॉटर (m)	minaral votar

sem gás	स्टिल वॉटर	stil votar
gaseificada	कार्बोनेटेड	kārboneted
com gás	स्पार्कलिंग	spārkaling
gelo (m)	बर्फ़ (m)	barf
com gelo	बर्फ़ के साथ	barf ke sāth

sem álcool	शराब रहित	sharāb rahit
bebida (f) sem álcool	कोल्ड ड्रिंक (f)	kold drink
refresco (m)	शीतलक ड्रिंक (f)	shītalak drink
limonada (f)	लेमोनेड (m)	lemoned
bebidas (f pl) alcoólicas	शराब (m pl)	sharāb
vinho (m)	वाइन (f)	vain
vinho (m) branco	सफ़ेद वाइन (f)	safed vain
vinho (m) tinto	लाल वाइन (f)	lāl vain
licor (m)	लिकर (m)	likar
champanhe (m)	शैम्पेन (f)	shaimpen
vermute (m)	वर्मोउथ (f)	varmauth
uísque (m)	विस्की (f)	viskī
vodka (f)	वोडका (m)	vodaka
gim (m)	जिन (f)	jin
conhaque (m)	कोन्याक (m)	konyāk
rum (m)	रम (m)	ram
café (m)	कॉफ़ी (f)	kofī
café (m) puro	काली कॉफ़ी (f)	kālī kofī
café (m) com leite	दूध के साथ कॉफ़ी (f)	dūdh ke sāth kofī
cappuccino (m)	कैपूचिनो (f)	kaipūchino
café (m) solúvel	इन्संटेन्ट-काफ़ी (f)	insatent-kāfī
leite (m)	दूध (m)	dūdh
coquetel (m)	कॉकटेल (m)	kokatel
batido (m) de leite	मिल्कशेक (m)	milkashek
sumo (m)	रस (m)	ras
sumo (m) de tomate	टमाटर का रस (m)	tamātar ka ras
sumo (m) de laranja	संतरे का रस (m)	santare ka ras
sumo (m) fresco	ताज़ा रस (m)	tāza ras
cerveja (f)	बियर (m)	biyar
cerveja (f) clara	हल्का बियर (m)	halka biyar
cerveja (f) preta	डार्क बियर (m)	dārk biyar
chá (m)	चाय (f)	chāy
chá (m) preto	काली चाय (f)	kālī chāy
chá (m) verde	हरी चाय (f)	harī chāy

46. Vegetais

legumes (m pl)	सब्ज़ियाँ (f pl)	sabziyān
verduras (f pl)	हरी सब्ज़ियाँ (f)	harī sabziyān
tomate (m)	टमाटर (m)	tamātar
pepino (m)	खीरा (m)	khīra
cenoura (f)	गाजर (f)	gājar
batata (f)	आलू (m)	ālū
cebola (f)	प्याज़ (m)	pyāz
alho (m)	लहसुन (m)	lahasun

couve (f)	पत्ता गोभी (f)	patta gobhī
couve-flor (f)	फूल गोभी (f)	fūl gobhī
couve-de-bruxelas (f)	ब्रसेल्स स्प्राउट्स (m)	brasels sprauts
brócolos (m pl)	ब्रोकोली (f)	brokolī

beterraba (f)	चुकन्दर (m)	chukandar
beringela (f)	बैंगन (m)	baingan
curgete (f)	तुरई (f)	turī
abóbora (f)	कद्दू	kaddū
nabo (m)	शलजम (f)	shalajam

salsa (f)	अजमोद (f)	ajamod
funcho, endro (m)	सोआ (m)	soa
alface (f)	सलाद पत्ता (m)	salād patta
aipo (m)	सेलरी (m)	selarī
espargo (m)	एस्पैरेगस (m)	espairegas
espinafre (m)	पालक (m)	pālak

ervilha (f)	मटर (m)	matar
fava (f)	फली (f pl)	falī
milho (m)	मकई (f)	makī
feijão (m)	राजमा (f)	rājama

pimentão (m)	शिमला मिर्च (m)	shimala mirch
rabanete (m)	मूली (f)	mūlī
alcachofra (f)	हाथीचक (m)	hāthīchak

47. Frutos. Nozes

fruta (f)	फल (m)	fal
maçã (f)	सेब (m)	seb
pera (f)	नाशपाती (f)	nāshapātī
limão (m)	नींबू (m)	nīmbū
laranja (f)	संतरा (m)	santara
morango (m)	स्ट्रॉबेरी (f)	stroberī

tangerina (f)	नारंगी (m)	nārangī
ameixa (f)	आलूबुखारा (m)	ālūbukhāra
pêssego (m)	आड़ू (m)	ārū
damasco (m)	खूबानी (f)	khūbānī
framboesa (f)	रसभरी (f)	rasabharī
ananás (m)	अनानास (m)	anānās

banana (f)	केला (m)	kela
melancia (f)	तरबूज़ (m)	tarabūz
uva (f)	अंगूर (m)	angūr
ginja, cereja (f)	चेरी (f)	cherī
meloa (f)	खरबूज़ा (f)	kharabūza

toranja (f)	ग्रेपफ्रूट (m)	grepafrūt
abacate (m)	एवोकाडो (m)	evokādo
papaia (f)	पपीता (f)	papīta
manga (f)	आम (m)	ām
romã (f)	अनार (m)	anār

groselha (f) vermelha	लाल किशमिश (f)	lāl kishamish
groselha (f) preta	काली किशमिश (f)	kālī kishamish
groselha (f) espinhosa	आमला (f)	āmala
mirtilo (m)	बिलबेरी (f)	bilaberī
amora silvestre (f)	ब्लैकबेरी (f)	blaikaberī

uvas (f pl) passas	किशमिश (m)	kishamish
figo (m)	अंजीर (m)	anjīr
tâmara (f)	खजूर (m)	khajūr

amendoim (m)	मूँगफली (m)	mūngafalī
amêndoa (f)	बादाम (f)	bādām
noz (f)	अखरोट (m)	akharot
avelã (f)	हेज़लनट (m)	hezalanat
coco (m)	नारियल (m)	nāriyal
pistáchios (m pl)	पिस्ता (m)	pista

48. Pão. Bolaria

pastelaria (f)	मिठाई (f pl)	mithaī
pão (m)	ब्रेड (f)	bred
bolacha (f)	बिस्कुट (m)	biskut

chocolate (m)	चॉकलेट (m)	chokalet
de chocolate	चॉकलेटी	chokaletī
rebuçado (m)	टॉफ़ी (f)	tofī
bolo (cupcake, etc.)	पेस्ट्री (f)	pestrī
bolo (m) de aniversário	केक (m)	kek

| tarte (~ de maçã) | पाई (m) | paī |
| recheio (m) | फ़िलिंग (f) | filing |

doce (m)	जैम (m)	jaim
geleia (f) de frutas	मुरब्बा (m)	murabba
waffle (m)	वेफ़र (m pl)	vefar
gelado (m)	आईस-क्रीम (f)	āīs-krīm

49. Pratos cozinhados

prato (m)	पकवान (m)	pakavān
cozinha (~ portuguesa)	व्यंजन (m)	vyanjan
receita (f)	रैसीपी (f)	raisīpī
porção (f)	भाग (m)	bhāg

| salada (f) | सलाद (m) | salād |
| sopa (f) | सूप (m) | sūp |

caldo (m)	यख़नी (f)	yakhanī
sandes (f)	सैन्डविच (m)	saindavich
ovos (m pl) estrelados	आमलेट (m)	āmalet
hambúrguer (m)	हैमबर्गर (m)	haimabargar
bife (m)	बीफ़स्टीक (m)	bīfastīk

conduto (m)	साइड डिश (f)	said dish
espaguete (m)	स्पेघेटी (f)	speghetī
puré (m) de batata	आलू भरता (f)	ālū bharata
pizza (f)	पीट्ज़ा (f)	pītza
papa (f)	दलिया (f)	daliya
omelete (f)	आमलेट (m)	āmalet

cozido em água	उबला	ubala
fumado	धुएँ में पकाया हुआ	dhuen men pakāya hua
frito	भुना	bhuna
seco	सूखा	sūkha
congelado	फ्रोज़न	frozan
em conserva	अचार	achār

doce (açucarado)	मीठा	mītha
salgado	नमकीन	namakīn
frio	ठंडा	thanda
quente	गरम	garam
amargo	कड़वा	karava
gostoso	स्वादिष्ट	svādisht

cozinhar (em água a ferver)	उबलते पानी में पकाना	ubalate pānī men pakāna
fazer, preparar (vt)	खाना बनाना	khāna banāna
fritar (vt)	भूनना	bhūnana
aquecer (vt)	गरम करना	garam karana

salgar (vt)	नमक डालना	namak dālana
apimentar (vt)	मिर्च डालना	mirch dālana
ralar (vt)	कद्दूकश करना	kaddūkash karana
casca (f)	छिलका (f)	chhilaka
descascar (vt)	छिलका निकलना	chhilaka nikalana

50. Especiarias

sal (m)	नमक (m)	namak
salgado	नमकीन	namakīn
salgar (vt)	नमक डालना	namak dālana

pimenta (f) preta	काली मिर्च (f)	kālī mirch
pimenta (f) vermelha	लाल मिर्च (m)	lāl mirch
mostarda (f)	सरसों (m)	sarason
raiz-forte (f)	अरब मूली (f)	arab mūlī

condimento (m)	मसाला (m)	masāla
especiaria (f)	मसाला (m)	masāla
molho (m)	चटनी (f)	chatanī
vinagre (m)	सिरका (m)	siraka

anis (m)	सौंफ (f)	saumf
manjericão (m)	तुलसी (f)	tulasī
cravo (m)	लौंग (f)	laung
gengibre (m)	अदरक (m)	adarak
coentro (m)	धनिया (m)	dhaniya
canela (f)	दालचीनी (f)	dālachīnī

sésamo (m)	तिल (m)	til
folhas (f pl) de louro	तेजपत्ता (m)	tejapatta
páprica (f)	लाल शिमला मिर्च पाउडर (m)	lāl shimala mirch paudar
cominho (m)	ज़ीरा (m)	zīra
açafrão (m)	ज़ाफ़रान (m)	zāfarān

51. Refeições

comida (f)	खाना (m)	khāna
comer (vt)	खाना खाना	khāna khāna
pequeno-almoço (m)	नाश्ता (m)	nāshta
tomar o pequeno-almoço	नाश्ता करना	nāshta karana
almoço (m)	दोपहर का भोजन (m)	dopahar ka bhojan
almoçar (vi)	दोपहर का भोजन करना	dopahar ka bhojan karana
jantar (m)	रात्रिभोज (m)	rātribhoj
jantar (vi)	रात्रिभोज करना	rātribhoj karana
apetite (m)	भूख (f)	bhūkh
Bom apetite!	अपने भोजन का आनद उठाएं!	apane bhojan ka ānand uthaen!
abrir (~ uma lata, etc.)	खोलना	kholana
derramar (vt)	गिराना	girāna
derramar-se (vr)	गिराना	girāna
ferver (vi)	उबालना	ubālana
ferver (vt)	उबालना	ubālana
fervido	उबला हुआ	ubala hua
arrefecer (vt)	ठंडा करना	thanda karana
arrefecer-se (vr)	ठंडा करना	thanda karana
sabor, gosto (m)	स्वाद (m)	svād
gostinho (m)	स्वाद (m)	svād
fazer dieta	वज़न घटाना	vazan ghatāna
dieta (f)	डाइट (m)	dait
vitamina (f)	विटामिन (m)	vitāmin
caloria (f)	कैलोरी (f)	kailorī
vegetariano (m)	शाकाहारी (m)	shākāhārī
vegetariano	शाकाहारी	shākāhārī
gorduras (f pl)	वसा (m pl)	vasa
proteínas (f pl)	प्रोटीन (m pl)	protīn
carboidratos (m pl)	कार्बोहाइड्रेट (m)	kārbohaidret
fatia (~ de limão, etc.)	टुकड़ा (m)	tukara
pedaço (~ de bolo)	टुकड़ा (m)	tukara
migalha (f)	टुकड़ा (m)	tukara

52. Por a mesa

colher (f)	चम्मच (m)	chammach
faca (f)	छुरी (f)	chhurī

garfo (m)	काँटा (m)	kānta
chávena (f)	प्याला (m)	pyāla
prato (m)	तश्तरी (f)	tashtarī
pires (m)	सॉसर (m)	sosar
guardanapo (m)	नैपकीन (m)	naipakīn
palito (m)	टूथपिक (m)	tūthapik

53. Restaurante

restaurante (m)	रेस्टराँ (m)	restarān
café (m)	कॉफ़ी हाठस (m)	kofī haus
bar (m), cervejaria (f)	बार (m)	bār
salão (m) de chá	चायख़ाना (m)	chāyakhāna

empregado (m) de mesa	बैरा (m)	baira
empregada (f) de mesa	बैरी (f)	bairī
barman (m)	बारमैन (m)	bāramain

ementa (f)	मेनू (m)	menū
lista (f) de vinhos	वाइन सूची (f)	vain sūchī
reservar uma mesa	मेज़ बुक करना	mez buk karana

prato (m)	पकवान (m)	pakavān
pedir (vt)	आर्डर देना	ārdar dena
fazer o pedido	आर्डर देना	ārdar dena

aperitivo (m)	एपेरेतीफ़ (m)	eperetīf
entrada (f)	एपेटाइज़र (m)	epetaizar
sobremesa (f)	मीठा (m)	mītha

conta (f)	बिल (m)	bil
pagar a conta	बील का भुगतान करना	bīl ka bhugatān karana
dar o troco	खुले पैसे देना	khule paise dena
gorjeta (f)	टिप (f)	tip

Família, parentes e amigos

54. Informação pessoal. Formulários

nome (m)	पहला नाम (m)	pahala nām
apelido (m)	उपनाम (m)	upanām
data (f) de nascimento	जन्म-दिवस (m)	janm-divas
local (m) de nascimento	मातृभूमि (f)	mātrbhūmi
nacionalidade (f)	नागरिकता (f)	nāgarikata
lugar (m) de residência	निवास स्थान (m)	nivās sthān
país (m)	देश (m)	desh
profissão (f)	पेशा (m)	pesha
sexo (m)	लिंग (m)	ling
estatura (f)	क़द (m)	qad
peso (m)	वज़न (m)	vazan

55. Membros da família. Parentes

mãe (f)	माँ (f)	mān
pai (m)	पिता (m)	pita
filho (m)	बेटा (m)	beta
filha (f)	बेटी (f)	betī
filha (f) mais nova	छोटी बेटी (f)	chhotī betī
filho (m) mais novo	छोटा बेटा (m)	chhota beta
filha (f) mais velha	बड़ी बेटी (f)	barī betī
filho (m) mais velho	बड़ा बेटा (m)	bara beta
irmão (m)	भाई (m)	bhaī
irmã (f)	बहन (f)	bahan
primo (m)	चचेरा भाई (m)	chachera bhaī
prima (f)	चचेरी बहन (f)	chacherī bahan
mamã (f)	अम्मा (f)	amma
papá (m)	पापा (m)	pāpa
pais (pl)	माँ-बाप (m pl)	mān-bāp
criança (f)	बच्चा (m)	bachcha
crianças (f pl)	बच्चे (m pl)	bachche
avó (f)	दादी (f)	dādī
avô (m)	दादा (m)	dāda
neto (m)	पोता (m)	pota
neta (f)	पोती (f)	potī
netos (pl)	पोते (m)	pote
tio (m)	चाचा (m)	chācha
tia (f)	चाची (f)	chāchī

sobrinho (m)	भतीजा (m)	bhatīja
sobrinha (f)	भतीजी (f)	bhatījī

sogra (f)	सास (f)	sās
sogro (m)	ससुर (m)	sasur
genro (m)	दामाद (m)	dāmād
madrasta (f)	सौतेली माँ (f)	sautelī mān
padrasto (m)	सौतेले पिता (m)	sautele pita

criança (f) de colo	दूधमुँहा बच्चा (m)	dudhamunha bachcha
bebé (m)	शिशु (f)	shishu
menino (m)	छोटा बच्चा (m)	chhota bachcha

mulher (f)	पत्नी (f)	patnī
marido (m)	पति (m)	pati
esposo (m)	पति (m)	pati
esposa (f)	पत्नी (f)	patnī

casado	शादीशुदा	shādīshuda
casada	शादीशुदा	shādīshuda
solteiro	अविवाहित	avivāhit
solteirão (m)	कुँआरा (m)	kunāra
divorciado	तलाक़शुदा	talāqashuda
viúva (f)	विधवा (f)	vidhava
viúvo (m)	विधुर (m)	vidhur

parente (m)	रिश्तेदार (m)	rishtedār
parente (m) próximo	सम्बंधी (m)	sambandhī
parente (m) distante	दूर का रिश्तेदार (m)	dūr ka rishtedār
parentes (m pl)	रिश्तेदार (m pl)	rishtedār

órfão (m), órfã (f)	अनाथ (m)	anāth
tutor (m)	अभिभावक (m)	abhibhāvak
adotar (um filho)	लड़का गोद लेना	laraka god lena
adotar (uma filha)	लड़की गोद लेना	larakī god lena

56. Amigos. Colegas de trabalho

amigo (m)	दोस्त (m)	dost
amiga (f)	सहेली (f)	sahelī
amizade (f)	दोस्ती (f)	dostī
ser amigos	दोस्त होना	dost hona

amigo (m)	मित्र (m)	mitr
amiga (f)	सहेली (f)	sahelī
parceiro (m)	पार्टनर (m)	pārtanar

chefe (m)	चीफ़ (m)	chīf
superior (m)	अधीक्षक (m)	adhīkshak
subordinado (m)	अधीनस्थ (m)	adhīnasth
colega (m)	सहकर्मी (m)	sahakarmī

conhecido (m)	परिचित आदमी (m)	parichit ādamī
companheiro (m) de viagem	सहगामी (m)	sahagāmī

colega (m) de classe	सहपाठी (m)	sahapāthī
vizinho (m)	पड़ोसी (m)	parosī
vizinha (f)	पड़ोसन (f)	parosan
vizinhos (pl)	पड़ोसी (m pl)	parosī

57. Homem. Mulher

mulher (f)	औरत (f)	aurat
rapariga (f)	लड़की (f)	larakī
noiva (f)	दुल्हन (f)	dulhan

bonita	सुंदर	sundar
alta	लम्बा	lamba
esbelta	सुडौल	sudaul
de estatura média	छोटे क़द का	chhote qad ka

| loura (f) | हल्के रंगे के बालोंवाली औरत (f) | halke range ke bālonvālī aurat |
| morena (f) | काले बालोंवाली औरत (f) | kāle bālonvālī aurat |

de senhora	महिलाओं का	mahilaon ka
virgem (f)	कुमारिनी (f)	kumārinī
grávida	गर्भवती	garbhavatī

homem (m)	आदमी (m)	ādamī
louro (m)	हल्के रंगे के बालोंवाला आदमी (m)	halke range ke bālonvāla ādamī
moreno (m)	काले बालोंवाला (m)	kāle bālonvāla
alto	लम्बा	lamba
de estatura média	छोटे क़द का	chhote qad ka

rude	अभद्र	abhadr
atarracado	हृष्ट-पुष्ट	hrasht-pusht
robusto	तगड़ा	tagara
forte	ताक़तवर	tākatavar
força (f)	ताक़त (f)	tāqat

gordo	मोटा	mota
moreno	साँवला	sānvala
esbelto	सुडौल	sudaul
elegante	सजिला	sajila

58. Idade

idade (f)	उम्र (f)	umr
juventude (f)	युवा (f)	yuva
jovem	जवान	javān

mais novo	कनिष्ठ	kanishth
mais velho	बड़ा	bara
jovem (m)	युवक (m)	yuvak
adolescente (m)	किशोर (m)	kishor

rapaz (m)	लड़का (m)	laraka
velho (m)	बूढ़ा आदमी (m)	būrha ādamī
velhota (f)	बूढ़ी औरत (f)	būrhī aurat

adulto	व्यस्क	vyask
de meia-idade	अधेड़	adhed
idoso, de idade	बुज़ुर्ग	buzurg
velho	साल	sāl

reforma (f)	सेवा-निवृत्ति (f)	seva-nivrtti
reformar-se (vr)	सेवा-निवृत्त होना	seva-nivrtt hona
reformado (m)	सेवा-निवृत्त (m)	seva-nivrtt

59. Crianças

criança (f)	बच्चा (m)	bachcha
crianças (f pl)	बच्चे (m pl)	bachche
gémeos (m pl)	जुड़वाँ (m pl)	juravān

berço (m)	पालना (m)	pālana
guizo (m)	झुनझुना (m)	jhunajhuna
fralda (f)	डायपर (m)	dāyapar

chupeta (f)	चुसनी (f)	chusanī
carrinho (m) de bebé	बच्चा गाड़ी (f)	bachcha gārī
jardim (m) de infância	बालवाड़ी (f)	bālavārī
babysitter (f)	दाई (f)	daī

infância (f)	बचपन (m)	bachapan
boneca (f)	गुड़िया (f)	guriya
brinquedo (m)	खिलौना (m)	khilauna
jogo (m) de armar	निर्माण सेट खिलौना (m)	nirmān set khilauna
bem-educado	तमीज़दार	tamīzadār
mal-educado	बदतमीज़	badatamīz
mimado	सिरचढ़ा	siracharha

ser travesso	शरारत करना	sharārat karana
travesso, traquinas	नटखट	natakhat
travessura (f)	नटखटपन (m)	natakhatapan
criança (f) travessa	नटखट बच्चा (m)	natakhat bachcha

| obediente | आज्ञाकारी | āgyākārī |
| desobediente | अनुज्ञाकारी | anugyākārī |

dócil	विनम्र	vinamr
inteligente	बुद्धिमान	buddhimān
menino (m) prodígio	अद्भुत बच्चा (m)	adbhut bachcha

60. Casais. Vida de família

| beijar (vt) | चुम्बन करना | chumban karana |
| beijar-se (vr) | चुम्बन करना | chumban karana |

família (f)	परिवार (m)	parivār
familiar	परिवारिक	parivārik
casal (m)	दंपति (m)	dampatti
matrimónio (m)	शादी (f)	shādī
lar (m)	गृह-चूल्हा (m)	grh-chūlha
dinastia (f)	वंश (f)	vansh

| encontro (m) | मुलाक़ात (f) | mulāqāt |
| beijo (m) | चुम्बन (m) | chumban |

amor (m)	प्रेम (m)	prem
amar (vt)	प्यार करना	pyār karana
amado, querido	प्यारा	pyāra

ternura (f)	स्नेह (f)	sneh
terno, afetuoso	स्नेही	snehī
fidelidade (f)	वफ़ादारी (f)	vafādārī
fiel	वफ़ादार	vafādār
cuidado (m)	देखभाल (f)	dekhabhāl
carinhoso	परवाह करने वाला	paravāh karane vāla

recém-casados (m pl)	नवविवाहित (m pl)	navavivāhit
lua de mel (f)	हनीमून (m)	hanīmūn
casar-se (com um homem)	शादी करना	shādī karana
casar-se (com uma mulher)	शादी करना	shādī karana

boda (f)	शादी (f)	shādī
amante (m)	प्रेमी (m)	premī
amante (f)	प्रेमिका (f)	premika

adultério (m)	व्यभिचार (m)	vyabhichār
cometer adultério	संबंधों में धोखा देना	sambandhon men dhokha dena
ciumento	ईष्यालु	īshyālu
ser ciumento	ईष्या करना	īshya karana
divórcio (m)	तलाक़ (m)	talāq
divorciar-se (vr)	तलाक़ देना	talāq dena

brigar (discutir)	झगड़ना	jhagarana
fazer as pazes	सुलह करना	sulah karana
juntos	साथ	sāth
sexo (m)	यौन-क्रिया (f)	yaun-kriya

felicidade (f)	खुशी (f)	khushī
feliz	खुश	khush
infelicidade (f)	दुर्घटना (f)	durghatana
infeliz	नाखुश	nākhush

Caráter. Sentimentos. Emoções

61. Sentimentos. Emoções

sentimento (m)	भावना (f)	bhāvana
sentimentos (m pl)	भावनाएं (f)	bhāvanaen
sentir (vt)	महसूस करना	mahasūs karana
fome (f)	भूख (f)	bhūkh
ter fome	भूख लगना	bhūkh lagana
sede (f)	प्यास (f)	pyās
ter sede	प्यास लगना	pyās lagana
sonolência (f)	उनींदापन (f)	unīndāpan
estar sonolento	नींद आना	nīnd āna
cansaço (m)	थकान (f)	thakān
cansado	थका हुआ	thaka hua
ficar cansado	थक जाना	thak jāna
humor (m)	मन (m)	man
tédio (m)	ऊब (m)	ūb
aborrecer-se (vr)	ऊब जाना	ūb jāna
isolamento (m)	अकेलापन (m)	akelāpan
isolar-se	एकांत में रहना	ekānt men rahana
preocupar (vt)	चिन्ता करना	chinta karana
preocupar-se (vr)	फ़िक्रमंद होना	fikramand hona
preocupação (f)	फ़िक्र (f)	fikr
ansiedade (f)	चिन्ता (f)	chinta
preocupado	चिंताकुल	chintākul
estar nervoso	घबराना	ghabarāna
entrar em pânico	घबरा जाना	ghabara jāna
esperança (f)	आशा (f)	āsha
esperar (vt)	आशा रखना	āsha rakhana
certeza (f)	विश्वास (m)	vishvās
certo	विश्वास होना	vishvās hona
indecisão (f)	अविश्वास (m)	avishvās
indeciso	विश्वास न होना	vishvās na hona
ébrio, bêbado	मदहोश	madahosh
sóbrio	बिना नशे के	bina nashe ke
fraco	कमज़ोर	kamazor
feliz	ख़ुश	khush
assustar (vt)	डराना	darāna
fúria (f)	रोष (m)	rosh
ira, raiva (f)	रोष (m)	rosh
depressão (f)	उदासी (f)	udāsī
desconforto (m)	असुविधा (f)	asuvidha

conforto (m)	सुविधा (f)	suvidha
arrepender-se (vr)	अफ़्सोस करना	afasos karana
arrependimento (m)	अफ़्सोस (m)	afasos
azar (m), má sorte (f)	दुर्भाग्य (f)	durbhāgy
tristeza (f)	दुख (m)	dukh

vergonha (f)	शर्म (m)	sharm
alegria (f)	प्रसन्नता (f)	prasannata
entusiasmo (m)	उत्साह (m)	utsāh
entusiasta (m)	उत्साही (m)	utsāhī
mostrar entusiasmo	उत्साह दिखाना	utsāh dikhāna

62. Caráter. Personalidade

caráter (m)	चरित्र (m)	charitr
falha (f) de caráter	चरित्र दोष (m)	charitr dosh
mente (f)	अक्ल (m)	aql
razão (f)	तर्क करने की क्षमता (f)	tark karane kī kshamata

consciência (f)	अन्तरात्मा (f)	antarātma
hábito (m)	आदत (f)	ādat
habilidade (f)	क्षमता (f)	kshamata
saber (~ nadar, etc.)	कर सकना	kar sakana

paciente	धैर्यशील	dhairyashīl
impaciente	बेसब्र	besabr
curioso	उत्सुक	utsuk
curiosidade (f)	उत्सुकता (f)	utsukata

modéstia (f)	लज्जा (f)	lajja
modesto	विनम्र	vinamr
imodesto	अविनम्र	avinamr

preguiça (f)	आलस्य (m)	ālasy
preguiçoso	आलसी	ālasī
preguiçoso (m)	सुस्त आदमी (m)	sust ādamī

astúcia (f)	चालाक (m)	chālāk
astuto	चालाकी	chālākī
desconfiança (f)	अविश्वास (m)	avishvās
desconfiado	अविश्वासपूर्ण	avishvāsapūrn

generosidade (f)	उदारता (f)	udārata
generoso	उदार	udār
talentoso	प्रतिभाशाली	pratibhāshālī
talento (m)	प्रतिभा (m)	pratibha

corajoso	साहसी	sāhasī
coragem (f)	साहस (m)	sāhas
honesto	ईमानदार	īmānadār
honestidade (f)	ईमानदारी (f)	īmānadārī

| prudente | सावधान | sāvadhān |
| valente | बहादुर | bahādur |

| sério | गम्भीर | gambhīr |
| severo | सख्त | sakht |

decidido	निर्णयात्मक	nirnayātmak
indeciso	अनिर्णायक	anirnāyak
tímido	शर्मीला	sharmīla
timidez (f)	संकोच (m)	sankoch

confiança (f)	यक़ीन (m)	yaqīn
confiar (vt)	यक़ीन करना	yaqīn karana
crédulo	भरोसा	bharosa

sinceramente	हार्दिक	hārdik
sincero	हार्दिक	hārdik
sinceridade (f)	निष्ठा (f)	nishtha
aberto	अनावृत	anāvrt

calmo	शांत	shānt
franco	स्पष्ट	spasht
ingénuo	भोला	bhola
distraído	भुलक्कड़	bhulakkar
engraçado	अजीब	ajīb

ganância (f)	लालच (m)	lālach
ganancioso	लालची	lālachī
avarento	कंजूस	kanjūs
mau	दुष्ट	dusht
teimoso	ज़िद्दी	ziddī
desagradável	अप्रिय	apriy

egoísta (m)	स्वार्थी (m)	svārthī
egoísta	स्वार्थ	svārth
cobarde (m)	कायर (m)	kāyar
cobarde	कायरता	kāyarata

63. O sono. Sonhos

dormir (vi)	सोना	sona
sono (m)	सोना (m)	sona
sonho (m)	सपना (f)	sapana
sonhar (vi)	सपना देखना	sapana dekhana
sonolento	उनींदा	uninda

cama (f)	पलंग (m)	palang
colchão (m)	गद्दा (m)	gadda
cobertor (m)	कम्बल (m)	kambal
almofada (f)	तकिया (m)	takiya
lençol (m)	चादर (f)	chādar

insónia (f)	अनिद्रा (m)	anidra
insone	अनिद्र	anidr
sonífero (m)	नींद की गोली (f)	nīnd kī golī
tomar um sonífero	नींद की गोली लेना	nīnd kī golī lena
estar sonolento	नींद आना	nīnd āna

bocejar (vi)	जँभाई लेना	janbhaī lena
ir para a cama	सोने जाना	sone jāna
fazer a cama	बिस्तर बिछाना	bistar bichhāna
adormecer (vi)	सो जाना	so jāna

pesadelo (m)	डरावना सपना (m)	darāvana sapana
ronco (m)	खर्राटे (m)	kharrāte
roncar (vi)	खर्राटे लेना	kharrāte lena

despertador (m)	अलार्म घड़ी (f)	alārm gharī
acordar, despertar (vt)	जगाना	jagāna
acordar (vi)	जगना	jagana
levantar-se (vr)	ठठना	uthana
lavar-se (vr)	हाथ-मुँह धोना	hāth-munh dhona

64. Humor. Riso. Alegria

humor (m)	हास्य (m)	hāsy
sentido (m) de humor	मज़ाक करने की आदत (m)	mazāk karane kī ādat
divertir-se (vr)	आनंद ठठाना	ānand uthāna
alegre	हँसमुख	hansamukh
alegria (f)	उत्सव (m)	utsav

sorriso (m)	मुस्कान (f)	muskān
sorrir (vi)	मुस्कुराना	muskurāna
começar a rir	हँसना शुरू करना	hansana shurū karana
rir (vi)	हँसना	hansana
riso (m)	हँसी (f)	hansī

anedota (f)	चुटकुला (f)	chutakula
engraçado	मज़ाकीय	mazākīy
ridículo	हास्यास्प्रद	hāsyāsprad

brincar, fazer piadas	मज़ाक करना	mazāk karana
piada (f)	लतीफ़ा (f)	latīfa
alegria (f)	ख़ुशी (f)	khushī
regozijar-se (vr)	ख़ुश होना	khush hona
alegre	ख़ुश	khush

65. Discussão, conversação. Parte 1

| comunicação (f) | संवाद (m) | sanvād |
| comunicar-se (vr) | संवाद करना | sanvād karana |

conversa (f)	बातचीत (f)	bātachīt
diálogo (m)	बातचीत (f)	bātachīt
discussão (f)	चर्चा (f)	charcha
debate (m)	बहस (f)	bahas
debater (vt)	बहस करना	bahas karana

| interlocutor (m) | वार्तिकार (m) | vārtākār |
| tema (m) | विषय (m) | vishay |

61

ponto (m) de vista	दृष्टिकोण (m)	drshtikon
opinião (f)	राय (f)	rāy
discurso (m)	भाषण (m)	bhāshan

discussão (f)	चर्चा (f)	charcha
discutir (vt)	चर्चा करना	charcha karana
conversa (f)	बातचीत (f)	bātachīt
conversar (vi)	बात करना	bāt karana
encontro (m)	भेंट (f)	bhent
encontrar-se (vr)	मिलना	milana

provérbio (m)	लोकोक्ति (f)	lokokti
ditado (m)	कहावत (f)	kahāvat
adivinha (f)	पहेली (f)	pahelī
dizer uma adivinha	पहेली पूछना	pahelī pūchhana
senha (f)	पासवर्ड (m)	pāsavard
segredo (m)	भेद (m)	bhed

juramento (m)	शपथ (f)	shapath
jurar (vi)	शपथ लेना	shapath lena
promessa (f)	वचन (m)	vachan
prometer (vt)	वचन देना	vachan dena

conselho (m)	सलाह (f)	salāh
aconselhar (vt)	सलाह देना	salāh dena
escutar (~ os conselhos)	कहना मानना	kahana mānana

novidade, notícia (f)	समाचार (m)	samāchār
sensação (f)	सनसनी (f)	sanasanī
informação (f)	सूचना (f)	sūchana
conclusão (f)	निष्कर्ष (m)	nishkarsh
voz (f)	आवाज़ (f)	āvāz
elogio (m)	प्रशंसा (m)	prashansa
amável	दयालु	dayālu

palavra (f)	शब्द (m)	shabd
frase (f)	जुमला (m)	jumala
resposta (f)	जवाब (m)	javāb

| verdade (f) | सच (f) | sach |
| mentira (f) | झूठ (f) | jhūth |

pensamento (m)	ख्याल (f)	khyāl
ideia (f)	विचार (f)	vichār
fantasia (f)	कल्पना (f)	kalpana

66. Discussão, conversação. Parte 2

estimado	आदरणीय	ādaranīy
respeitar (vt)	आदर करना	ādar karana
respeito (m)	इज़्ज़त (m)	izzat
Estimado ..., Caro ...	माननीय	mānanīy
apresentar (vt)	परिचय देना	parichay dena
intenção (f)	इरादा (m)	irāda

tencionar (vt)	इरादा करना	irāda karana
desejo (m)	इच्छा (f)	ichchha
desejar (ex. ~ boa sorte)	इच्छा करना	ichchha karana

surpresa (f)	हैरानी (f)	hairānī
surpreender (vt)	हैरान करना	hairān karana
surpreender-se (vr)	हैरान होना	hairān hona

dar (vt)	देना	dena
pegar (tomar)	लेना	lena
devolver (vt)	वापस देना	vāpas dena
retornar (vt)	वापस करना	vāpas karana

desculpar-se (vr)	माफ़ी मांगना	māfī māngana
desculpa (f)	माफ़ी (f)	māfī
perdoar (vt)	क्षमा करना	kshama karana

falar (vi)	बात करना	bāt karana
escutar (vt)	सुनना	sunana
ouvir até o fim	सुन लेना	sun lena
compreender (vt)	समझना	samajhana

mostrar (vt)	दिखाना	dikhāna
olhar para ...	देखना	dekhana
chamar (dizer em voz alta o nome)	बुलाना	bulāna
perturbar (vt)	परेशान करना	pareshān karana
entregar (~ em mãos)	भिजवाना	bhijavāna

pedido (m)	प्रार्थना (f)	prārthana
pedir (ex. ~ ajuda)	अनुरोध करना	anurodh karana
exigência (f)	मांग (f)	māng
exigir (vt)	माँगना	māngana

chamar nomes (vt)	चिढ़ाना	chirhāna
zombar (vt)	मज़ाक उड़ाना	mazāk urāna
zombaria (f)	मज़ाक (m)	mazāk
alcunha (f)	मुंह बोला नाम (m)	munh bola nām

insinuação (f)	इशारा (m)	ishāra
insinuar (vt)	इशारा करना	ishāra karana
subentender (vt)	मतलब होना	matalab hona

descrição (f)	वर्णन (m)	varnan
descrever (vt)	वर्णन करना	varnan karana
elogio (m)	प्रशंसा (m)	prashansa
elogiar (vt)	प्रशंसा करना	prashansa karana

desapontamento (m)	निराशा (m)	nirāsha
desapontar (vt)	निराश करना	nirāsh karana
desapontar-se (vr)	निराश होना	nirāsh hona

suposição (f)	अंदाज़ा (m)	andāza
supor (vt)	अंदाज़ा करना	andāza karana
advertência (f)	चेतावनी (f)	chetāvanī
advertir (vt)	चेतावनी देना	chetāvanī dena

67. Discussão, conversação. Parte 3

convencer (vt)	मना लेना	mana lena
acalmar (vt)	शांत करना	shānt karana
silêncio (o ~ é de ouro)	ख़ामोशी (f)	khāmoshī
ficar em silêncio	चुप रहना	chup rahana
sussurrar (vt)	फुसफुसाना	fusafusāna
sussurro (m)	फुसफुस (m)	fusafus
francamente	साफ़ साफ़	sāf sāf
a meu ver ...	मेरे ख़्याल में ...	mere khyāl men ...
detalhe (~ da história)	विस्तार (m)	vistār
detalhado	विस्तृत	vistrt
detalhadamente	विस्तार से	vistār se
dica (f)	सुराग़ (m)	surāg
dar uma dica	सुराग़ देना	surāg dena
olhar (m)	नज़र (m)	nazar
dar uma vista de olhos	देखना	dekhana
fixo (olhar ~)	स्थिर	sthir
piscar (vi)	झपकना	jhapakana
pestanejar (vt)	आँख मारना	ānkh mārana
acenar (com a cabeça)	सिर हिलाना	sir hilāna
suspiro (m)	आह (f)	āh
suspirar (vi)	आह भरना	āh bharana
estremecer (vi)	काँपना	kānpana
gesto (m)	इशारा (m)	ishāra
tocar (com as mãos)	छू	chhūa
agarrar (~ pelo braço)	पकड़ना	pakarana
bater de leve	थपथपाना	thapathapāna
Cuidado!	ख़बरदार!	khabaradār!
A sério?	सचमुच?	sachamuch?
Tem certeza?	क्या तुम्हें यक़ीन है?	kya tumhen yaqīn hai?
Boa sorte!	सफल हो!	safal ho!
Compreendi!	समझ आया!	samajh āya!
Que pena!	अफ़सोस की बात है!	afasos kī bāt hai!

68. Acordo. Recusa

consentimento (~ mútuo)	सहमति (f)	sahamati
consentir (vi)	राज़ी होना	rāzī hona
aprovação (f)	स्वीकृति (f)	svīkrti
aprovar (vt)	स्वीकार करना	svīkār karana
recusa (f)	इन्कार (m)	inkār
negar-se (vt)	इन्कार करना	inkār karana
Está ótimo!	बहुत बढ़िया!	bahut barhiya!
Muito bem!	अच्छा है!	achchha hai!

Está bem! De acordo!	ठीक!	thīk!
proibido	वर्जित	varjit
é proibido	मना है	mana hai
é impossível	सम्भव नहीं	sambhav nahin
incorreto	ग़लत	galat

rejeitar (~ um pedido)	अस्वीकार करना	asvīkār karana
apoiar (vt)	समर्थन करना	samarthan karana
aceitar (desculpas, etc.)	स्वीकार करना	svīkār karana

confirmar (vt)	पुष्टि करना	pushti karana
confirmação (f)	पुष्टि (f)	pushti
permissão (f)	अनुमति (f)	anumati
permitir (vt)	अनुमति देना	anumati dena
decisão (f)	फ़ैसला (m)	faisala
não dizer nada	चुप रहना	chup rahana

condição (com uma ~)	हालत (m)	hālat
pretexto (m)	बहाना (m)	bahāna
elogio (m)	प्रशंसा (m)	prashansa
elogiar (vt)	तारीफ़ करना	tārīf karana

69. Sucesso. Boa sorte. Insucesso

êxito, sucesso (m)	सफलता (f)	safalata
com êxito	सफलतापूर्वक	safalatāpūrvak
bem sucedido	सफल	safal

sorte (fortuna)	सौभाग्य (m)	saubhāgy
Boa sorte!	सफल हो!	safal ho!
de sorte	भाग्यशाली	bhāgyashālī
sortudo, felizardo	भाग्यशाली	bhāgyashālī
fracasso (m)	विफलता (f)	vifalata
pouca sorte (f)	नाकामयाबी (f)	nākāmayābī
azar (m), má sorte (f)	दुर्भाग्य (m)	durbhāgy
mal sucedido	असफल	asafal
catástrofe (f)	दुर्घटना (f)	durghatana

orgulho (m)	गर्व (m)	garv
orgulhoso	गर्व	garv
estar orgulhoso	गर्व करना	garv karana
vencedor (m)	विजेता (m)	vijeta
vencer (vi)	जीतना	jītana
perder (vt)	हार जाना	hār jāna
tentativa (f)	कोशिश (f)	koshish
tentar (vt)	कोशिश करना	koshish karana
chance (m)	मौक़ा (m)	mauqa

70. Conflitos. Emoções negativas

| grito (m) | चिल्लाहट (f) | chillāhat |
| gritar (vi) | चिल्लाना | chillāna |

começar a gritar	चीख़ना	chīkhana
discussão (f)	झगड़ा (m)	jhagara
discutir (vt)	झगड़ना	jhagarana
escândalo (m)	झगड़ा (m)	jhagara
criar escândalo	झगड़ना	jhagarana
conflito (m)	टकराव (m)	takarāv
mal-entendido (m)	ग़लतफ़हमी (m)	galatafahamī
insulto (m)	अपमान (m)	apamān
insultar (vt)	अपमान करना	apamān karana
insultado	अपमानित	apamānit
ofensa (f)	द्वेष (f)	dvesh
ofender (vt)	नाराज़ करना	nārāz karana
ofender-se (vr)	बुरा मानना	bura mānana
indignação (f)	क्रोध (m)	krodh
indignar-se (vr)	ग़ुस्से में आना	gusse men āna
queixa (f)	शिकायत (f)	shikāyat
queixar-se (vr)	शिकायत करना	shikāyat karana
desculpa (f)	माफ़ी (f)	māfī
desculpar-se (vr)	माफ़ी मांगना	māfī māngana
pedir perdão	क्षमा मांगना	kshama māngana
crítica (f)	आलोचना (f)	ālochana
criticar (vt)	आलोचना करना	ālochana karana
acusação (f)	आरोप (m)	ārop
acusar (vt)	आरोप लगाना	ārop lagāna
vingança (f)	बदला (m)	badala
vingar (vt)	बदला लेना	badala lena
vingar-se (vr)	बदला लेना	badala lena
desprezo (m)	नफ़रत (m)	nafarat
desprezar (vt)	नफ़रत करना	nafarat karana
ódio (m)	नफ़रत (m)	nafarat
odiar (vt)	नफ़रत करना	nafarat karana
nervoso	घबराना	ghabarāna
estar nervoso	घबराना	ghabarāna
zangado	नाराज़	nārāz
zangar (vt)	नाराज़ करना	nārāz karana
humilhação (f)	बेइज़्ज़ती (f)	bezzatī
humilhar (vt)	निरादर करना	nirādar karana
humilhar-se (vr)	अपमान होना	apamān hona
choque (m)	हैरानी (f)	hairānī
chocar (vt)	हैरान होना	hairān hona
aborrecimento (m)	परेशानियाँ (f)	pareshāniyān
desagradável	अप्रिय	apriy
medo (m)	डर (f)	dar
terrível (tempestade, etc.)	भयानक	bhayānak
assustador (ex. história ~a)	भयंकर	bhayankar

| horror (m) | दहशत (f) | dahashat |
| horrível (crime, etc.) | भयानक | bhayānak |

chorar (vi)	रोना	rona
começar a chorar	रोने लगना	rone lagana
lágrima (f)	आँसु (f)	ānsu

falta (f)	ग़लती (f)	galatī
culpa (f)	दोष का एहसास (m)	dosh ka ehasās
desonra (f)	बदनामी (f)	badanāmī
protesto (m)	विरोध (m)	virodh
stresse (m)	तनाव (m)	tanāv

perturbar (vt)	परेशान करना	pareshān karana
zangar-se com …	गुस्सा करना	gussa karana
zangado	क्रोधित	krodhit
terminar (vt)	ख़त्म करना	khatm karana
praguejar	कसम खाना	kasam khāna

assustar-se	डराना	darāna
golpear (vt)	मारना	mārana
brigar (na rua, etc.)	झगड़ना	jhagarana

resolver (o conflito)	सुलझाना	sulajhāna
descontente	असंतुष्ट	asantusht
furioso	गुस्सा	gussa

| Não está bem! | यह ठीक नहीं! | yah thīk nahin! |
| É mau! | यह बुरा है! | yah bura hai! |

Medicina

71. Doenças

doença (f)	बीमारी (f)	bīmārī
estar doente	बीमार होना	bīmār hona
saúde (f)	सेहत (f)	sehat

nariz (m) a escorrer	नज़ला (m)	nazala
amigdalite (f)	टॉन्सिल (m)	tonsil
constipação (f)	जुकाम (f)	zukām
constipar-se (vr)	जुकाम हो जाना	zukām ho jāna

bronquite (f)	ब्रॉन्काइटिस (m)	bronkaitis
pneumonia (f)	निमोनिया (f)	nimoniya
gripe (f)	फ़्लू (m)	flū

míope	कमबीन	kamabīn
presbita	कमज़ोर दूरदृष्टि	kamazor dūradrshti
estrabismo (m)	तिरछी नज़र (m)	tirachhī nazar
estrábico	तिरछी नज़रवाला	tirachhī nazaravāla
catarata (f)	मोतिया बिंद (m)	motiya bind
glaucoma (m)	काला मोतिया (m)	kāla motiya

AVC (m), apoplexia (f)	स्ट्रोक (m)	strok
ataque (m) cardíaco	दिल का दौरा (m)	dil ka daura
enfarte (m) do miocárdio	मायोकार्डियल इन्फ़ार्क्शन (m)	māyokārdiyal infārkshan
paralisia (f)	लकवा (m)	lakava
paralisar (vt)	लक़वा मारना	laqava mārana

alergia (f)	एलर्जी (f)	elarjī
asma (f)	दमा (f)	dama
diabetes (f)	शूगर (f)	shūgar

dor (f) de dentes	दाँत दर्द (m)	dānt dard
cárie (f)	दाँत में कीड़ा (m)	dānt men kīra

diarreia (f)	दस्त (m)	dast
prisão (f) de ventre	कब्ज़ (m)	kabz
desarranjo (m) intestinal	पेट ख़राब (m)	pet kharāb
intoxicação (f) alimentar	ख़राब खाने से हुई बीमारी (f)	kharāb khāne se huī bīmārī
intoxicar-se	ख़राब खाने से बीमार पड़ना	kharāb khāne se bīmār parana

artrite (f)	गठिया (m)	gathiya
raquitismo (m)	बालवक्र (m)	bālavakr
reumatismo (m)	आमवात (m)	āmavāt
arteriosclerose (f)	धमनीकलाकाठिन्य (m)	dhamanīkalākāthiny
gastrite (f)	जठर-शोथ (m)	jathar-shoth
apendicite (f)	उण्डुक-शोथ (m)	unduk-shoth

| colecistite (f) | पित्ताशय (m) | pittāshay |
| úlcera (f) | अल्सर (m) | alsar |

sarampo (m)	मीज़ल्स (m)	mīzals
rubéola (f)	जर्मन मीज़ल्स (m)	jarman mīzals
iterícia (f)	पीलिया (m)	pīliya
hepatite (f)	हेपेटाइटिस (m)	hepetaitis

esquizofrenia (f)	शीज़ोफ्रेनीय (f)	shīzofrenīy
raiva (f)	रेबीज़ (m)	rebīz
neurose (f)	न्यूरोसिस (m)	nyūrosis
comoção (f) cerebral	आघात (m)	āghāt

cancro (m)	कर्क रोग (m)	kark rog
esclerose (f)	काठिन्य (m)	kāthiny
esclerose (f) múltipla	मल्टीपल स्क्लेरोसिस (m)	maltīpal sklerosis

alcoolismo (m)	शराबीपन (m)	sharābīpan
alcoólico (m)	शराबी (m)	sharābī
sífilis (f)	सीफ़ीलिस (m)	sīfīlis
SIDA (f)	ऐड्स (m)	aids

tumor (m)	ट्यूमर (m)	tyūmar
maligno	घातक	ghātak
benigno	अर्बुद	arbud

febre (f)	बुखार (m)	bukhār
malária (f)	मलेरिया (f)	maleriya
gangrena (f)	गैन्ग्रीन (m)	gaingrīn
enjoo (m)	जहाज़ी मतली (f)	jahāzī matalī
epilepsia (f)	मिरगी (f)	miragī

epidemia (f)	महामारी (f)	mahāmārī
tifo (m)	टाइफ़स (m)	taifas
tuberculose (f)	टीबी (m)	tībī
cólera (f)	हैज़ा (f)	haiza
peste (f)	प्लेग (f)	pleg

72. Sintomas. Tratamentos. Parte 1

sintoma (m)	लक्षण (m)	lakshan
temperatura (f)	तापमान (m)	tāpamān
febre (f)	बुखार (f)	bukhār
pulso (m)	नब्ज़ (f)	nabz

vertigem (f)	सिर का चक्कर (m)	sir ka chakkar
quente (testa, etc.)	गरम	garam
calafrio (m)	कंपकंपी (f)	kampakampī
pálido	पीला	pīla

tosse (f)	खाँसी (f)	khānsī
tossir (vi)	खाँसना	khānsana
espirrar (vi)	छींकना	chhīnkana
desmaio (m)	बेहोशी (f)	behoshī

desmaiar (vi)	बेहोश होना	behosh hona
nódoa (f) negra	नील (m)	nīl
galo (m)	गुमड़ा (m)	gumara
magoar-se (vr)	चोट लगना	chot lagana
pisadura (f)	चोट (f)	chot
aleijar-se (vr)	घाव लगना	ghāv lagana
coxear (vi)	लँगड़ाना	langarāna
deslocação (f)	हड्डी खिसकना (f)	haddī khisakana
deslocar (vt)	हड्डी खिसकना	haddī khisakana
fratura (f)	हड्डी टूट जाना (f)	haddī tūt jāna
fraturar (vt)	हड्डी टूट जाना	haddī tūt jāna
corte (m)	कट जाना (m)	kat jāna
cortar-se (vr)	खुद को काट लेना	khud ko kāt lena
hemorragia (f)	रक्त-स्राव (m)	rakt-srāv
queimadura (f)	जला होना	jala hona
queimar-se (vr)	जल जाना	jal jāna
picar (vt)	चुभाना	chubhāna
picar-se (vr)	खुद को चुभाना	khud ko chubhāna
lesionar (vt)	घायल करना	ghāyal karana
lesão (m)	चोट (f)	chot
ferida (f), ferimento (m)	घाव (m)	ghāv
trauma (m)	चोट (f)	chot
delirar (vi)	बेहोशी में बड़बड़ाना	behoshī men barabadāna
gaguejar (vi)	हकलाना	hakalāna
insolação (f)	धूप आघात (m)	dhūp āghāt

73. Sintomas. Tratamentos. Parte 2

dor (f)	दर्द (f)	dard
farpa (no dedo)	चुभ जाना (m)	chubh jāna
suor (m)	पसीना (f)	pasīna
suar (vi)	पसीना निकलना	pasīna nikalana
vómito (m)	वमन (m)	vaman
convulsões (f pl)	दौरा (m)	daura
grávida	गर्भवती	garbhavatī
nascer (vi)	जन्म लेना	janm lena
parto (m)	पैदा करना (m)	paida karana
dar à luz	पैदा करना	paida karana
aborto (m)	गर्भपात (m)	garbhapāt
respiração (f)	साँस (f)	sāns
inspiração (f)	साँस अंदर खींचना (f)	sāns andar khīnchana
expiração (f)	साँस बाहर छोड़ना (f)	sāns bāhar chhorana
expirar (vi)	साँस बाहर छोड़ना	sāns bāhar chhorana
inspirar (vi)	साँस अंदर खींचना	sāns andar khīnchana
inválido (m)	अपाहिज (m)	apāhij
aleijado (m)	लूला (m)	lūla

toxicodependente (m)	नशेबाज़ (m)	nashebāz
surdo	बहरा	bahara
mudo	गूँगा	gūnga
surdo-mudo	बहरा और गूँगा	bahara aur gūnga

louco (adj.)	पागल	pāgal
louco (m)	पगला (m)	pagala
louca (f)	पगली (f)	pagalī
ficar louco	पागल हो जाना	pāgal ho jāna

gene (m)	वंशाणु (m)	vanshānu
imunidade (f)	रोग प्रतिरोधक शक्ति (f)	rog pratirodhak shakti
hereditário	जन्मजात	janmajāt
congénito	पैदाइशी	paidaishī

vírus (m)	विषाणु (m)	vishānu
micróbio (m)	कीटाणु (m)	kītānu
bactéria (f)	जीवाणु (m)	jīvānu
infeção (f)	संक्रमण (m)	sankraman

74. Sintomas. Tratamentos. Parte 3

hospital (m)	अस्पताल (m)	aspatāl
paciente (m)	मरीज़ (m)	marīz

diagnóstico (m)	रोग-निर्णय (m)	rog-nirnay
cura (f)	इलाज (m)	ilāj
tratamento (m) médico	चिकित्सीय उपचार (m)	chikitsīy upachār
curar-se (vr)	इलाज कराना	ilāj karāna
tratar (vt)	इलाज करना	ilāj karana
cuidar (pessoa)	देखभाल करना	dekhabhāl karana
cuidados (m pl)	देखभाल (f)	dekhabhāl

operação (f)	ऑपरेशन (m)	opareshan
enfaixar (vt)	पट्टी बाँधना	pattī bāndhana
enfaixamento (m)	पट्टी (f)	pattī

vacinação (f)	टीका (m)	tīka
vacinar (vt)	टीका लगाना	tīka lagāna
injeção (f)	इंजेक्शन (m)	injekshan
dar uma injeção	इंजेक्शन लगाना	injekshan lagāna

amputação (f)	अंगविच्छेद (f)	angavichchhed
amputar (vt)	अंगविच्छेद करना	angavichchhed karana
coma (f)	कोमा (m)	koma
estar em coma	कोमा में चले जाना	koma men chale jāna
reanimação (f)	गहन चिकित्सा (f)	gahan chikitsa

recuperar-se (vr)	ठीक हो जाना	thīk ho jāna
estado (~ de saúde)	हालत (m)	hālat
consciência (f)	होश (m)	hosh
memória (f)	याददाश्त (f)	yādadāsht
tirar (vt)	दाँत निकालना	dānt nikālana
chumbo (m), obturação (f)	भराव (m)	bharāv

chumbar, obturar (vt)	दाँत को भरना	dānt ko bharana
hipnose (f)	हिपनोसिस (m)	hipanosis
hipnotizar (vt)	हिपनोटाइज़ करना	hipanotaiz karana

75. Médicos

médico (m)	डॉक्टर (m)	doktar
enfermeira (f)	नर्स (m)	nars
médico (m) pessoal	निजी डॉक्टर (m)	nijī doktar

dentista (m)	दंत-चिकित्सक (m)	dant-chikitsak
oculista (m)	आँखों का डॉक्टर (m)	ānkhon ka doktar
terapeuta (m)	चिकित्सक (m)	chikitsak
cirurgião (m)	शल्य-चिकित्सक (m)	shaly-chikitsak

psiquiatra (m)	मनोरोग चिकित्सक (m)	manorog chikitsak
pediatra (m)	बाल-चिकित्सक (m)	bāl-chikitsak
psicólogo (m)	मनोवैज्ञानिक (m)	manovaigyānik
ginecologista (m)	प्रसूतिशास्री (f)	prasūtishāsrī
cardiologista (m)	हृदय रोग विशेषज्ञ (m)	hrday rog visheshagy

76. Medicina. Drogas. Acessórios

medicamento (m)	दवा (f)	dava
remédio (m)	दवाई (f)	davaī
receitar (vt)	नुस्खा लिखना	nusakha likhana
receita (f)	नुस्खा (m)	nusakha

comprimido (m)	गोली (f)	golī
pomada (f)	मरहम (m)	maraham
ampola (f)	एम्प्यूल (m)	empyūl
preparado (m)	सिरप (m)	sirap
xarope (m)	शरबत (m)	sharabat
cápsula (f)	गोली (f)	golī
remédio (m) em pó	चूरन (m)	chūran

ligadura (f)	पट्टी (f)	pattī
algodão (m)	रूई का गोला (m)	rūī ka gola
iodo (m)	आयोडीन (m)	āyodīn
penso (m) rápido	बैंड-एड (m)	baind-ed
conta-gotas (m)	आई-ड्रॉपर (m)	āī-dropar
termómetro (m)	थरमामीटर (m)	tharamāmītar
seringa (f)	इंजेक्शन (m)	injekshan

| cadeira (f) de rodas | व्हीलचेयर (f) | vhīlacheyar |
| muletas (f pl) | बैसाखी (m pl) | baisākhī |

analgésico (m)	दर्द-निवारक (f)	dard-nivārak
laxante (m)	जुलाब की गोली (f)	julāb kī golī
álcool (m) etílico	स्पिरिट (m)	spirit
ervas (f pl) medicinais	जड़ी-बूटी (f)	jarī-būtī
de ervas (chá ~)	जड़ी-बूटियों से बना	jarī-būtiyon se bana

77. Fumar. Produtos tabágicos

tabaco (m)	तम्बाकू (m)	tambākū
cigarro (m)	सिगरेट (m)	sigaret
charuto (m)	सिगार (m)	sigār
cachimbo (m)	पाइप (f)	paip
maço (~ de cigarros)	पैक (m)	paik
fósforos (m pl)	माचिस (f pl)	māchis
caixa (f) de fósforos	माचिस का डिब्बा (m)	māchis ka dibba
isqueiro (m)	लाइटर (f)	laitar
cinzeiro (m)	राखदानी (f)	rākhadānī
cigarreira (f)	सिगरेट केस (m)	sigaret kes
boquilha (f)	सिगरेट होलडर (m)	sigaret holadar
filtro (m)	फ़िल्टर (m)	filtar
fumar (vi, vt)	धूम्रपान करना	dhumrapān karana
acender um cigarro	सिगरेट जलाना	sigaret jalāna
tabagismo (m)	धूम्रपान (m)	dhumrapān
fumador (m)	धूम्रपान करने वाला (m)	dhūmrapān karane vāla
beata (f)	सिगरेट का बचा हुआ टुकड़ा (m)	sigaret ka bacha hua tukara
fumo (m)	सिगरेट का धुँआ (m)	sigaret ka dhuna
cinza (f)	राख (m)	rākh

HABITAT HUMANO

Cidade

78. Cidade. Vida na cidade

cidade (f)	नगर (m)	nagar
capital (f)	राजधानी (f)	rājadhānī
aldeia (f)	गांव (m)	gānv
mapa (m) da cidade	नगर का नक्शा (m)	nagar ka naksha
centro (m) da cidade	नगर का केन्द्र (m)	nagar ka kendr
subúrbio (m)	उपनगर (m)	upanagar
suburbano	उपनगरिक	upanagarik
periferia (f)	बाहरी इलाका (m)	bāharī ilāka
arredores (m pl)	इर्दगिर्द के इलाके (m pl)	irdagird ke ilāke
quarteirão (m)	सेक्टर (m)	sektar
quarteirão (m) residencial	मुहल्ला (m)	muhalla
tráfego (m)	यातायात (f)	yātāyāt
semáforo (m)	यातायात सिग्नल (m)	yātāyāt signal
transporte (m) público	जन परिवहन (m)	jan parivahan
cruzamento (m)	चौराहा (m)	chaurāha
passadeira (f)	ज़ेबरा क्रॉसिंग (f)	zebara krosing
passagem (f) subterrânea	पैदल यात्रियों के लिए अंडरपास (f)	paidal yātriyon ke lie andarapās
cruzar, atravessar (vt)	सड़क पार करना	sarak pār karana
peão (m)	पैदल-यात्री (m)	paidal-yātrī
passeio (m)	फुटपाथ (m)	futapāth
ponte (f)	पुल (m)	pul
margem (f) do rio	तट (m)	tat
fonte (f)	फौवारा (m)	fauvāra
alameda (f)	छायापथ (f)	chhāyāpath
parque (m)	पार्क (m)	pārk
bulevar (m)	चौड़ी सड़क (m)	chaurī sarak
praça (f)	मैदान (m)	maidān
avenida (f)	मार्ग (m)	mārg
rua (f)	सड़क (f)	sarak
travessa (f)	गली (f)	galī
beco (m) sem saída	बंद गली (f)	band galī
casa (f)	मकान (m)	makān
edifício, prédio (m)	इमारत (f)	imārat
arranha-céus (m)	गगनचुंबी भवन (f)	gaganachumbī bhavan
fachada (f)	अगवाड़ा (m)	agavāra

telhado (m)	छत (f)	chhat
janela (f)	खिड़की (f)	khirakī
arco (m)	मेहराब (m)	meharāb
coluna (f)	स्तंभ (m)	stambh
esquina (f)	कोना (m)	kona

montra (f)	दुकान का शो-केस (m)	dukān ka sho-kes
letreiro (m)	साईनबोर्ड (m)	saīnabord
cartaz (m)	पोस्टर (m)	postar
cartaz (m) publicitário	विज्ञापन पोस्टर (m)	vigyāpan postar
painel (m) publicitário	बिलबोर्ड (m)	bilabord

lixo (m)	कूड़ा (m)	kūra
cesta (f) do lixo	कूड़े का डिब्बा (m)	kūre ka dibba
jogar lixo na rua	कूड़ा-ककॅट डालना	kūra-karkat dālana
aterro (m) sanitário	डम्पिंग ग्राउंड (m)	damping graund

cabine (f) telefónica	फ़ोन बूथ (m)	fon būth
candeeiro (m) de rua	बिजली का खंभा (m)	bijalī ka khambha
banco (m)	पार्क-बेंच (f)	pārk-bench

polícia (m)	पुलिसवाला (m)	pulisavāla
polícia (instituição)	पुलिस (m)	pulis
mendigo (m)	भिखारी (m)	bhikhārī
sem-abrigo (m)	बेघर (m)	beghar

79. Instituições urbanas

loja (f)	दुकान (f)	dukān
farmácia (f)	दवाख़ाना (m)	davākhāna
ótica (f)	चश्मे की दुकान (f)	chashme kī dukān
centro (m) comercial	शॉपिंग मॉल (m)	shoping mol
supermercado (m)	सुपर बाज़ार (m)	supar bāzār

padaria (f)	बेकरी (f)	bekarī
padeiro (m)	बेकर (m)	bekar
pastelaria (f)	टॉफ़ी की दुकान (f)	tofī kī dukān
mercearia (f)	परचून की दुकान (f)	parachūn kī dukān
talho (m)	गोश्ते की दुकान (f)	gosht kī dukān

| loja (f) de legumes | सब्ज़ियों की दुकान (f) | sabziyon kī dukān |
| mercado (m) | बाज़ार (m) | bāzār |

café (m)	काफ़ी हाउस (m)	kāfī haus
restaurante (m)	रेस्टरॉँ (m)	restarān
bar (m), cervejaria (f)	शराबख़ाना (m)	sharābakhāna
pizzaria (f)	पिट्ज़ा की दुकान (f)	pitza kī dukān

salão (m) de cabeleireiro	नाई की दुकान (f)	naī kī dukān
correios (m pl)	डाकघर (m)	dākaghar
lavandaria (f)	ड्राइक्लीनर (m)	draiklīnar
estúdio (m) fotográfico	फ़ोटो की दुकान (f)	foto kī dukān
sapataria (f)	जूते की दुकान (f)	jūte kī dukān
livraria (f)	किताबों की दुकान (f)	kitābon kī dukān

loja (f) de artigos de desporto	खेलकूद की दुकान (f)	khelakūd kī dukān
reparação (f) de roupa	कपड़ों की मरम्मत की दुकान (f)	kaparon kī marammat kī dukān
aluguer (m) de roupa	कपड़ों को किराए पर देने की दुकान (f)	kaparon ko kirae par dene kī dukān
aluguer (m) de filmes	वीडियो रेन्टल दुकान (f)	vīdiyo rental dukān
circo (m)	सर्कस (m)	sarkas
jardim (m) zoológico	चिड़ियाघर (m)	chiriyāghar
cinema (m)	सिनेमाघर (m)	sinemāghar
museu (m)	संग्रहालय (m)	sangrahālay
biblioteca (f)	पुस्तकालय (m)	pustakālay
teatro (m)	रंगमंच (m)	rangamanch
ópera (f)	ओपेरा (m)	opera
clube (m) noturno	नाईट क्लब (m)	naīt klab
casino (m)	केसिनो (m)	kesino
mesquita (f)	मस्जिद (m)	masjid
sinagoga (f)	सीनागोग (m)	sīnāgog
catedral (f)	गिरजाघर (m)	girajāghar
templo (m)	मंदिर (m)	mandir
igreja (f)	गिरजाघर (m)	girajāghar
instituto (m)	कॉलेज (m)	kolej
universidade (f)	विश्वविद्यालय (m)	vishvavidyālay
escola (f)	विद्यालय (m)	vidyālay
prefeitura (f)	प्रशासक प्रान्त (m)	prashāsak prānt
câmara (f) municipal	सिटी हॉल (m)	sitī hol
hotel (m)	होटल (f)	hotal
banco (m)	बैंक (m)	baink
embaixada (f)	दूतावास (m)	dūtāvas
agência (f) de viagens	पर्यटन आफ़िस (m)	paryatan āfis
agência (f) de informações	पूछताछ कार्यालय (m)	pūchhatāchh kāryālay
casa (f) de câmbio	मुद्रालय (m)	mudrālay
metro (m)	मेट्रो (m)	metro
hospital (m)	अस्पताल (m)	aspatāl
posto (m) de gasolina	पेट्रोल पम्प (f)	petrol pamp
parque (m) de estacionamento	पार्किंग (f)	pārking

80. Sinais

letreiro (m)	साईनबोर्ड (m)	saīnabord
inscrição (f)	दुकान का साईन (m)	dukān ka saīn
cartaz, póster (m)	पोस्टर (m)	postar
sinal (m) informativo	दिशा संकेतक (m)	disha sanketak
seta (f)	तीर दिशा संकेतक (m)	tīr disha sanketak
aviso (advertência)	चेतावनी (f)	chetāvanī
sinal (m) de aviso	चेतावनी संकेतक (m)	chetāvanī sanketak

avisar, advertir (vt)	चेतावनी देना	chetāvanī dena
dia (m) de folga	छुट्टी का दिन (m)	chhuttī ka din
horário (m)	समय सारणी (f)	samay sāranī
horário (m) de funcionamento	खुलने का समय (m)	khulane ka samay
BEM-VINDOS!	आपका स्वागत है।	āpaka svāgat hai!
ENTRADA	प्रवेश	pravesh
SAÍDA	निकास	nikās
EMPURRE	धक्का दें	dhakka den
PUXE	खींचे	khīnche
ABERTO	खुला	khula
FECHADO	बंद	band
MULHER	औरतों के लिये	auraton ke liye
HOMEM	आदमियों के लिये	ādamiyon ke liye
DESCONTOS	डिस्काउन्ट	diskaunt
SALDOS	सेल	sel
NOVIDADE!	नया!	naya!
GRÁTIS	मुफ्त	muft
ATENÇÃO!	ध्यान दें।	dhyān den!
NÃO HÁ VAGAS	कोई जगह खाली नहीं है	koī jagah khālī nahin hai
RESERVADO	रिज़र्वेड	rizarvad
ADMINISTRAÇÃO	प्रशासन	prashāsan
SOMENTE PESSOAL AUTORIZADO	केवल कर्मचारियों के लिए	keval karmachāriyon ke lie
CUIDADO CÃO FEROZ	कुत्ते से सावधान!	kutte se sāvadhān!
PROIBIDO FUMAR!	धुम्रपान निषेध!	dhumrapān nishedh!
NÃO TOCAR	छूना मना!	chhūna mana!
PERIGOSO	खतरा	khatara
PERIGO	खतरा	khatara
ALTA TENSÃO	उच्च वोल्टेज	uchch voltej
PROIBIDO NADAR	तैरना मना!	tairana mana!
AVARIADO	ख़राब	kharāb
INFLAMÁVEL	ज्वलनशील	jvalanashīl
PROIBIDO	निषिद्ध	nishiddh
ENTRADA PROIBIDA	प्रवेश निषेध!	pravesh nishedh!
CUIDADO TINTA FRESCA	गीला पेंट	gīla pent

81. Transportes urbanos

autocarro (m)	बस (f)	bas
elétrico (m)	ट्रैम (m)	traim
troleicarro (m)	ट्रॉलीबस (f)	trolības
itinerário (m)	मार्ग (m)	mārg
número (m)	नम्बर (m)	nambar
ir de … (carro, etc.)	के माध्यम से जाना	ke mādhyam se jāna
entrar (~ no autocarro)	सवार होना	savār hona

descer de ...	उतरना	utarana
paragem (f)	बस स्टॉप (m)	bas stop
próxima paragem (f)	अगला स्टॉप (m)	agala stop
ponto (m) final	अंतिम स्टेशन (m)	antim steshan
horário (m)	समय सारणी (f)	samay sāranī
esperar (vt)	इंतज़ार करना	intazār karana

| bilhete (m) | टिकट (m) | tikat |
| custo (m) do bilhete | टिकट का किराया (m) | tikat ka kirāya |

bilheteiro (m)	कैशियर (m)	kaishiyar
controlo (m) dos bilhetes	टिकट जाँच (f)	tikat jānch
revisor (m)	कंडक्टर (m)	kandaktar

atrasar-se (vr)	देर हो जाना	der ho jāna
perder (o autocarro, etc.)	छूट जाना	chhūt jāna
estar com pressa	जल्दी में रहना	jaldī men rahana

táxi (m)	टैक्सी (m)	taiksī
taxista (m)	टैक्सीवाला (m)	taiksīvāla
de táxi (ir ~)	टैक्सी से (m)	taiksī se
praça (f) de táxis	टैक्सी स्टैंड (m)	taiksī staind
chamar um táxi	टैक्सी बुलाना	taiksī bulāna
apanhar um táxi	टैक्सी लेना	taiksī lena

tráfego (m)	यातायात (f)	yātāyāt
engarrafamento (m)	ट्रैफ़िक जाम (m)	traifik jām
horas (f pl) de ponta	भीड़ का समय (m)	bhīr ka samay
estacionar (vi)	पार्क करना	pārk karana
estacionar (vt)	पार्क करना	pārk karana
parque (m) de estacionamento	पार्किंग (f)	pārking

metro (m)	मेट्रो (m)	metro
estação (f)	स्टेशन (m)	steshan
ir de metro	मेट्रो लेना	metro lena
comboio (m)	रेलगाड़ी, ट्रेन (f)	relagārī, tren
estação (f)	स्टेशन (m)	steshan

82. Turismo

monumento (m)	स्मारक (m)	smārak
fortaleza (f)	किला (m)	kila
palácio (m)	भवन (m)	bhavan
castelo (m)	महल (m)	mahal
torre (f)	मीनार (m)	mīnār
mausoléu (m)	समाधि (f)	samādhi

arquitetura (f)	वस्तुशाला (m)	vastushāla
medieval	मध्ययुगीय	madhayayugīy
antigo	प्राचीन	prāchīn
nacional	राष्ट्रीय	rāshtrīy
conhecido	मशहूर	mashhūr
turista (m)	पर्यटक (m)	paryatak
guia (pessoa)	गाइड (m)	gaid

excursão (f)	पर्यटन यात्रा (m)	paryatan yātra
mostrar (vt)	दिखाना	dikhāna
contar (vt)	बताना	batāna
encontrar (vt)	ढूँढना	dhūnrhana
perder-se (vr)	खो जाना	kho jāna
mapa (~ do metrô)	नक्शा (m)	naksha
mapa (~ da cidade)	नक्शा (m)	naksha
lembrança (f), presente (m)	यादगार (m)	yādagār
loja (f) de presentes	गिफ़्ट शॉप (f)	gift shop
fotografar (vt)	फोटो खींचना	foto khīnchana
fotografar-se	अपना फ़ोटो खिंचवाना	apana foto khinchavāna

83. Compras

comprar (vt)	खरीदना	kharīdana
compra (f)	खरीदारी (f)	kharīdārī
fazer compras	खरीदारी करने जाना	kharīdārī karane jāna
compras (f pl)	खरीदारी (f)	kharīdārī
estar aberta (loja, etc.)	खुला होना	khula hona
estar fechada	बन्द होना	band hona
calçado (m)	जूता (m)	jūta
roupa (f)	पोशाक (m)	poshāk
cosméticos (m pl)	श्रृंगार-सामग्री (f)	shrrngār-sāmagrī
alimentos (m pl)	खाने-पीने की चीज़ें (f pl)	khāne-pīne kī chīzen
presente (m)	उपहार (m)	upahār
vendedor (m)	बेचनेवाला (m)	bechanevāla
vendedora (f)	बेचनेवाली (f)	bechanevālī
caixa (f)	कैश-काउन्टर (m)	kaish-kauntar
espelho (m)	आईना (m)	āīna
balcão (m)	काउन्टर (m)	kauntar
cabine (f) de provas	ट्राई करने का कमरा (m)	traī karane ka kamara
provar (vt)	ट्राई करना	traī karana
servir (vi)	फिटिंग करना	fiting karana
gostar (apreciar)	पसंद करना	pasand karana
preço (m)	दाम (m)	dām
etiqueta (f) de preço	प्राइस टैग (m)	prais taig
custar (vt)	दाम होना	dām hona
Quanto?	कितना?	kitana?
desconto (m)	डिस्काउन्ट (m)	diskaunt
não caro	सस्ता	sasta
barato	सस्ता	sasta
caro	महंगा	mahanga
É caro	यह महंगा है	yah mahanga hai
aluguer (m)	रेन्टल (m)	rental
alugar (vestidos, etc.)	किराए पर लेना	kirae par lena

| crédito (m) | क्रेडिट (m) | kredit |
| a crédito | क्रेडिट पर | kredit par |

84. Dinheiro

dinheiro (m)	पैसा (m pl)	paisa
câmbio (m)	मुद्रा विनिमय (m)	mudra vinimay
taxa (f) de câmbio	विनिमय दर (m)	vinimay dar
Caixa Multibanco (m)	एटीएम (m)	etīem
moeda (f)	सिक्का (m)	sikka

| dólar (m) | डॉलर (m) | dolar |
| euro (m) | यूरो (m) | yūro |

lira (f)	लीरा (f)	līra
marco (m)	डचमार्क (m)	dachamārk
franco (m)	फ्रांक (m)	frānk
libra (f) esterlina	पाउन्ड स्टरलिंग (m)	paund staraling
iene (m)	येन (m)	yen

dívida (f)	कर्ज़ (m)	karz
devedor (m)	क़र्ज़ेदार (m)	qarzadār
emprestar (vt)	कर्ज़ देना	karz dena
pedir emprestado	कर्ज़ लेना	karz lena

banco (m)	बैंक (m)	baink
conta (f)	बैंक खाता (m)	baink khāta
depositar na conta	बैंक खाते में जमा करना	baink khāte men jama karana
levantar (vt)	खाते से पैसे निकालना	khāte se paise nikālana

cartão (m) de crédito	क्रेडिट कार्ड (m)	kredit kārd
dinheiro (m) vivo	कैश (m pl)	kaish
cheque (m)	चेक (m)	chek
passar um cheque	चेक लिखना	chek likhana
livro (m) de cheques	चेकबुक (f)	chekabuk

carteira (f)	बटुआ (m)	batua
porta-moedas (m)	बटुआ (m)	batua
cofre (m)	लॉकर (m)	lokar

herdeiro (m)	उत्तराधिकारी (m)	uttarādhikārī
herança (f)	उत्तराधिकार (m)	uttarādhikār
fortuna (riqueza)	संपत्ति (f)	sampatti

arrendamento (m)	किराये पर देना (m)	kirāye par dena
renda (f) de casa	किराया (m)	kirāya
alugar (vt)	किराए पर लेना	kirae par lena

preço (m)	दाम (m)	dām
custo (m)	कीमत (f)	kīmat
soma (f)	रक़म (m)	raqam

| gastar (vt) | खर्च करना | kharch karana |
| gastos (m pl) | खर्च (m pl) | kharch |

| economizar (vi) | बचत करना | bachat karana |
| económico | किफ़ायती | kifāyatī |

pagar (vt)	दाम चुकाना	dām chukāna
pagamento (m)	भुगतान (m)	bhugatān
troco (m)	चिल्लर (m)	chillar

imposto (m)	टैक्स (m)	taiks
multa (f)	जुर्माना (m)	jurmāna
multar (vt)	जुर्माना लगाना	jurmāna lagāna

85. Correios. Serviço postal

correios (m pl)	डाकघर (m)	dākaghar
correio (m)	डाक (m)	dāk
carteiro (m)	डाकिया (m)	dākiya
horário (m)	खुलने का समय (m)	khulane ka samay

carta (f)	पत्र (m)	patr
carta (f) registada	रजिस्टरी पत्र (m)	rajistarī patr
postal (m)	पोस्ट कार्ड (m)	post kārd
telegrama (m)	तार (m)	tār
encomenda (f) postal	पार्सल (f)	pārsal
remessa (f) de dinheiro	मनी ट्रांसफर (m)	manī trānsafar

receber (vt)	पाना	pāna
enviar (vt)	भेजना	bhejana
envio (m)	भेज (m)	bhej

endereço (m)	पता (m)	pata
código (m) postal	पिन कोड (m)	pin kod
remetente (m)	भेजनेवाला (m)	bhejanevāla
destinatário (m)	पानेवाला (m)	pānevāla

| nome (m) | पहला नाम (m) | pahala nām |
| apelido (m) | उपनाम (m) | upanām |

tarifa (f)	डाक दर (m)	dāk dar
ordinário	मानक	mānak
económico	किफ़ायती	kifāyatī

peso (m)	वज़न (m)	vazan
pesar (estabelecer o peso)	तोलना	tolana
envelope (m)	लिफ़ाफ़ा (m)	lifāfa
selo (m)	डाक टिकट (m)	dāk tikat
colar o selo	डाक टिकट लगाना	dāk tikat lagāna

Moradia. Casa. Lar

86. Casa. Habitação

casa (f)	मकान (m)	makān
em casa	घर पर	ghar par
pátio (m)	आंगन (m)	āngan
cerca (f)	बाड़ (f)	bār
tijolo (m)	ईंट (f)	īnt
de tijolos	ईंट का	īnt ka
pedra (f)	पत्थर (m)	patthar
de pedra	पत्थरीला	pattharīla
betão (m)	कंक्रीट (m)	kankrīt
de betão	कंक्रीट का	kankrīt ka
novo	नया	naya
velho	पुराना	purāna
decrépito	टूटा-फूटा	tūta-fūta
moderno	आधुनिक	ādhunik
de muitos andares	बहुमंज़िला	bahumanzila
alto	ऊंचा	ūncha
andar (m)	मंज़िल (f)	manzil
de um andar	एकमंज़िला	ekamanzila
andar (m) de baixo	पहली मंज़िल (f)	pahalī manzil
andar (m) de cima	ऊपरी मंज़िल (f)	ūparī manzil
telhado (m)	छत (f)	chhat
chaminé (f)	चिमनी (f)	chimanī
telha (f)	खपड़ा (m)	khapara
de telha	टाइल का बना	tail ka bana
sótão (m)	अटारी (f)	atārī
janela (f)	खिड़की (f)	khirakī
vidro (m)	कांच (f)	kānch
parapeito (m)	विन्डो सिल (m)	vindo sil
portadas (f pl)	शट्टर (m)	shattar
parede (f)	दीवार (f)	dīvār
varanda (f)	बाल्कनी (f)	bālkanī
tubo (m) de queda	जल निकास पाइप (f)	jal nikās paip
em cima	ऊपर	ūpar
subir (~ as escadas)	ऊपर जाना	ūpar jāna
descer (vi)	नीचे उतरना	nīche utarana
mudar-se (vr)	घर बदलना	ghar badalana

87. Casa. Entrada. Elevador

entrada (f)	प्रवेश-द्वार (m)	pravesh-dvār
escada (f)	सीढ़ी (f)	sīrhī
degraus (m pl)	सीढ़ी (f)	sīrhī
corrimão (m)	रेलिंग (f pl)	reling
hall (m) de entrada	हॉल (m)	hol
caixa (f) de correio	लेटर बॉक्स (m)	letar boks
caixote (m) do lixo	कचरे का डब्बा (m)	kachare ka dabba
conduta (f) do lixo	कचरे का श्यूट (m)	kachare ka shyūt
elevador (m)	लिफ़्ट (m)	lift
elevador (m) de carga	लिफ़्ट (m)	lift
cabine (f)	लिफ़्ट (f)	lift
pegar o elevador	लिफ़्ट से जाना	lift se jāna
apartamento (m)	फ़्लैट (f)	flait
moradores (m pl)	निवासी (m)	nivāsī
vizinho (m)	पड़ोसी (m)	parosī
vizinha (f)	पड़ोसन (f)	parosan
vizinhos (pl)	पड़ोसी (m pl)	parosī

88. Casa. Eletricidade

eletricidade (f)	बिजली (f)	bijalī
lâmpada (f)	बल्ब (m)	balb
interruptor (m)	स्विच (m)	svich
fusível (m)	फ्यूज़ बटन (m)	fyūz batan
fio, cabo (m)	तार (m)	tār
instalação (f) elétrica	तार (m)	tār
contador (m) de eletricidade	बिजली का मीटर (m)	bijalī ka mītar
indicação (f), registo (m)	मीटर रीडिंग (f)	mītar rīding

89. Casa. Portas. Fechaduras

porta (f)	दरवाज़ा (m)	daravāza
portão (m)	फाटक (m)	fātak
maçaneta (f)	हत्था (m)	hattha
destrancar (vt)	खोलना	kholana
abrir (vt)	खोलना	kholana
fechar (vt)	बंद करना	band karana
chave (f)	चाबी (f)	chābī
molho (m)	चाबियों का गुच्छा (m)	chābiyon ka guchchha
ranger (vi)	चरमराना	charamarāna
rangido (m)	चरमराने की आवाज़ (m)	charamarāne kī āvāz
dobradiça (f)	क़ब्ज़ा (m)	qabza
tapete (m) de entrada	पायदान (m)	pāyadān
fechadura (f)	ताला (m)	tāla

buraco (m) da fechadura	ताला (m)	tāla
ferrolho (m)	अर्गला (f)	argala
fecho (ferrolho pequeno)	अर्गला (f)	argala
cadeado (m)	ताला (m)	tāla
tocar (vt)	बजाना	bajāna
toque (m)	घंटी (f)	ghantī
campainha (f)	घंटी (f)	ghantī
botão (m)	घंटी (f)	ghantī
batida (f)	खटखट (f)	khatakhat
bater (vi)	खटखटाना	khatakhatāna
código (m)	कोड (m)	kod
fechadura (f) de código	कॉम्बिनेशन लॉक (m)	kombineshan lok
telefone (m) de porta	इंटरकॉम (m)	intarakom
número (m)	मकान नम्बर (m)	makān nambar
placa (f) de porta	नेम प्लेट (f)	nem plet
vigia (f), olho (m) mágico	पीप होल (m)	pīp hol

90. Casa de campo

aldeia (f)	गाँव (m)	gānv
horta (f)	सब्जियों का बगीचा (m)	sabziyon ka bagīcha
cerca (f)	बाड़ा (m)	bāra
paliçada (f)	बाड़ (f)	bār
cancela (f) do jardim	छोटा फाटक (m)	chhota fātak
celeiro (m)	अनाज का गोदाम (m)	anāj ka godām
adega (f)	सब्जियों का गोदाम (m)	sabziyon ka godām
galpão, barracão (m)	शेड (m)	shed
poço (m)	कुआँ (m)	kuān
fogão (m)	चूल्हा (m)	chūlha
atiçar o fogo	चूल्हा जलाना	chūlaha jalāna
lenha (carvão ou ~)	लकड़ियाँ (f pl)	lakariyān
acha (lenha)	लकड़ी (f)	lakarī
varanda (f)	बरामदा (f)	barāmda
alpendre (m)	छत (f)	chhat
degraus (m pl) de entrada	पोर्च (m)	porch
balouço (m)	झूले वाली कुर्सी (f)	jhūle vālī kursī

91. Moradia. Mansão

casa (f) de campo	गाँव का मकान (m)	gānv ka makān
vila (f)	बंगला (m)	bangala
ala (~ do edifício)	खंड (m)	khand
jardim (m)	बाग (m)	bāg
parque (m)	पार्क (m)	pārk
estufa (f)	ग्रीनहाउस (m)	grīnahaus
cuidar de ...	देखभाल करना	dekhabhāl karana

piscina (f)	तरण-ताल (m)	taran-tāl
ginásio (m)	व्यायाम कक्ष (m)	vyāyām kaksh
campo (m) de ténis	टेनिस-कोर्ट (m)	tenis-kort
cinema (m)	सिनेमाघर (m)	sinemāghar
garagem (f)	गराज (m)	garāj

| propriedade (f) privada | नीजी सम्पत्ति (f) | nījī sampatti |
| terreno (m) privado | नीजी ज़मीन (f) | nījī zamīn |

| advertência (f) | चेतावनी (f) | chetāvanī |
| sinal (m) de aviso | चेतावनी संकेत (m) | chetāvanī sanket |

guarda (f)	सुरक्षा (f)	suraksha
guarda (m)	पहरेदार (m)	paharedār
alarme (m)	चोर घंटी (f)	chor ghantī

92. Castelo. Palácio

castelo (m)	महल (m)	mahal
palácio (m)	भवन (m)	bhavan
fortaleza (f)	किला (m)	kila
muralha (f)	दीवार (f)	dīvār
torre (f)	मीनार (m)	mīnār
calabouço (m)	केन्द्रीय मीनार (m)	kendrīy mīnār

grade (f) levadiça	आरोहण द्वार (m)	ārohan dvār
passagem (f) subterrânea	भूमिगत सुरंग (m)	bhūmigat surang
fosso (m)	खाई (f)	khaī
corrente, cadeia (f)	जंजीर (f)	janjīr
seteira (f)	ऐरो लूप (m)	airo lūp

magnífico	शानदार	shānadār
majestoso	महिमामय	mahimāmay
inexpugnável	अभेद्य	abhedy
medieval	मध्ययुगीय	madhayayugīy

93. Apartamento

apartamento (m)	फ्लैट (f)	flait
quarto (m)	कमरा (m)	kamara
quarto (m) de dormir	सोने का कमरा (m)	sone ka kamara
sala (f) de jantar	खाने का कमरा (m)	khāne ka kamara
sala (f) de estar	बैठक (f)	baithak
escritório (m)	घरेलू कार्यालय (m)	gharelū kāryālay

antessala (f)	प्रवेश कक्ष (m)	pravesh kaksh
quarto (m) de banho	स्नानघर (m)	snānaghar
toilette (lavabo)	शौचालय (m)	shauchālay

teto (m)	छत (f)	chhat
chão, soalho (m)	फ़र्श (m)	farsh
canto (m)	कोना (m)	kona

94. Apartamento. Limpeza

arrumar, limpar (vt)	साफ़ करना	sāf karana
guardar (no armário, etc.)	रख देना	rakh dena
pó (m)	धूल (m)	dhūl
empoeirado	धूसर	dhūsar
limpar o pó	धूल पोंछना	dhūl ponchhana
aspirador (m)	वैक्युम क्लीनर (m)	vaikyum klīnar
aspirar (vt)	वैक्यूम करना	vaikyūm karana
varrer (vt)	झाड़ू लगाना	jhārū lagāna
sujeira (f)	कूड़ा (m)	kūra
arrumação (f), ordem (f)	तरतीब (m)	taratīb
desordem (f)	बेतरतीब (f)	betaratīb
esfregão (m)	पोंछा (m)	ponchha
pano (m), trapo (m)	डस्टर (m)	dastar
vassoura (f)	झाड़ू (m)	jhārū
pá (f) de lixo	कूड़ा उठाने का तसला (m)	kūra uthāne ka tasala

95. Mobiliário. Interior

mobiliário (m)	फ़र्निचर (m)	farnichar
mesa (f)	मेज़ (f)	mez
cadeira (f)	कुर्सी (f)	kursī
cama (f)	पलंग (m)	palang
divã (m)	सोफ़ा (m)	sofa
cadeirão (m)	हत्थे वाली कुर्सी (f)	hatthe vālī kursī
estante (f)	किताबों की अलमारी (f)	kitābon kī alamārī
prateleira (f)	शेल्फ़ (f)	shelf
guarda-vestidos (m)	कपड़ों की अलमारी (f)	kaparon kī alamārī
cabide (m) de parede	खूँटी (f)	khūntī
cabide (m) de pé	खूँटी (f)	khūntī
cómoda (f)	कपड़ों की अलमारी (f)	kaparon kī alamārī
mesinha (f) de centro	कॉफ़ी की मेज़ (f)	kofī kī mez
espelho (m)	आईना (m)	āīna
tapete (m)	कालीन (m)	kālīn
tapete (m) pequeno	दरी (f)	darī
lareira (f)	चिमनी (f)	chimanī
vela (f)	मोमबत्ती (f)	momabattī
castiçal (m)	मोमबत्तीदान (m)	momabattīdān
cortinas (f pl)	परदे (m pl)	parade
papel (m) de parede	वॉल पेपर (m)	vol pepar
estores (f pl)	जेलुज़ी (f pl)	jeluzī
candeeiro (m) de mesa	मेज़ का लैम्प (m)	mez ka laimp
candeeiro (m) de parede	दिवार का लैम्प (m)	divār ka laimp

| candeeiro (m) de pé | फ़र्श का लैम्प (m) | farsh ka laimp |
| lustre (m) | झूमर (m) | jhūmar |

pé (de mesa, etc.)	पाँव (m)	pānv
braço (m)	कुर्सी का हत्था (m)	kursī ka hattha
costas (f pl)	कुर्सी की पीठ (f)	kursī kī pīth
gaveta (f)	दराज़ (m)	darāz

96. Quarto de dormir

roupa (f) de cama	बिस्तर के कपड़े (m)	bistar ke kapare
almofada (f)	तकिया (m)	takiya
fronha (f)	ग़िलाफ़ (m)	gilāf
cobertor (m)	रज़ाई (f)	razaī
lençol (m)	चादर (f)	chādar
colcha (f)	चादर (f)	chādar

97. Cozinha

cozinha (f)	रसोईघर (m)	rasoīghar
gás (m)	गैस (m)	gais
fogão (m) a gás	गैस का चूल्हा (m)	gais ka chūlha
fogão (m) elétrico	बिजली का चूल्हा (m)	bijalī ka chūlha
forno (m)	ओवन (m)	ovan
forno (m) de micro-ondas	माइक्रोवेव ओवन (m)	maikrovev ovan

frigorífico (m)	फ़्रिज (m)	frij
congelador (m)	फ़्रीज़र (m)	frījar
máquina (f) de lavar louça	डिशवॉशर (m)	dishavoshar

moedor (m) de carne	कीमा बनाने की मशीन (f)	kīma banāne kī mashīn
espremedor (m)	जूसर (m)	jūsar
torradeira (f)	टोस्टर (m)	tostar
batedeira (f)	मिक्सर (m)	miksar

máquina (f) de café	कॉफ़ी मशीन (f)	kofī mashīn
cafeteira (f)	कॉफ़ी पॉट (m)	kofī pot
moinho (m) de café	कॉफ़ी पीसने की मशीन (f)	kofī pīsane kī mashīn

chaleira (f)	केतली (f)	ketalī
bule (m)	चायदानी (f)	chāyadānī
tampa (f)	ढक्कन (m)	dhakkan
coador (m) de chá	छलनी (f)	chhalanī

colher (f)	चम्मच (m)	chammach
colher (f) de chá	चम्मच (m)	chammach
colher (f) de sopa	चम्मच (m)	chammach
garfo (m)	काँटा (m)	kānta
faca (f)	छुरी (f)	chhurī

| louça (f) | बरतन (m) | baratan |
| prato (m) | तश्तरी (f) | tashtarī |

pires (m)	तश्तरी (f)	tashtarī
cálice (m)	जाम (m)	jām
copo (m)	गिलास (m)	gilās
chávena (f)	प्याला (m)	pyāla

açucareiro (m)	चीनीदानी (f)	chīnīdānī
saleiro (m)	नमकदानी (m)	namakadānī
pimenteiro (m)	मिर्चदानी (f)	mirchadānī
manteigueira (f)	मक्खनदानी (f)	makkhanadānī

panela, caçarola (f)	सॉसपैन (m)	sosapain
frigideira (f)	फ्राइ पैन (f)	frai pain
concha (f)	डोई (f)	doī
passador (m)	कालेन्डर (m)	kālendar
bandeja (f)	थाली (m)	thālī

garrafa (f)	बोतल (f)	botal
boião (m) de vidro	शीशी (f)	shīshī
lata (f)	डिब्बा (m)	dibba

abre-garrafas (m)	बोतल ओपनर (m)	botal opanar
abre-latas (m)	ओपनर (m)	opanar
saca-rolhas (m)	पेंचकस (m)	penchakas
filtro (m)	फ़िल्टर (m)	filtar
filtrar (vt)	फ़िल्टर करना	filtar karana

| lixo (m) | कूड़ा (m) | kūra |
| balde (m) do lixo | कूड़े की बाल्टी (f) | kūre kī bāltī |

98. Casa de banho

quarto (m) de banho	स्नानघर (m)	snānaghar
água (f)	पानी (m)	pānī
torneira (f)	नल (m)	nal
água (f) quente	गरम पानी (m)	garam pānī
água (f) fria	ठंडा पानी (m)	thanda pānī

| pasta (f) de dentes | टूथपेस्ट (m) | tūthapest |
| escovar os dentes | दाँत ब्रश करना | dānt brash karana |

barbear-se (vr)	शेव करना	shev karana
espuma (f) de barbear	शेविंग फ़ोम (m)	sheving fom
máquina (f) de barbear	रेज़र (f)	rezar

lavar (vt)	धोना	dhona
lavar-se (vr)	नहाना	nahāna
duche (m)	शावर (m)	shāvar
tomar um duche	शावर लेना	shāvar lena

banheira (f)	बाथटब (m)	bāthatab
sanita (f)	संडास (m)	sandās
lavatório (m)	सिंक (m)	sink
sabonete (m)	साबुन (m)	sābun
saboneteira (f)	साबुनदानी (f)	sābunadānī

esponja (f)	स्पंज (f)	spanj
champô (m)	शैम्पू (m)	shaimpū
toalha (f)	तौलिया (f)	tauliya
roupão (m) de banho	चोगा (m)	choga
lavagem (f)	धुलाई (f)	dhulaī
máquina (f) de lavar	वॉशिंग मशीन (f)	voshing mashīn
lavar a roupa	कपड़े धोना	kapare dhona
detergente (m)	कपड़े धोने का पाउडर (m)	kapare dhone ka paudar

99. Eletrodomésticos

televisor (m)	टीवी सेट (m)	tīvī set
gravador (m)	टेप रिकॉर्डर (m)	tep rikārdar
videogravador (m)	वीडियो टेप रिकॉर्डर (m)	vīdiyo tep rikārdar
rádio (m)	रेडियो (m)	rediyo
leitor (m)	प्लेयर (m)	pleyar
projetor (m)	वीडियो प्रोजेक्टर (m)	vīdiyo projektar
cinema (m) em casa	होम थीएटर (m)	hom thīetar
leitor (m) de DVD	डीवीडी प्लेयर (m)	dīvīdī pleyar
amplificador (m)	ध्वनि-विस्तारक (m)	dhvani-vistārak
console (f) de jogos	वीडियो गेम कन्सोल (m)	vīdiyo gem kansol
câmara (f) de vídeo	वीडियो कैमरा (m)	vīdiyo kaimara
máquina (f) fotográfica	कैमरा (m)	kaimara
câmara (f) digital	डीजिटल कैमरा (m)	dījital kaimara
aspirador (m)	वैक्यूम क्लीनर (m)	vaikyūm klīnar
ferro (m) de engomar	इस्तरी (f)	istarī
tábua (f) de engomar	इस्तरी तख्ता (m)	istarī takhta
telefone (m)	टेलीफ़ोन (m)	telīfon
telemóvel (m)	मोबाइल फ़ोन (m)	mobail fon
máquina (f) de escrever	टाइपराइटर (m)	taiparaitar
máquina (f) de costura	सिलाई मशीन (f)	silaī mashīn
microfone (m)	माइक्रोफ़ोन (m)	maikrofon
auscultadores (m pl)	हैडफ़ोन (m pl)	hairafon
controlo remoto (m)	रिमोट (m)	rimot
CD (m)	सीडी (m)	sīdī
cassete (f)	कैसेट (f)	kaiset
disco (m) de vinil	रिकॉर्ड (m)	rikārd

100. Reparações. Renovação

renovação (f)	नवीकरण (m)	navīkaran
renovar (vt), fazer obras	नवीकरण करना	navīkaran karana
reparar (vt)	मरम्मत करना	marammat karana
consertar (vt)	ठीक करना	thīk karana
refazer (vt)	फिर से करना	fir se karana

tinta (f)	रंग (m)	rang
pintar (vt)	रंगना	rangana
pintor (m)	रोग़न करनेवाला (m)	rogan karanevāla
pincel (m)	सफ़ेदी का ब्रश (m)	safedī ka brash

| cal (f) | सफ़ेदी (f) | safedī |
| caiar (vt) | सफ़ेदी करना | safedī karana |

papel (m) de parede	वॉल-पैपर (m pl)	vol-paipar
colocar papel de parede	वाल-पैपर लगाना	vāl-paipar lagāna
verniz (m)	पॉलिश (f)	polish
envernizar (vt)	पॉलिश करना	polish karana

101. Canalizações

água (f)	पानी (m)	pānī
água (f) quente	गरम पानी (m)	garam pānī
água (f) fria	ठंडा पानी (m)	thanda pānī
torneira (f)	टोंटी (f)	tontī

gota (f)	बूंद (m)	būnd
gotejar (vi)	टपकना	tapakana
vazar (vt)	बहना	bahana
vazamento (m)	लीक (m)	līk
poça (f)	डबरा (m)	dabara

tubo (m)	पाइप (f)	paip
válvula (f)	वॉल्व (m)	volv
entupir-se (vr)	भर जाना	bhar jāna

ferramentas (f pl)	औज़ार (m pl)	auzār
chave (f) inglesa	रिंच (m)	rinch
desenroscar (vt)	खोलना	kholana
enroscar (vt)	बंद करना	band karana

desentupir (vt)	सफ़ाई करना	safaī karana
canalizador (m)	प्लम्बर (m)	plambar
cave (f)	तहख़ाना (m)	tahakhāna
sistema (m) de esgotos	मलप्रवाह-पद्धति (f)	malapravāh-paddhati

102. Fogo. Deflagração

incêndio (m)	आग (f)	āg
chama (f)	आग की लपटें (f)	āg kī lapaten
faísca (f)	चिंगारी (f)	chingārī
fumo (m)	धुँआ (m)	dhuna
tocha (f)	मशाल (m)	mashāl
fogueira (f)	कैम्प फ़ायर (m)	kaimp fāyar

gasolina (f)	पेट्रोल (m)	petrol
querosene (m)	केरोसीन (m)	kerosīn
inflamável	ज्वलनशील	jvalanashīl

explosivo	विस्फ़ोटक	visfotak
PROIBIDO FUMAR!	धूम्रपान निषेध!	dhumrapān nishedh!
segurança (f)	सुरक्षा (f)	suraksha
perigo (m)	ख़तरा (f)	khatara
perigoso	ख़तरनाक	khataranāk
incendiar-se (vr)	आग लग जाना	āg lag jāna
explosão (f)	विस्फ़ोट (m)	visfot
incendiar (vt)	आग लगाना	āg lagāna
incendiário (m)	आग लगानेवाला (m)	āg lagānevāla
incêndio (m) criminoso	आगज़नी (f)	āgazanī
arder (vi)	दहकना	dahakana
queimar (vi)	जलना	jalana
queimar tudo (vi)	जल जाना	jal jāna
bombeiro (m)	दमकल कर्मचारी (m)	damakal karmachārī
carro (m) de bombeiros	दमकल (m)	damakal
corpo (m) de bombeiros	फ़ायरब्रिगेड (m)	fāyarabriged
escada (f) extensível	फ़ायर ट्रक सीढ़ी (f)	fāyar trak sīrhī
mangueira (f)	आग बुझाने का पाइप (m)	āg bujhāne ka paip
extintor (m)	अग्निशामक (m)	agnishāmak
capacete (m)	हेलमेट (f)	helamet
sirene (f)	साइरन (m)	sairan
gritar (vi)	चिल्लाना	chillāna
chamar por socorro	मदद के लिए बुलाना	madad ke lie bulāna
salvador (m)	बचानेवाला (m)	bachānevāla
salvar, resgatar (vt)	बचाना	bachāna
chegar (vi)	पहुँचना	pahunchana
apagar (vt)	आग बुझाना	āg bujhāna
água (f)	पानी (m)	pānī
areia (f)	रेत (f)	ret
ruínas (f pl)	खंडहर (m pl)	khandahar
ruir (vi)	गिर जाना	gir jāna
desmoronar (vi)	टूटकर गिरना	tūtakar girana
desabar (vi)	ढहना	dhahana
fragmento (m)	मलबे का टुकड़ा (m)	malabe ka tukara
cinza (f)	राख (m)	rākh
sufocar (vi)	दम घुटना	dam ghutana
perecer (vi)	मर जाना	mar jāna

ATIVIDADES HUMANAS

Emprego. Negócios. Parte 1

103. Escritório. O trabalho no escritório

escritório (~ de advogados)	कार्यालय (m)	kāryālay
escritório (do diretor, etc.)	कार्यालय (m)	kāryālay
receção (f)	रिसेप्शन (m)	risepshan
secretária (f)	सेक्रटरी (f)	sekratarī
diretor (m)	निदेशक (m)	nideshak
gerente (m)	मैनेजर (m)	mainejar
contabilista (m)	लेखापाल (m)	lekhāpāl
empregado (m)	कर्मचारी (m)	karmachārī
mobiliário (m)	फर्निचर (m)	farnichar
mesa (f)	मेज़ (f)	mez
cadeira (f)	कुर्सी (f)	kursī
bloco (m) de gavetas	साइड टेबल (f)	said tebal
cabide (m) de pé	खूँटी (f)	khūntī
computador (m)	कंप्यूटर (m)	kampyūtar
impressora (f)	प्रिन्टर (m)	printar
fax (m)	फैक्स मशीन (f)	faiks mashīn
fotocopiadora (f)	ज़ीरोक्स (m)	zīroks
papel (m)	कागज़ (m)	kāgaz
artigos (m pl) de escritório	स्टेशनरी (m pl)	steshanarī
tapete (m) de rato	माउस पैड (m)	maus paid
folha (f) de papel	पन्ना (m)	panna
pasta (f)	बाइन्डर (m)	baindar
catálogo (m)	कैटेलॉग (m)	kaitelog
diretório (f) telefónico	डाइरेक्टरी (f)	dairektarī
documentação (f)	दस्तावेज़ (m)	dastāvez
brochura (f)	पुस्तिका (f)	pustika
flyer (m)	पर्चा (m)	parcha
amostra (f)	नमूना (m)	namūna
formação (f)	प्रशिक्षण बैठक (f)	prashikshan baithak
reunião (f)	बैठक (f)	baithak
hora (f) de almoço	मध्यान्तर (m)	madhyāntar
fazer uma cópia	कॉपी करना	kopī karana
tirar cópias	ज़ीरोक्स करना	zīroks karana
receber um fax	फैक्स मिलना	faiks milana
enviar um fax	फैक्स भेजना	faiks bhejana
fazer uma chamada	फोन करना	fon karana

| responder (vt) | जवाब देना | javāb dena |
| passar (vt) | फ़ोन ट्रांस्फ़र करना | fon trānsfar karana |

marcar (vt)	व्यवस्थित करना	vyavasthit karana
demonstrar (vt)	प्रदर्शित करना	pradarshit karana
estar ausente	अनुपस्थित होना	anupasthit hona
ausência (f)	अनुपस्थिती (f)	anupasthitī

104. Processos negociais. Parte 1

ocupação (f)	पेशा (m)	pesha
firma, empresa (f)	कम्पनी (f)	kampanī
companhia (f)	कम्पनी (f)	kampanī
corporação (f)	निगम (m)	nigam
empresa (f)	उद्योग (m)	udyog
agência (f)	एजेंसी (f)	ejensī

acordo (documento)	समझौता (f)	samajhauta
contrato (m)	ठेका (m)	theka
acordo (transação)	सौदा (f)	sauda
encomenda (f)	आर्डर (m)	ārdar
cláusulas (f pl), termos (m pl)	शर्तें (f)	sharten

por grosso (adv)	थोक	thok
por grosso (adj)	थोक	thok
venda (f) por grosso	थोक (m)	thok
a retalho	खुदरा	khudara
venda (f) a retalho	खुदरा (m)	khudara

concorrente (m)	प्रतियोगी (m)	pratiyogī
concorrência (f)	प्रतियोगिता (f)	pratiyogita
competir (vi)	प्रतियोगिता करना	pratiyogita karana

| sócio (m) | सहयोगी (f) | sahayogī |
| parceria (f) | साझेदारी (f) | sājhedārī |

crise (f)	संकट (m)	sankat
bancarrota (f)	दिवाला (m)	divāla
entrar em falência	दिवालिया हो जाना	divāliya ho jāna
dificuldade (f)	कठिनाई (f)	kathinaī
problema (m)	समस्या (f)	samasya
catástrofe (f)	दुर्घटना (f)	durghatana

economia (f)	अर्थशास्त्र (f)	arthashāstr
económico	आर्थिक	ārthik
recessão (f) económica	आर्थिक गिरावट (f)	arthik girāvat

| objetivo (m) | लक्ष्य (m) | lakshy |
| tarefa (f) | कार्य (m) | kāry |

comerciar (vi, vt)	व्यापार करना	vyāpār karana
rede (de distribuição)	जाल (m)	jāl
estoque (m)	गोदाम (m)	godām
sortimento (m)	किस्म (m)	kism

líder (m)	लीडर (m)	līdar
grande (~ empresa)	विशाल	vishāl
monopólio (m)	एकाधिकार (m)	ekādhikār
teoria (f)	सिद्धांत (f)	siddhānt
prática (f)	व्यवहार (f)	vyavahār
experiência (falar por ~)	अनुभव (m)	anubhav
tendência (f)	प्रवृत्ति (f)	pravrtti
desenvolvimento (m)	विकास (m)	vikās

105. Processos negociais. Parte 2

rentabilidade (f)	लाभ (f)	lābh
rentável	फ़ायदेमन्द	fāyademand
delegação (f)	प्रतिनिधिमंडल (f)	pratinidhimandal
salário, ordenado (m)	आय (f)	āy
corrigir (um erro)	ठीक करना	thīk karana
viagem (f) de negócios	व्यापारिक यात्रा (f)	vyāpārik yātra
comissão (f)	आयोग (f)	āyog
controlar (vt)	जांचना	jānchana
conferência (f)	सम्मेलन (m)	sammelan
licença (f)	अनुज्ञप्ति (f)	anugyapti
confiável	विश्वसनीय	vishvasanīy
empreendimento (m)	पहल (f)	pahal
norma (f)	मानक (m)	mānak
circunstância (f)	परिस्थिति (f)	paristhiti
dever (m)	कर्तव्य (m)	kartavy
empresa (f)	संगठन (f)	sangathan
organização (f)	आयोजन (m)	āyojan
organizado	आयोजित	āyojit
anulação (f)	निरस्तीकरण (m)	nirastīkaran
anular, cancelar (vt)	रद्द करना	radd karana
relatório (m)	रिपोर्ट (m)	riport
patente (f)	पेटेंट (m)	petent
patentear (vt)	पेटेंट करना	petent karana
planear (vt)	योजना बनाना	yojana banāna
prémio (m)	बोनस (m)	bonas
profissional	पेशेवर	peshevar
procedimento (m)	प्रक्रिया (f)	prakriya
examinar (a questão)	विचार करना	vichār karana
cálculo (m)	हिसाब (m)	hisāb
reputação (f)	प्रतिष्ठा (f)	pratishtha
risco (m)	जोखिम (m)	jokhim
dirigir (~ uma empresa)	प्रबंध करना	prabandh karana
informação (f)	सूचना (f)	sūchana
propriedade (f)	जायदाद (f)	jāyadād

união (f)	संघ (m)	sangh
seguro (m) de vida	जीवन-बीमा (m)	jīvan-bīma
fazer um seguro	बीमा करना	bīma karana
seguro (m)	बीमा (m)	bīma

leilão (m)	नीलामी (m pl)	nīlāmī
notificar (vt)	जानकारी देना	jānakārī dena
gestão (f)	प्रबंधन (m)	prabandhan
serviço (indústria de ~s)	सेवा (f)	seva

fórum (m)	मंच (m)	manch
funcionar (vi)	कार्य करना	kāry karana
estágio (m)	चरण (m)	charan
jurídico	कानूनी	kānūnī
jurista (m)	वकील (m)	vakīl

106. Produção. Trabalhos

usina (f)	कारख़ाना (m)	kārakhāna
fábrica (f)	कारख़ाना (m)	kārakhāna
oficina (f)	वर्कशाप (m)	varkashāp
local (m) de produção	उत्पादन स्थल (m)	utpādan sthal

indústria (f)	उद्योग (m)	udyog
industrial	औद्योगिक	audyogik
indústria (f) pesada	भारी उद्योग (m)	bhārī udyog
indústria (f) ligeira	हल्का उद्योग (m)	halka udyog

produção (f)	उत्पाद (m)	utpād
produzir (vt)	उत्पादन करना	utpādan karana
matérias-primas (f pl)	कच्चा माल (m)	kachcha māl

chefe (m) de brigada	फ़ोरमैन (m)	foramain
brigada (f)	मज़दूर दल (m)	mazadūr dal
operário (m)	मज़दूर (m)	mazadūr

dia (m) de trabalho	कार्यदिवस (m)	kāryadivas
pausa (f)	अंतराल (m)	antarāl
reunião (f)	बैठक (f)	baithak
discutir (vt)	चर्चा करना	charcha karana

plano (m)	योजना (f)	yojana
cumprir o plano	योजना बनाना	yojana banāna
taxa (f) de produção	उत्पादन दर (f)	utpādan dar
qualidade (f)	गुणवत्ता (m)	gunavatta
controlo (m)	जाँच (f)	jānch
controlo (m) da qualidade	गुणवत्ता जाँच (f)	gunavatta jānch

segurança (f) no trabalho	कार्यस्थल सुरक्षा (f)	kāryasthal suraksha
disciplina (f)	अनुशासन (m)	anushāsan
infração (f)	उल्लंघन (m)	ullanghan
violar (as regras)	उल्लंघन करना	ullanghan karana
greve (f)	हड़ताल (f)	haratāl
grevista (m)	हड़तालकारी (m)	haratālakārī

estar em greve	हड़ताल करना	haratāl karana
sindicato (m)	ट्रेड-यूनियन (m)	tred-yūniyan
inventar (vt)	आविष्कार करना	āvishkār karana
invenção (f)	आविष्कार (m)	āvishkār
pesquisa (f)	अनुसंधान (f)	anusandhān
melhorar (vt)	सुधारना	sudhārana
tecnologia (f)	प्रौद्योगिकी (f)	praudyogikī
desenho (m) técnico	तकनीकी चित्रकारी (f)	takanīkī chitrakārī
carga (f)	भार (m)	bhār
carregador (m)	कुली (m)	kulī
carregar (vt)	लादना	lādana
carregamento (m)	लादना (m)	lādana
descarregar (vt)	सामान उतारना	sāmān utārana
descarga (f)	उतारना	utārana
transporte (m)	परिवहन (m)	parivahan
companhia (f) de transporte	परिवहन कम्पनी (f)	parivahan kampanī
transportar (vt)	अपवाहन करना	apavāhan karana
vagão (m) de carga	माल गाड़ी (f)	māl gārī
cisterna (f)	टैंकर (m)	tainkar
camião (m)	ट्रक (m)	trak
máquina-ferramenta (f)	मशीनी उपकरण (m)	mashīnī upakaran
mecanismo (m)	यंत्र (m)	yantr
resíduos (m pl) industriais	औद्योगिक अवशेष (m)	audyogik avashesh
embalagem (f)	पैकिंग (f)	paiking
embalar (vt)	पैक करना	paik karana

107. Contrato. Acordo

contrato (m)	ठेका (m)	theka
acordo (m)	समझौता (f)	samajhauta
adenda (f), anexo (m)	परिशिष्ट (f)	parishisht
assinar o contrato	अनुबंध पर हस्ताक्षर करना	anubandh par hastākshar karana
assinatura (f)	हस्ताक्षर (m)	hastākshar
assinar (vt)	हस्ताक्षर करना	hastākshar karana
carimbo (m)	सील (m)	sīl
objeto (m) do contrato	अनुबंध की विषय-वस्तु (f)	anubandh kī vishay-vastu
cláusula (f)	धारा (f)	dhāra
partes (f pl)	पार्टी (f)	pārtī
morada (f) jurídica	कानूनी पता (m)	kānūnī pata
violar o contrato	अनुबंध का उल्लंघन करना	anubandh ka ullanghan karana
obrigação (f)	प्रतिबद्धता (f)	pratibaddhta
responsabilidade (f)	ज़िम्मेदारी (f)	zimmedārī
força (f) maior	अप्रत्याशित घटना (f)	apratyāshit ghatana

| litígio (m), disputa (f) | विवाद (m) | vivād |
| multas (f pl) | जुर्माना (m) | jurmāna |

108. Importação & Exportação

importação (f)	आयात (m)	āyāt
importador (m)	आयातकर्ता (m)	āyātakarta
importar (vt)	आयात करना	āyāt karana
de importação	आयातित	āyātit

| exportador (m) | निर्यातकर्ता (m) | niryātakarta |
| exportar (vt) | निर्यात करना | niryāt karana |

| mercadoria (f) | माल (m) | māl |
| lote (de mercadorias) | प्रेषित माल (m) | preshit māl |

peso (m)	वज़न (m)	vazan
volume (m)	आयतन (m)	āyatan
metro (m) cúbico	घन मीटर (m)	ghan mītar

produtor (m)	उत्पादक (m)	utpādak
companhia (f) de transporte	वाहन कम्पनी (f)	vāhan kampanī
contentor (m)	डिब्बा (m)	dibba

fronteira (f)	सीमा (f)	sīma
alfândega (f)	सीमाशुल्क कार्यालय (f)	sīmāshulk kāryālay
taxa (f) alfandegária	सीमाशुल्क (m)	sīmāshulk
funcionário (m) da alfândega	सीमाशुल्क अधिकारी (m)	sīmāshulk adhikārī
contrabando (atividade)	तस्करी (f)	taskarī
contrabando (produtos)	तस्करी का माल (m)	taskarī ka māl

109. Finanças

ação (f)	शेयर (f)	sheyar
obrigação (f)	बॉंड (m)	bānd
nota (f) promissória	विनिमय पत्र (m)	vinimay patr

| bolsa (f) | स्टॉक मार्केट (m) | stok mārket |
| cotação (m) das ações | शेयर का मूल्य (m) | sheyar ka mūly |

| tornar-se mais barato | मूल्य कम होना | mūly kam hona |
| tornar-se mais caro | मूल्य बढ़ जाना | mūly barh jāna |

participação (f) maioritária	नियंत्रण हित (f)	niyantran hit
investimento (m)	निवेश (f)	nivesh
investir (vt)	निवेश करना	nivesh karana
percentagem (f)	प्रतिशत (f)	pratishat
juros (m pl)	ब्याज (m pl)	byāj

lucro (m)	नफ़ा (m)	nafa
lucrativo	लाभदायक	lābhadāyak
imposto (m)	कर (f)	kar

divisa (f)	मुद्रा (m)	mudra
nacional	राष्ट्रीय	rāshtrīy
câmbio (m)	विनिमय (m)	vinimay

| contabilista (m) | लेखापाल (m) | lekhāpāl |
| contabilidade (f) | लेखा विभाग (m) | lekha vibhāg |

bancarrota (f)	दिवाला (m)	divāla
falência (f)	वित्तीय पत्तन (m)	vittīy pattan
ruína (f)	बरबादी (m)	barabādī
arruinar-se (vr)	आर्थिक रूप से बरबादी	ārthik rūp se barabādī
inflação (f)	मुद्रास्फीति (f)	mudrāsfīti
desvalorização (f)	अवमूल्यन (m)	avamūlyan

capital (m)	पूँजी (f)	pūnjī
rendimento (m)	आय (f)	āy
volume (m) de negócios	कुल बिक्री (f)	kul bikrī
recursos (m pl)	वित्तीय संसाधन (m)	vittīy sansādhan
recursos (m pl) financeiros	मुद्रागत संसाधन (m)	mudrāgat sansādhan
reduzir (vt)	कम करना	kam karana

110. Marketing

marketing (m)	विपणन (m)	vipanan
mercado (m)	मंडी (f)	mandī
segmento (m) do mercado	बाज़ार क्षेत्र (m)	bāzār kshetr
produto (m)	उत्पाद (m)	utpād
mercadoria (f)	माल (m)	māl

marca (f) comercial	ट्रेड मार्क (m)	tred mārk
logotipo (m)	लोगोटाइप (m)	logotaip
logo (m)	लोगो (m)	logo

demanda (f)	मांग (f)	māng
oferta (f)	आपूर्ति (f)	āpūrti
necessidade (f)	ज़रूरत (f)	zarūrat
consumidor (m)	उपभोक्ता (m)	upabhokta

análise (f)	विश्लेषण (m)	vishleshan
analisar (vt)	विश्लेषण करना	vishleshan karana
posicionamento (m)	स्थिति-निर्धारण (f)	sthiti-nirdhāran
posicionar (vt)	स्थिति-निर्धारण करना	sthiti-nirdhāran karana

preço (m)	दाम (m)	dām
política (f) de preços	मूल्य निर्धारण नीति (f)	mūly nirdhāran nīti
formação (f) de preços	मूल्य स्थापना (f)	mūly sthāpana

111. Publicidade

publicidade (f)	विज्ञापन (m)	vigyāpan
publicitar (vt)	विज्ञापन देना	vigyāpan dena
orçamento (m)	बजट (m)	bajat

anúncio (m) publicitário	विज्ञापन (m)	vigyāpan
publicidade (f) televisiva	टीवी विज्ञापन (m)	tīvī vigyāpan
publicidade (f) na rádio	रेडियो विज्ञापन (m)	rediyo vigyāpan
publicidade (f) exterior	बिलबोर्ड विज्ञापन (m)	bilabord vigyāpan
comunicação (f) de massa	जनसंपर्क माध्यम (m)	janasampark mādhyam
periódico (m)	पत्रिका (f)	patrika
imagem (f)	सार्वजनिक छवि (f)	sārvajanik chhavi
slogan (m)	नारा (m)	nāra
mote (m), divisa (f)	नारा (m)	nāra
campanha (f)	अभियान (m)	abhiyān
companha (f) publicitária	विज्ञापन प्रचार (m)	vigyāpan prachār
grupo (m) alvo	श्रोतागण (f)	shrotāgan
cartão (m) de visita	बिज़नेस कार्ड (m)	bizanes kārd
flyer (m)	पर्चा (f)	parcha
brochura (f)	ब्रोशर (m)	broshar
folheto (m)	पर्चा (f)	parcha
boletim (~ informativo)	सूचनापत्र (m)	sūchanāpatr
letreiro (m)	नेमप्लेट (m)	nemaplet
cartaz, póster (m)	पोस्टर (m)	postar
painel (m) publicitário	इश्तहार (m)	ishtahār

112. Banca

banco (m)	बैंक (m)	baink
sucursal, balcão (f)	शाखा (f)	shākha
consultor (m)	क्लर्क (m)	klark
gerente (m)	मैनेजर (m)	mainejar
conta (f)	बैंक खाता (m)	baink khāta
número (m) da conta	खाते का नम्बर (m)	khāte ka nambar
conta (f) corrente	चालू खाता (m)	chālū khāta
conta (f) poupança	बचत खाता (m)	bachat khāta
abrir uma conta	खाता खोलना	khāta kholana
fechar uma conta	खाता बंद करना	khāta band karana
depositar na conta	खाते में जमा करना	khāte men jama karana
levantar (vt)	खाते से पैसा निकालना	khāte se paisa nikālana
depósito (m)	जमा (m)	jama
fazer um depósito	जमा करना	jama karana
transferência (f) bancária	तार स्थानांतरण (m)	tār sthānāntaran
transferir (vt)	पैसे स्थानांतरित करना	paise sthānāntarit karana
soma (f)	रक्रम (m)	raqam
Quanto?	कितना?	kitana?
assinatura (f)	हस्ताक्षर (f)	hastākshar
assinar (vt)	हस्ताक्षर करना	hastākshar karana

cartão (m) de crédito	क्रेडिट कार्ड (m)	kredit kārd
código (m)	पिन कोड (m)	pin kod
número (m) do cartão de crédito	क्रेडिट कार्ड संख्या (f)	kredit kārd sankhya
Caixa Multibanco (m)	एटीएम (m)	etīem
cheque (m)	चेक (m)	chek
passar um cheque	चेक लिखना	chek likhana
livro (m) de cheques	चेकबुक (f)	chekabuk
empréstimo (m)	उधार (m)	uthār
pedir um empréstimo	उधार के लिए आवेदन करना	udhār ke lie āvedan karana
obter um empréstimo	उधार लेना	uthār lena
conceder um empréstimo	उधार देना	uthār dena
garantia (f)	गारन्टी (f)	gārantī

113. Telefone. Conversação telefónica

telefone (m)	फ़ोन (m)	fon
telemóvel (m)	मोबाइल फ़ोन (m)	mobail fon
secretária (f) electrónica	जवाबी मशीन (f)	javābī mashīn
fazer uma chamada	फ़ोन करना	fon karana
chamada (f)	कॉल (m)	kol
marcar um número	नम्बर लगाना	nambar lagāna
Alô!	हेलो!	helo!
perguntar (vt)	पूछना	pūchhana
responder (vt)	जवाब देना	javāb dena
ouvir (vt)	सुनना	sunana
bem	ठीक	thīk
mal	ठीक नहीं	thīk nahin
ruído (m)	आवाज़ें (f)	āvāzen
auscultador (m)	रिसीवर (m)	risīvar
pegar o telefone	फ़ोन उठाना	fon uthāna
desligar (vi)	फ़ोन रखना	fon rakhana
ocupado	बिज़ी	bizī
tocar (vi)	फ़ोन बजना	fon bajana
lista (f) telefónica	टेलीफ़ोन बुक (m)	telīfon buk
local	लोकल	lokal
de longa distância	लंबी दूरी की कॉल	lambī dūrī kī kol
internacional	अंतर्राष्ट्रीय	antarrāshtrīy

114. Telefone móvel

telemóvel (m)	मोबाइल फ़ोन (m)	mobail fon
ecrã (m)	डिस्प्ले (m)	disple
botão (m)	बटन (m)	batan
cartão SIM (m)	सिम कार्ड (m)	sim kārd

bateria (f)	बैटरी (f)	baitarī
descarregar-se	बैटरी डेड हो जाना	baitarī ded ho jāna
carregador (m)	चार्जर (m)	chārjar

menu (m)	मीनू (m)	mīnū
definições (f pl)	सेटिंग्स (f)	setings
melodia (f)	कॉलर ट्यून (m)	kolar tyūn
escolher (vt)	चुनना	chunana

calculadora (f)	कैल्कुलैटर (m)	kailkulaitar
correio (m) de voz	वॉयस मेल (f)	voyas mel
despertador (m)	अलार्म घड़ी (f)	alārm gharī
contatos (m pl)	संपर्क (m)	sampark

mensagem (f) de texto	एसएमएस (m)	esemes
assinante (m)	सदस्य (m)	sadasy

115. Estacionário

caneta (f)	बॉल पेन (m)	bol pen
caneta (f) tinteiro	फाउन्टेन पेन (m)	faunten pen

lápis (m)	पेंसिल (f)	pensil
marcador (m)	हाइलाइटर (m)	hailaitar
caneta (f) de feltro	फ़ेल्ट टिप पेन (m)	felt tip pen

bloco (m) de notas	नोटबुक (m)	notabuk
agenda (f)	डायरी (f)	dāyarī

régua (f)	स्केल (m)	skel
calculadora (f)	कैल्कुलेटर (m)	kailkuletar
borracha (f)	रबड़ (f)	rabar
pionés (m)	थंबटैक (m)	thanrbataik
clipe (m)	पेपर क्लिप (m)	pepar klip

cola (f)	गोंद (f)	gond
agrafador (m)	स्टेप्लर (m)	steplar
furador (m)	होल पंचर (m)	hol panchar
afia-lápis (m)	शार्पनर (m)	shārpanar

116. Vários tipos de documentos

relatório (m)	रिपोर्ट (m)	riport
acordo (m)	समझौता (f)	samajhauta
ficha (f) de inscrição	आवेदन प्रपत्र (m)	āvedan prapatr
autêntico	असल	asal
crachá (m)	बैज (f)	baij
cartão (m) de visita	बिज़नेस कार्ड (m)	bizanes kārd

certificado (m)	प्रमाणपत्र (m)	pramānapatr
cheque (m)	चेक (m)	chek
conta (f)	बिल (m)	bil

constituição (f)	संविधान (m)	sanvidhān
contrato (m)	अनुबंध (m)	anubandh
cópia (f)	कॉपी (f)	kopī
exemplar (m)	प्रति (f)	prati
declaração (f) alfandegária	सीमाशुल्क घोषणा (f)	sīmāshulk ghoshana
documento (m)	दस्तावेज़ (m)	dastāvez
carta (f) de condução	ड्राइवर-लाइसेंस (m)	draivar-laisens
adenda (ao contrato)	परिशिष्ट (f)	parishisht
questionário (m)	प्रपत्र (m)	prapatr
bilhete (m) de identidade	पहचान पत्र (m)	pahachān patr
inquérito (m)	पूछताछ (f)	pūchhatāchh
convite (m)	निमंत्रण-पत्र (m)	nimantran-patr
fatura (f)	इन्वॉएस (m)	invoes
lei (f)	कानून (m)	kānūn
carta (correio)	पत्र (m)	patr
papel (m) timbrado	लेटरहेड (m)	letarahed
lista (f)	सूची (f)	sūchī
manuscrito (m)	हस्तलेख (m)	hastalekh
boletim (~ informativo)	संवादपत्र (m)	sanvādapatr
bilhete (mensagem breve)	नोट (m)	not
passe (m)	पास (m)	pās
passaporte (m)	पासपोर्ट (m)	pāsaport
permissão (f)	अनुमति (f)	anumati
CV, currículo (m)	रेज्यूम (m)	rijyūm
vale (nota promissória)	ऋण नोट (m)	ririn not
recibo (m)	रसीद (f)	rasīd
talão (f)	बिक्री रसीद (f)	bikrī rasīd
relatório (m)	रिपोर्ट (m)	riport
mostrar (vt)	दिखाना	dikhāna
assinar (vt)	हस्ताक्षर करना	hastākshar karana
assinatura (f)	हस्ताक्षर (f)	hastākshar
carimbo (m)	सील (m)	sīl
texto (m)	पाठ (m)	pāth
bilhete (m)	प्रवेश टिकट (m)	pravesh tikat
riscar (vt)	रेखा खींचकर काटना	rekha khīnchakar kātana
preencher (vt)	भरना	bharana
guia (f) de remessa	रसीद (f)	rasīd
testamento (m)	वसीयत (m)	vasīyat

117. Tipos de negócios

serviços (m pl) de contabilidade	लेखा सेवा (f)	lekha seva
publicidade (f)	विज्ञापन (m)	vigyāpan
agência (f) de publicidade	विज्ञापन एजन्सी (f)	vigyāpan ejansī
ar (m) condicionado	वातानुकूलक सेवा (f)	vātānukūlak seva
companhia (f) aérea	हवाई कम्पनी (f)	havaī kampanī

bebidas (f pl) alcoólicas	मद्य पदार्थ (m)	mady padārth
comércio (m) de antiguidades	पुरानी चीज़ें (f)	purānī chīzen
galeria (f) de arte	चित्रशाला (f)	chitrashāla
serviços (m pl) de auditoria	लेखापरीक्षा सेवा (f)	lekhāparīksha seva
negócios (m pl) bancários	बैंक (m)	baink
bar (m)	बार (m)	bār
salão (m) de beleza	ब्यूटी पार्लर (m)	byūtī pārlar
livraria (f)	किताबों की दुकान (f)	kitābon kī dukān
cervejaria (f)	शराब की भठ्ठी (f)	sharāb kī bhaththī
centro (m) de escritórios	व्यापार केन्द्र (m)	vyāpār kendr
escola (f) de negócios	व्यापार विद्यालय (m)	vyāpār vidyālay
casino (m)	केसिनो (m)	kesino
construção (f)	निर्माण (m)	nirmān
serviços (m pl) de consultoria	परामर्श सेवा (f)	parāmarsh seva
estomatologia (f)	दंतचिकित्सा क्लिनिक (f)	dantachikitsa klinik
design (m)	डिज़ाइन (m)	dizain
farmácia (f)	दवाख़ाना (m)	davākhāna
lavandaria (f)	ड्राइक्लीनिंग (f)	draiklīning
agência (f) de emprego	रोज़गार एजेंसी (f)	rozagār ejensī
serviços (m pl) financeiros	वित्त सेवा (f)	vitt seva
alimentos (m pl)	खाद्य पदार्थ (m)	khādy padārth
agência (f) funerária	शमशान घाट (m)	shamashān ghāt
mobiliário (m)	फ़र्निचर (m)	farnichar
roupa (f)	पोशाक (m)	poshāk
hotel (m)	होटल (m)	hotal
gelado (m)	आईसक्रीम (f)	āīsakrīm
indústria (f)	उद्योग (m)	udyog
seguro (m)	बीमा (m)	bīma
internet (f)	इन्टरनेट (m)	intaranet
investimento (m)	निवेश (f)	nivesh
joalheiro (m)	सुनार (m)	sunār
joias (f pl)	आभूषण (m)	ābhūshan
lavandaria (f)	धोबीघर (m)	dhobīghar
serviços (m pl) jurídicos	कानूनी सलाह (f)	kānūnī salāh
indústria (f) ligeira	हल्का उद्योग (m)	halka udyog
revista (f)	पत्रिका (f)	patrika
vendas (f pl) por catálogo	मेल-ऑर्डर विक्रय (m)	mel-ordar vikray
medicina (f)	औषधि (f)	aushadhi
cinema (m)	सिनेमाघर (m)	sinemāghar
museu (m)	संग्रहालय (m)	sangrahālay
agência (f) de notícias	सूचना केन्द्र (m)	sūchana kendr
jornal (m)	अख़बार (m)	akhabār
clube (m) noturno	नाइट क्लब (m)	nait klab
petróleo (m)	पेट्रोलियम (m)	petroliyam
serviço (m) de encomendas	कुरियर सेवा (f)	kuriyar seva
indústria (f) farmacêutica	औषधि (f)	aushadhi
poligrafia (f)	छपाई (m)	chhapaī

editora (f)	प्रकाशन गृह (m)	prakāshan grh
rádio (m)	रेडियो (m)	rediyo
imobiliário (m)	अचल संपत्ति (f)	achal sampatti
restaurante (m)	रेस्टराँ (m)	restarān
empresa (f) de segurança	सुरक्षा एजेंसी (f)	suraksha ejensī
desporto (m)	क्रीड़ा (f)	krīra
bolsa (f)	स्टॉक मार्केट (m)	stok mārket
loja (f)	दुकान (f)	dukān
supermercado (m)	सुपर बाज़ार (m)	supar bāzār
piscina (f)	तरण-ताल (m)	taran-tāl
alfaiataria (f)	दर्ज़ी (m)	darzī
televisão (f)	टीवी (m)	tīvī
teatro (m)	रंगमंच (m)	rangamanch
comércio (atividade)	व्यापार (m)	vyāpār
serviços (m pl) de transporte	परिवहन (m)	parivahan
viagens (f pl)	पर्यटन (m)	paryatan
veterinário (m)	पशुचिकित्सक (m)	pashuchikitsak
armazém (m)	भंडार (m)	bhandār
recolha (f) do lixo	कूड़ा उठाने की सेवा (f)	kūra uthāne kī seva

Emprego. Negócios. Parte 2

118. Espetáculo. Feira

feira (f)	प्रदर्शनी (f)	pradarshanī
feira (f) comercial	व्यापारिक प्रदर्शनी (f)	vyāpārik pradarshanī
participação (f)	शिरकत (f)	shirakat
participar (vi)	भाग लेना	bhāg lena
participante (m)	प्रतिभागी (m)	pratibhāgī
diretor (m)	निदेशक (m)	nideshak
direção (f)	आयोजकों का कार्यालय (m)	āyojakon ka kāryālay
organizador (m)	आयोजक (m)	āyojak
organizar (vt)	आयोजित करना	āyojit karana
ficha (f) de inscrição	प्रतिभागी प्रपत्र (m)	pratibhāgī prapatr
preencher (vt)	भरना	bharana
detalhes (m pl)	विवरण (m)	vivaran
informação (f)	जानकारी (f)	jānakārī
preço (m)	दाम (m)	dām
incluindo	सहित	sahit
incluir (vt)	शामिल करना	shāmil karana
pagar (vt)	दाम चुकाना	dām chukāna
taxa (f) de inscrição	पंजीकरण शुल्क (f)	panjīkaran shulk
entrada (f)	प्रवेश (m)	pravesh
pavilhão (m)	हॉल (m)	hol
inscrever (vt)	पंजीकरण करवाना	panjīkaran karavāna
crachá (m)	बैज (f)	baij
stand (m)	स्टेंड (m)	stend
reservar (vt)	बुक करना	buk karana
vitrina (f)	प्रदर्शन खिड़की (f)	pradarshan khirakī
foco, spot (m)	स्पॉटलाइट (f)	spotalait
design (m)	डिज़ाइन (m)	dizain
pôr, colocar (vt)	रखना	rakhana
distribuidor (m)	वितरक (m)	vitarak
fornecedor (m)	आपूर्तिकर्ता (m)	āpūrtikarta
país (m)	देश (m)	desh
estrangeiro	विदेश	videsh
produto (m)	उत्पाद (m)	utpād
associação (f)	संस्था (f)	sanstha
sala (f) de conferências	सम्मेलन भवन (m)	sammelan bhavan
congresso (m)	सम्मेलन (m)	sammelan

concurso (m)	प्रतियोगिता (f)	pratiyogita
visitante (m)	सहभागी (m)	sahabhāgī
visitar (vt)	भाग लेना	bhāg lena
cliente (m)	ग्राहक (m)	grāhak

119. Media

jornal (m)	अख़बार (m)	akhabār
revista (f)	पत्रिका (f)	patrika
imprensa (f)	प्रेस (m)	pres
rádio (m)	रेडियो (m)	rediyo
estação (f) de rádio	रेडियो स्टेशन (m)	rediyo steshan
televisão (f)	टीवी (m)	tīvī

apresentador (m)	प्रस्तुतकर्ता (m)	prastutakarta
locutor (m)	उद्घोषक (m)	udghoshak
comentador (m)	टिप्पणीकार (m)	tippanīkār

jornalista (m)	पत्रकार (m)	patrakār
correspondente (m)	पत्रकार (m)	patrakār
repórter (m) fotográfico	फ़ोटो पत्रकार (m)	foto patrakār
repórter (m)	पत्रकार (m)	patrakār

redator (m)	संपादक (m)	sampādak
redator-chefe (m)	मुख्य संपादक (m)	mūkhy sampādak
assinar a ...	सदस्य बनना	sadasy banana
assinatura (f)	सदस्यता शुल्क (f)	sadasyata shulk
assinante (m)	सदस्य (m)	sadasy
ler (vt)	पढ़ना	parhana
leitor (m)	पाठक (m)	pāthak

tiragem (f)	प्रतियों की संख्या (f)	pratiyon kī sankhya
mensal	मासिक	māsik
semanal	ससाहिक	saptāhik
número (jornal, revista)	संस्करण संख्या (f)	sanskaran sankhya
recente	ताज़ा	tāza

manchete (f)	हेडलाइन (f)	hedalain
pequeno artigo (m)	लघु लेख (m)	laghu lekh
coluna (~ semanal)	कॉलम (m)	kolam
artigo (m)	लेख (m)	lekh
página (f)	पृष्ठ (m)	prshth

reportagem (f)	रिपोर्ट (f)	riport
evento (m)	घटना (f)	ghatana
sensação (f)	सनसनी (f)	sanasanī
escândalo (m)	कांड (m)	kānd
escandaloso	चौंका देने वाला	chaunka dene vāla
grande	बड़ा	bara

programa (m) de TV	प्रसारण (m)	prasāran
entrevista (f)	साक्षात्कार (m)	sākshātkār
transmissão (f) em direto	सीधा प्रसारण (m)	sīdha prasāran
canal (m)	चैनल (m)	chainal

120. Agricultura

agricultura (f)	खेती (f)	khetī
camponês (m)	किसान (m)	kisān
camponesa (f)	किसान (f)	kisān
agricultor (m)	किसान (m)	kisān

| trator (m) | ट्रैक्टर (m) | traiktar |
| ceifeira-debulhadora (f) | फ़सल काटने की मशीन (f) | fasal kātane kī mashīn |

arado (m)	हल (m)	hal
arar (vt)	जोतना	jotana
campo (m) lavrado	जोत भूमि (f)	jot bhūmi
rego (m)	जोती गई भूमि (f)	jotī gaī bhūmi

semear (vt)	बोना	bona
semeadora (f)	बोने की मशीन (f)	bone kī mashīn
semeadura (f)	बोवाई (f)	bovaī

| gadanha (f) | हँसिया (m) | hansiya |
| gadanhar (vt) | काटना | kātana |

| pá (f) | कुदाल (m) | kudāl |
| cavar (vt) | खोदना | khodana |

enxada (f)	फावड़ा (m)	fāvara
carpir (vt)	निराना	nirāna
erva (f) daninha	जंगली घास	jangalī ghās

regador (m)	सींचाई कनस्तर (m)	sīnchaī kanastar
regar (vt)	सींचना	sīnchana
rega (f)	सींचाई (f)	sīnchaī

| forquilha (f) | पंजा (m) | panja |
| ancinho (m) | जेली (f) | jelī |

fertilizante (m)	खाद (f)	khād
fertilizar (vt)	खाद डालना	khād dālana
estrume (m)	गोबर (m)	gobar

campo (m)	खेत (f)	khet
prado (m)	केदार (m)	kedār
horta (f)	सब्ज़ियों का बगीचा (m)	sabziyon ka bagīcha
pomar (m)	बाग़ (m)	bāg

pastar (vt)	चराना	charāna
pastor (m)	चरवाहा (m)	charavāha
pastagem (f)	चरागाह (f)	charāgāh

| pecuária (f) | पशुपालन (m) | pashupālan |
| criação (f) de ovelhas | भेड़पालन (m) | bherapālan |

plantação (f)	बागान (m)	bāgān
canteiro (m)	क्यारी (f)	kyārī
invernadouro (m)	पौधाघर (m)	paudhāghar

| seca (f) | सूखा (f) | sūkha |
| seco (verão ~) | सूखा | sūkha |

| cereais (m pl) | अनाज (m pl) | anāj |
| colher (vt) | फ़सल काटना | fasal kātana |

moleiro (m)	चक्कीवाला (m)	chakkīvāla
moinho (m)	चक्की (f)	chakkī
moer (vt)	पीसना	pīsana
farinha (f)	आटा (m)	āta
palha (f)	फूस (m)	fūs

121. Construção. Processo de construção

canteiro (m) de obras	निर्माण स्थल (m)	nirmān sthal
construir (vt)	निर्माण करना	nirmān karana
construtor (m)	मज़दूर (m)	mazadūr

projeto (m)	परियोजना (m)	pariyojana
arquiteto (m)	वास्तुकार (m)	vāstukār
operário (m)	मज़दूर (m)	mazadūr

fundação (f)	आधार (m)	ādhār
telhado (m)	छत (f)	chhat
estaca (f)	नींव (m)	nīnv
parede (f)	दीवार (f)	dīvār

| varões (m pl) para betão | मज़बूत सलाखें (m) | mazabūt salākhen |
| andaime (m) | मचान (m) | machān |

| betão (m) | कंक्रीट (m) | kankrīt |
| granito (m) | ग्रेनाइट (m) | grenait |

| pedra (f) | पत्थर (m) | patthar |
| tijolo (m) | ईंट (f) | īnt |

areia (f)	रेत (f)	ret
cimento (m)	सीमेन्ट (m)	sīment
emboço (m)	प्लस्तर (m)	plastar
emboçar (vt)	प्लस्तर लगाना	plastar lagāna
tinta (f)	रंग (m)	rang

| pintar (vt) | रंगना | rangana |
| barril (m) | पीपा (m) | pīpa |

grua (f), guindaste (m)	क्रेन (m)	kren
erguer (vt)	उठाना	uthāna
baixar (vt)	नीचे उतारना	nīche utārana

buldózer (m)	बुल्डोज़र (m)	buldozar
escavadora (f)	उत्खनक (m)	utkhanak
caçamba (f)	उत्खनक बाल्टी (m)	utkhanak bāltī
escavar (vt)	खोदना	khodana
capacete (m) de proteção	हेलमेट (f)	helamet

122. Ciência. Investigação. Cientistas

ciência (f)	विज्ञान (m)	vigyān
científico	वैज्ञानिक	vaigyānik
cientista (m)	वैज्ञानिक (m)	vaigyānik
teoria (f)	सिद्धांत (f)	siddhānt
axioma (m)	सिद्ध प्रमाण (m)	siddh pramān
análise (f)	विश्लेषण (m)	vishleshan
analisar (vt)	विश्लेषण करना	vishleshan karana
argumento (m)	तथ्य (m)	tathy
substância (f)	पदार्थ (m)	padārth
hipótese (f)	परिकल्पना (f)	parikalpana
dilema (m)	दुविधा (m)	duvidha
tese (f)	शोधनिबंध (m)	shodhanibandh
dogma (m)	हठधर्मिता (f)	hathadharmita
doutrina (f)	सिद्धांत (m)	siddhānt
pesquisa (f)	शोध (m)	shodh
pesquisar (vt)	शोध करना	shodh karana
teste (m)	जाँच (f)	jānch
laboratório (m)	प्रयोगशाला (f)	prayogashāla
método (m)	विधि (f)	vīdhi
molécula (f)	अणु (m)	anu
monitoramento (m)	निगरानी (f)	nigarānī
descoberta (f)	आविष्कार (m)	āvishkār
postulado (m)	स्वसिद्ध (m)	svasiddh
princípio (m)	सिद्धांत (m)	siddhānt
prognóstico (previsão)	पूर्वानुमान (m)	pūrvānumān
prognosticar (vt)	पूर्वानुमान करना	pūrvānumān karana
síntese (f)	संश्लेषण (m)	sanshleshan
tendência (f)	प्रवृत्ति (f)	pravrtti
teorema (m)	प्रमेय (m)	pramey
ensinamentos (m pl)	शिक्षा (f)	shiksha
facto (m)	तथ्य (m)	tathy
expedição (f)	अभियान (m)	abhiyān
experiência (f)	प्रयोग (m)	prayog
académico (m)	अकदमीशियन (m)	akadamīshiyan
bacharel (m)	स्नातक (m)	snātak
doutor (m)	डॉक्टर (m)	doktar
docente (m)	सह - प्राध्यापक (m)	sah - prādhyāpak
mestre (m)	स्नातकोत्तर (m)	snātakottar
professor (m) catedrático	प्रोफ़ेसर (m)	profesar

Profissões e ocupações

123. Procura de emprego. Demissão

trabalho (m)	नौकरी (f)	naukarī
pessoal (m)	कर्मचारी (m)	karmachārī
carreira (f)	व्यवसाय (m)	vyavasāy
perspetivas (f pl)	संभावना (f)	sambhāvana
mestria (f)	हुनर (m)	hunar
seleção (f)	चुनाव (m)	chunāv
agência (f) de emprego	रोज़गार केन्द्र (m)	rozagār kendr
CV, currículo (m)	रेज़्यूम (m)	rijyūm
entrevista (f) de emprego	नौकरी के लिए साक्षात्कार (m)	naukarī ke lie sākshātkār
vaga (f)	रिक्ति (f)	rikti
salário (m)	वेतन (m)	vetan
salário (m) fixo	वेतन (m)	vetan
pagamento (m)	भुगतान (m)	bhugatān
posto (m)	पद (m)	pad
dever (do empregado)	कर्तव्य (m)	kartavy
gama (f) de deveres	कार्य-क्षेत्र (m)	kāry-kshetr
ocupado	व्यस्त	vyast
despedir, demitir (vt)	बर्ख़ास्त करना	barakhāst karana
demissão (f)	बर्ख़ास्तगी (f)	barakhāstagī
desemprego (m)	बेरोज़गारी (f)	berozagārī
desempregado (m)	बेरोज़गार (m)	berozagār
reforma (f)	सेवा-निवृत्ति (f)	seva-nivrtti
reformar-se	सेवा-निवृत्त होना	seva-nivrtt hona

124. Gente de negócios

diretor (m)	निदेशक (m)	nideshak
gerente (m)	प्रबंधक (m)	prabandhak
patrão, chefe (m)	मालिक (m)	mālik
superior (m)	वरिष्ठ अधिकारी (m)	varishth adhikārī
superiores (m pl)	वरिष्ठ अधिकारी (m)	varishth adhikārī
presidente (m)	अध्यक्ष (m)	adhyaksh
presidente (m) de direção	सभाध्यक्ष (m)	sabhādhyaksh
substituto (m)	उपाध्यक्ष (m)	upādhyaksh
assistente (m)	सहायक (m)	sahāyak

secretário (m)	सेक्रटरी (f)	sekratarī
secretário (m) pessoal	निजी सहायक (m)	nijī sahāyak
homem (m) de negócios	व्यापारी (m)	vyāpārī
empresário (m)	उघमी (m)	udyamī
fundador (m)	संस्थापक (m)	sansthāpak
fundar (vt)	स्थापित करना	sthāpit karana
fundador, sócio (m)	स्थापक (m)	sthāpak
parceiro, sócio (m)	पार्टनर (m)	pārtanar
acionista (m)	शेयर होल्डर (m)	sheyar holadar
milionário (m)	लखपति (m)	lakhapati
bilionário (m)	करोड़पति (m)	karorapati
proprietário (m)	मालिक (m)	mālik
proprietário (m) de terras	ज़मींदार (m)	zamīnadār
cliente (m)	ग्राहक (m)	grāhak
cliente (m) habitual	खरीदार (m)	kharīdār
comprador (m)	ग्राहक (m)	grāhak
visitante (m)	आगंतुक (m)	āgantuk
profissional (m)	पेशेवर (m)	peshevar
perito (m)	विशेषज्ञ (m)	visheshagy
especialista (m)	विशेषज्ञ (m)	visheshagy
banqueiro (m)	बैंकर (m)	bainkar
corretor (m)	ब्रोकर (m)	brokar
caixa (m, f)	कैशियर (m)	kaishiyar
contabilista (m)	लेखापाल (m)	lekhāpāl
guarda (m)	पहरेदार (m)	paharedār
investidor (m)	निवेशक (m)	niveshak
devedor (m)	क़र्ज़दार (m)	qarzadār
credor (m)	लेनदार (m)	lenadār
mutuário (m)	कर्ज़दार (m)	karzadār
importador (m)	आयातकर्त्ता (m)	āyātakartta
exportador (m)	निर्यातकर्त्ता (m)	niryātakartta
produtor (m)	उत्पादक (m)	utpādak
distribuidor (m)	वितरक (m)	vitarak
intermediário (m)	बिचौलिया (m)	bichauliya
consultor (m)	सलाहकार (m)	salāhakār
representante (m)	बिक्री प्रतिनिधि (m)	bikrī pratinidhi
agente (m)	एजेंट (m)	ejent
agente (m) de seguros	बीमा एजन्ट (m)	bīma ejant

125. Profissões de serviços

cozinheiro (m)	बावरची (m)	bāvarachī
cozinheiro chefe (m)	मुख्य बावरची (m)	mukhy bāvarachī
padeiro (m)	बेकर (m)	bekar

barman (m)	बारेटेन्डर (m)	bāretendar
empregado (m) de mesa	बैरा (m)	baira
empregada (f) de mesa	बैरा (f)	baira

advogado (m)	वकील (m)	vakīl
jurista (m)	वकील (m)	vakīl
notário (m)	नोटरी (m)	notarī

eletricista (m)	बिजलीवाला (m)	bijalīvāla
canalizador (m)	प्लम्बर (m)	plambar
carpinteiro (m)	बढ़ई (m)	barhī

massagista (m)	मालिशिया (m)	mālishiya
massagista (f)	मालिशिया (m)	mālishiya
médico (m)	चिकित्सक (m)	chikitsak

taxista (m)	टैक्सीवाला (m)	taiksīvāla
condutor (automobilista)	ड्राइवर (m)	draivar
entregador (m)	कूरियर (m)	kūriyar

camareira (f)	चैम्बरमेड (f)	chaimbaramed
guarda (m)	पहरेदार (m)	paharedār
hospedeira (f) de bordo	एयर होस्टेस (f)	eyar hostes

professor (m)	शिक्षक (m)	shikshak
bibliotecário (m)	पुस्तकाध्यक्ष (m)	pustakādhyaksh
tradutor (m)	अनुवादक (m)	anuvādak
intérprete (m)	दुभाषिया (m)	dubhāshiya
guia (pessoa)	गाइड (m)	gaid

cabeleireiro (m)	नाई (m)	naī
carteiro (m)	डाकिया (m)	dākiya
vendedor (m)	विक्रेता (m)	vikreta

jardineiro (m)	माली (m)	mālī
criado (m)	नौकर (m)	naukar
criada (f)	नौकरानी (f)	naukarānī
empregada (f) de limpeza	सफ़ाईवाली (f)	safaīvālī

126. Profissões militares e postos

soldado (m) raso	सैनिक (m)	sainik
sargento (m)	सार्जेंट (m)	sārjent
tenente (m)	लेफ्टिनेंट (m)	leftinent
capitão (m)	कैप्टन (m)	kaiptan

major (m)	मेजर (m)	mejar
coronel (m)	कर्नल (m)	karnal
general (m)	जनरल (m)	janaral
marechal (m)	मार्शल (m)	mārshal
almirante (m)	एडमिरल (m)	edamiral

| militar (m) | सैनिक (m) | sainik |
| soldado (m) | सिपाही (m) | sipāhī |

oficial (m)	अफ़सर (m)	afsar
comandante (m)	कमांडर (m)	kamāndar
guarda (m) fronteiriço	सीमा रक्षक (m)	sīma rakshak
operador (m) de rádio	रेडियो ऑपरेटर (m)	rediyo oparetar
explorador (m)	गुप्तचर (m)	guptachar
sapador (m)	युद्ध इंजीनियर (m)	yuddh injīniyar
atirador (m)	तीरंदाज़ (m)	tīrandāz
navegador (m)	नैवीगेटर (m)	naivīgetar

127. Oficiais. Padres

| rei (m) | बादशाह (m) | bādashāh |
| rainha (f) | महारानी (f) | mahārānī |

| príncipe (m) | राजकुमार (m) | rājakumār |
| princesa (f) | राजकुमारी (f) | rājakumārī |

| czar (m) | राजा (m) | rāja |
| czarina (f) | रानी (f) | rānī |

presidente (m)	राष्ट्रपति (m)	rāshtrapati
ministro (m)	मंत्री (m)	mantrī
primeiro-ministro (m)	प्रधान मंत्री (m)	pradhān mantrī
senador (m)	सांसद (m)	sānsad

diplomata (m)	राजनयिक (m)	rājanayik
cônsul (m)	राजनयिक (m)	rājanayik
embaixador (m)	राजदूत (m)	rājadūt
conselheiro (m)	राजनयिक परामर्शदाता (m)	rājanayik parāmarshadāta

funcionário (m)	अधिकारी (m)	adhikārī
prefeito (m)	अधिकारी (m)	adhikārī
Presidente (m) da Câmara	मेयर (m)	meyar

| juiz (m) | न्यायाधीश (m) | nyāyādhīsh |
| procurador (m) | अभियोक्ता (m) | abhiyokta |

missionário (m)	पादरी (m)	pādarī
monge (m)	मठवासी (m)	mathavāsī
abade (m)	मठाधीश (m)	mathādhīsh
rabino (m)	रब्बी (m)	rabbī

vizir (m)	वज़ीर (m)	vazīr
xá (m)	शाह (m)	shāh
xeque (m)	शेख़ (m)	shekh

128. Profissões agrícolas

apicultor (m)	मधुमक्खी-पालक (m)	madhumakkhī-pālak
pastor (m)	चरवाहा (m)	charavāha
agrónomo (m)	कृषिविज्ञानी (m)	krshivigyānī
criador (m) de gado	पशुपालक (m)	pashupālak

veterinário (m)	पशुचिकित्सक (m)	pashuchikitsak
agricultor (m)	किसान (m)	kisān
vinicultor (m)	मदिराकारी (m)	madirākārī
zoólogo (m)	जीव विज्ञानी (m)	jīv vigyānī
cowboy (m)	चरवाहा (m)	charavāha

129. Profissões artísticas

ator (m)	अभिनेता (m)	abhineta
atriz (f)	अभिनेत्री (f)	abhinetrī

cantor (m)	गायक (m)	gāyak
cantora (f)	गायिका (f)	gāyika

bailarino (m)	नर्तक (m)	nartak
bailarina (f)	नर्तकी (f)	nartakī

artista (m)	अदाकार (m)	adākār
artista (f)	अदाकारा (f)	adākāra

músico (m)	साज़िन्दा (m)	sāzinda
pianista (m)	पियानो वादक (m)	piyāno vādak
guitarrista (m)	गिटार वादक (m)	gitār vādak

maestro (m)	बैंड कंडक्टर (m)	baind kandaktar
compositor (m)	संगीतकार (m)	sangītakār
empresário (m)	इम्प्रेसारियो (m)	impresāriyo

realizador (m)	निर्देशक (m)	nirdeshak
produtor (m)	प्रोड्यूसर (m)	prodyūsar
argumentista (m)	लेखक (m)	lekhak
crítico (m)	आलोचक (m)	ālochak

escritor (m)	लेखक (m)	lekhak
poeta (m)	कवि (m)	kavi
escultor (m)	मूर्तिकार (m)	mūrtikār
pintor (m)	चित्रकार (m)	chitrakār

malabarista (m)	बाज़ीगर (m)	bāzīgar
palhaço (m)	जोकर (m)	jokar
acrobata (m)	कलाबाज़ (m)	kalābāz
mágico (m)	जादूगर (m)	jādūgar

130. Várias profissões

médico (m)	चिकित्सक (m)	chikitsak
enfermeira (f)	नर्स (m)	nars
psiquiatra (m)	मनोचिकित्सक (m)	manochikitsak
estomatologista (m)	दंतचिकित्सक (m)	dantachikitsak
cirurgião (m)	शल्य-चिकित्सक (m)	shaly-chikitsak

astronauta (m)	अंतरिक्षयात्री (m)	antarikshayātrī

astrónomo (m)	खगोल-विज्ञानी (m)	khagol-vigyānī
piloto (m)	पाइलट (m)	pailat
motorista (m)	ड्राइवर (m)	draivar
maquinista (m)	इंजन ड्राइवर (m)	injan draivar
mecânico (m)	मैकेनिक (m)	maikenik

mineiro (m)	खनिक (m)	khanik
operário (m)	मज़दूर (m)	mazadūr
serralheiro (m)	ताला बनानेवाला (m)	tāla banānevāla
marceneiro (m)	बढ़ई (m)	barhī
torneiro (m)	खरादी (m)	kharādī
construtor (m)	मज़दूर (m)	mazūdar
soldador (m)	वेल्डर (m)	veldar

professor (m) catedrático	प्रोफ़ेसर (m)	profesar
arquiteto (m)	वास्तुकार (m)	vāstukār
historiador (m)	इतिहासकार (m)	itihāsakār
cientista (m)	वैज्ञानिक (m)	vaigyānik
físico (m)	भौतिक विज्ञानी (m)	bhautik vigyānī
químico (m)	रसायनविज्ञानी (m)	rasāyanavigyānī

arqueólogo (m)	पुरातत्वविद (m)	purātatvavid
geólogo (m)	भूविज्ञानी (m)	bhūvigyānī
pesquisador (cientista)	शोधकर्ता (m)	shodhakarta

| babysitter (f) | दाई (f) | daī |
| professor (m) | शिक्षक (m) | shikshak |

redator (m)	संपादक (m)	sampādak
redator-chefe (m)	मुख्य संपादक (m)	mūkhy sampādak
correspondente (m)	पत्रकार (m)	patrakār
datilógrafa (f)	टाइपिस्ट (f)	taipist

designer (m)	डिज़ाइनर (m)	dizainar
especialista (m) em informática	कंप्यूटर विशेषज्ञ (m)	kampyūtar visheshagy
programador (m)	प्रोग्रामर (m)	progrāmar
engenheiro (m)	इंजीनियर (m)	injīniyar

marujo (m)	मल्लाह (m)	mallāh
marinheiro (m)	मल्लाह (m)	mallāh
salvador (m)	बचानेवाला (m)	bachānevāla

bombeiro (m)	दमकल कर्मचारी (m)	damakal karmachārī
polícia (m)	पुलिसवाला (m)	pulisavāla
guarda-noturno (m)	पहरेदार (m)	paharedār
detetive (m)	जासूस (m)	jāsūs

funcionário (m) da alfândega	सीमाशुल्क अधिकारी (m)	sīmāshulk adhikārī
guarda-costas (m)	अंगरक्षक (m)	angarakshak
guarda (m) prisional	जेल का पहरेदार (m)	jel ka paharedār
inspetor (m)	अधीक्षक (m)	adhīkshak

desportista (m)	खिलाड़ी (m)	khilārī
treinador (m)	प्रशिक्षक (m)	prashikshak
talhante (m)	कसाई (m)	kasaī

sapateiro (m)	मोची (m)	mochī
comerciante (m)	व्यापारी (m)	vyāpārī
carregador (m)	कुली (m)	kulī

estilista (m)	फैशन डिज़ाइनर (m)	faishan dizainar
modelo (f)	मॉडल (m)	modal

131. Ocupações. Estatuto social

aluno, escolar (m)	छात्र (m)	chhātr
estudante (~ universitária)	विद्यार्थी (m)	vidyārthī

filósofo (m)	दर्शनशास्त्री (m)	darshanashāstrī
economista (m)	अर्थशास्त्री (m)	arthashāstrī
inventor (m)	आविष्कारक (m)	āvishkārak

desempregado (m)	बेरोज़गार (m)	berozagār
reformado (m)	सेवा-निवृत्त (m)	seva-nivrtt
espião (m)	गुप्तचर (m)	guptachar

preso (m)	क़ैदी (m)	qaidī
grevista (m)	हड़तालकारी (m)	haratālakārī
burocrata (m)	अफ़सरशाह (m)	afasarashāh
viajante (m)	यात्री (m)	yātrī

homossexual (m)	समलैंगिक (m)	samalaingik
hacker (m)	हैकर (m)	haikar

bandido (m)	डाकू (m)	dākū
assassino (m) a soldo	हत्यारा (m)	hatyāra
toxicodependente (m)	नशेबाज़ (m)	nashebāz
traficante (m)	नशीली दवाओं का विक्रेता (m)	nashīlī davaon ka vikreta
prostituta (f)	वैश्या (f)	vaishya
chulo (m)	दलाल (m)	dalāl

bruxo (m)	जादूगर (m)	jādūgar
bruxa (f)	डायन (f)	dāyan
pirata (m)	समुद्री लूटेरा (m)	samudrī lūtera
escravo (m)	दास (m)	dās
samurai (m)	सामुराई (m)	sāmuraī
selvagem (m)	जंगली (m)	jangalī

Desportos

132. Tipos de desportos. Desportistas

| desportista (m) | खिलाड़ी (m) | khilārī |
| tipo (m) de desporto | खेल (m) | khel |

| basquetebol (m) | बास्केटबॉल (f) | bāsketabol |
| jogador (m) de basquetebol | बास्केटबॉल खिलाड़ी (m) | bāsketabol khilārī |

| beisebol (m) | बेसबॉल (f) | besabol |
| jogador (m) de beisebol | बेसबॉल खिलाड़ी (m) | besabol khilārī |

futebol (m)	फुटबॉल (f)	futabol
futebolista (m)	फुटबॉल खिलाड़ी (m)	futabol khilārī
guarda-redes (m)	गोलची (m)	golachī

| hóquei (m) | हॉकी (f) | hokī |
| jogador (m) de hóquei | हॉकी खिलाड़ी (m) | hokī khilārī |

| voleibol (m) | वॉलीबॉल (f) | volībol |
| jogador (m) de voleibol | वॉलीबॉल खिलाड़ी (m) | volībol khilārī |

| boxe (m) | मुक्केबाज़ी (f) | mukkebāzī |
| boxeador, pugilista (m) | मुक्केबाज़ (m) | mukkebāz |

| luta (f) | कुश्ती (m) | kushtī |
| lutador (m) | पहलवान (m) | pahalavān |

| karaté (m) | कराटे (m) | karāte |
| karateca (m) | कराटेबाज़ (m) | karātebāz |

| judo (m) | जूडो (m) | jūdo |
| judoca (m) | जूडोबाज़ (m) | jūdobāz |

| ténis (m) | टेनिस (m) | tenis |
| tenista (m) | टेनिस खिलाड़ी (m) | tenis khilārī |

| natação (f) | तैराकी (m) | tairākī |
| nadador (m) | तैराक (m) | tairāk |

| esgrima (f) | तलवारबाज़ी (f) | talavārabāzī |
| esgrimista (m) | तलवारबाज़ (m) | talavārabāz |

| xadrez (m) | शतरंज (m) | shataranj |
| xadrezista (m) | शतरंजबाज़ (m) | shatanrajabāz |

alpinismo (m)	पर्वतारोहण (m)	parvatārohan
alpinista (m)	पर्वतारोही (m)	parvatārohī
corrida (f)	दौड़ (f)	daur

corredor (m)	धावक (m)	dhāvak
atletismo (m)	एथलेटिक्स (f)	ethaletiks
atleta (m)	एथलीट (m)	ethalīt

| hipismo (m) | घुड़सवारी (f) | ghurasavārī |
| cavaleiro (m) | घुड़सवार (m) | ghurasavār |

patinagem (f) artística	फ़ीगर स्केटिन्ग (m)	fīgar sketing
patinador (m)	फ़ीगर स्केटर (m)	fīgar sketar
patinadora (f)	फ़ीगर स्केटर (f)	fīgar sketar

halterofilismo (m)	पॉवरलिफ्टिंग (m)	povaralifting
corrida (f) de carros	कार रेस (f)	kār res
piloto (m)	रेस ड्राइवर (m)	res draivar

| ciclismo (m) | साइकिलिंग (f) | saikiling |
| ciclista (m) | साइकिल चालक (m) | saikil chālak |

salto (m) em comprimento	लांग जम्प (m)	lāng jamp
salto (m) à vara	बांस कूद (m)	bāns kūd
atleta (m) de saltos	जम्पर (m)	jampar

133. Tipos de desportos. Diversos

futebol (m) americano	फ़ुटबाल (m)	futabāl
badminton (m)	बैडमिंटन (m)	baidamintan
biatlo (m)	बायएथलॉन (m)	bāyethalon
bilhar (m)	बिलियर्ड्स (m)	biliyards

bobsled (m)	बोबस्लेड (m)	bobasled
musculação (f)	बॉडीबिल्डिंग (m)	bodībilding
polo (m) aquático	वॉटर-पोलो (m)	votar-polo
andebol (m)	हैन्डबॉल (f)	haindabol
golfe (m)	गोल्फ़ (m)	golf

remo (m)	नौकायन (m)	naukāyan
mergulho (m)	स्कूबा डाइविंग (f)	skūba daiving
corrida (f) de esqui	क्रॉस कंट्री स्कीइंग (f)	kros kantrī skīing
ténis (m) de mesa	टेबल टेनिस (m)	tebal tenis

vela (f)	पाल नौकायन (m)	pāl naukāyan
rali (m)	रैली रेसिंग (f)	railī resing
râguebi (m)	रग्बी (m)	ragbī
snowboard (m)	स्नोबोर्डिंग (m)	snobording
tiro (m) com arco	तीरंदाज़ी (f)	tīrandāzī

134. Ginásio

barra (f)	वेट (m)	vet
halteres (m pl)	डाम्बबेल्स (m pl)	dāmbabels
aparelho (m) de musculaçao	ट्रेनिंग मशीन (f)	trening mashīn
bicicleta (f) ergométrica	व्यायाम साइकिल (f)	vyāyām saikil

passadeira (f) de corrida	ट्रेडमिल (f)	tredamil
barra (f) fixa	क्षैतिज बार (m)	kshaitij bār
barras (f) paralelas	समानांतर बार (m)	samānāntar bār
cavalo (m)	घोड़ा (m)	ghora
tapete (m) de ginástica	मैट (m)	mait

| aeróbica (f) | एरोबिक (m) | erobik |
| ioga (f) | योग (m) | yog |

135. Hóquei

hóquei (m)	हॉकी (f)	hokī
jogador (m) de hóquei	हॉकी का खिलाड़ी (m)	hokī ka khilārī
jogar hóquei	हॉकी खेलना	hokī khelana
gelo (m)	बर्फ़ (m)	barf

disco (m)	पक (m)	pak
taco (m) de hóquei	स्टिक (m)	stik
patins (m pl) de gelo	आइस स्केट्स (m)	āis skets

| muro (m) | बोर्ड (m) | bord |
| tiro (m) | शॉट (m) | shot |

guarda-redes (m)	गोलची (m)	golachī
golo (m)	गोल (m)	gol
marcar um golo	गोल करना	gol karana

| tempo (m) | अवधि (f) | avadhi |
| banco (m) de reservas | सब्सचिट्यूट बेंच (f) | sabsachityūt bench |

136. Futebol

futebol (m)	फ़ुटबॉल (m)	futabol
futebolista (m)	फ़ुटबॉल का खिलाड़ी (m)	futabol ka khilārī
jogar futebol	फ़ुटबॉल खेलना	futabol khelana

Liga Principal (f)	मेजर लीग (m)	mejar līg
clube (m) de futebol	फ़ुटबॉल क्लब (m)	futabol klab
treinador (m)	प्रशिक्षक (m)	prashikshak
proprietário (m)	मालिक (m)	mālik

equipa (f)	दल (m)	dal
capitão (m) da equipa	दल का कसान (m)	dal ka kaptān
jogador (m)	खिलाड़ी (m)	khilārī
jogador (m) de reserva	रिज़र्व-खिलाड़ी (m)	rizarv-khilārī

atacante (m)	फ़ोर्वर्ड (m)	forvard
avançado (m) centro	केन्द्रिय फ़ोर्वर्ड (m)	kendriy forvard
marcador (m)	गोल स्कोरर (m)	gol skorar
defesa (m)	रक्षक (m)	rakshak
médio (m)	हाफ़बैक (m)	hāfabaik
jogo (desafio)	मैच (m)	maich

encontrar-se (vr)	मिलना	milana
final (m)	फ़ाइनल (m)	fainal
meia-final (f)	सेमीफ़ाइनल (m)	semīfainal
campeonato (m)	चैम्पियनशिप (f)	chaimpiyanaship
tempo (m)	हाफ़ (m)	hāf
primeiro tempo (m)	पहला हाफ़ (m)	pahala hāf
intervalo (m)	अंतराल (m)	antarāl
baliza (f)	गोल (m)	gol
guarda-redes (m)	गोलची (m)	golachī
trave (f)	गोलपोस्ट (m)	golapost
barra (f) transversal	अर्गला (f)	argala
rede (f)	जाल (m)	jāl
sofrer um golo	गोल देना	gol dena
bola (f)	गेंद (m)	gend
passe (m)	पास (m)	pās
chute (m)	किक (f)	kik
chutar (vt)	किक करना	kik karana
tiro (m) livre	फ्री किक (f)	frī kik
canto (m)	कॉर्नर किक (f)	kornar kik
ataque (m)	आक्रमण (m)	ākraman
contra-ataque (m)	काउन्टर अटैक (m)	kauntar ataik
combinação (f)	कॉम्बिनेशन (m)	kombineshan
árbitro (m)	रेफ़री (m)	refarī
apitar (vi)	सीटी बजाना	sītī bajāna
apito (f)	सीटी (f)	sītī
falta (f)	फाउल (m)	faul
cometer a falta	फाउल करना	faul karana
expulsar (vt)	बाहर निकालना	bāhar nikālana
cartão (m) amarelo	पीला कार्ड (m)	pīla kārd
cartão (m) vermelho	लाल कार्ड (m)	lāl kārd
desqualificação (f)	डिसक्वालिफ़िकेशन (m)	disakvālifikeshan
desqualificar (vt)	डिस्क्वालिफ़ाई करना	diskvālifaī karana
penálti (m)	पेनल्टी किक (f)	penaltī kik
barreira (f)	दीवार (f)	dīvār
marcar (vt)	स्कोर करना	skor karana
golo (m)	गोल (m)	gol
marcar um golo	गोल करना	gol karana
substituição (f)	बदलाव (m)	badalāv
substituir (vt)	खिलाड़ी बदलना	khilārī badalana
regras (f pl)	नियम (m pl)	niyam
tática (f)	टैक्टिक्स (m)	taiktiks
estádio (m)	स्टेडियम (m)	stediyam
bancadas (f pl)	स्टॉल (m)	stol
fã, adepto (m)	फ़ैन (m)	fain
gritar (vi)	चिल्लाना	chillāna
marcador (m)	स्कोरबोर्ड (m)	skorabord
resultado (m)	स्कोर (m)	skor

derrota (f)	हार (f)	hār
perder (vt)	हारना	hārana
empate (m)	टाई (m)	taī
empatar (vi)	टाई करना	taī karana

vitória (f)	विजय (m)	vijay
ganhar, vencer (vi, vt)	जीतना	jītana
campeão (m)	चैम्पियन (m)	chaimpiyan
melhor	सर्वोत्तम	sarvottam
felicitar (vt)	बधाई देना	badhaī dena

comentador (m)	टिप्पणीकार (m)	tippanīkār
comentar (vt)	टिप्पणी करना	tippanī karana
transmissão (f)	प्रसारण (m)	prasāran

137. Esqui alpino

esqui (m)	स्की (m pl)	skī
esquiar (vi)	स्की करना	skī karana
estância (f) de esqui	माउंटेन स्की कैम्प (m)	maunten skī kaimp
teleférico (m)	स्की लिफ्ट (m)	skī lift

bastões (m pl) de esqui	स्की की डंडियाँ (f)	skī kī dandiyān
declive (m)	ढलान (f)	dhalān
slalom (m)	स्लालोम (m)	slālom

138. Ténis. Golfe

golfe (m)	गोल्फ़ (m)	golf
clube (m) de golfe	गोल्फ़-क्लब (m)	golf-klab
jogador (m) de golfe	गोल्फ़-खिलाड़ी (m)	golf-khilārī

buraco (m)	गुच्छी (f)	guchchī
taco (m)	डंडा (m)	danda
trolley (m)	स्टिकों की गाड़ी (f)	stikon kī gārī

ténis (m)	टेनिस (m)	tenis
quadra (f) de ténis	कोर्ट (m)	kort
saque (m)	सर्विस (f)	sarvis
sacar (vi)	सर्विस करना	sarvis karana
raquete (f)	रैकेट (m)	raiket
rede (f)	नेट (m)	net
bola (f)	गेंद (m)	gend

139. Xadrez

xadrez (m)	शतरंज (m)	shataranj
peças (f pl) de xadrez	शतरंज के मोहरे (m pl)	shataranj ke mohare
xadrezista (m)	शतरंज का खिलाड़ी (m)	shataranj ka khilārī
tabuleiro (m) de xadrez	शतरंज की बिसात (f)	shataranj kī bisāt

peça (f) de xadrez	शतरंज का मोहरा (m)	shataranj ka mohara
brancas (f pl)	सफ़ेद (m)	safed
pretas (f pl)	काला (m)	kāla

peão (m)	प्यादा (f)	pyāda
bispo (m)	ऊँठ (m)	ūnth
cavalo (m)	घोड़ा (m)	ghora
torre (f)	हाथी (m)	hāthī
dama (f)	रानी (f)	rānī
rei (m)	बादशाह (m)	bādashāh

vez (m)	चाल (f)	chāl
mover (vt)	चाल चलना	chāl chalana
sacrificar (vt)	त्याग देना	tyāg dena
roque (m)	कैसलिंग (m)	kaisaling
xeque (m)	शह (m)	shah
xeque-mate (m)	शह और मात (m)	shah aur māt

torneio (m) de xadrez	शतरंज की प्रतियोगिता (f)	shataranj kī pratiyogita
grão-mestre (m)	ग्रांडमास्टर (m)	grāndamāstar
combinação (f)	कॉम्बिनेशन (m)	kombineshan
partida (f)	बाज़ी (f)	bāzī
jogo (m) de damas	चेकर्स (m)	chekars

140. Boxe

boxe (m)	मुक्केबाज़ी (f)	mukkebāzī
combate (m)	लड़ाई (f)	laraī
duelo (m)	मुक्केबाज़ी का मुक़ाबला (m)	mukkebāzī ka muqābala
round (m)	मुक्केवाज़ी का राउंड (m)	mukkevāzī ka raund

| ringue (m) | बॉक्सिंग रिंग (f) | boksing ring |
| gongo (m) | घंटा (m) | ghanta |

murro, soco (m)	प्रहार (m)	prahār
knockdown (m)	नॉकडाउन (m)	nokadaun
nocaute (m)	नॉकआउट (m)	nokaut
nocautear (vt)	नॉकआउट करना	nokaut karana

| luva (f) de boxe | मुक्केबाज़ी के दस्ताने (m) | mukkebāzī ke dastāne |
| árbitro (m) | रेफ़री (m) | refarī |

peso-leve (m)	कम वज़न (m)	kam vazan
peso-médio (m)	मध्यम वज़न (m)	madhyam vazan
peso-pesado (m)	भारी वज़न (m)	bhārī vazan

141. Desportos. Diversos

Jogos (m pl) Olímpicos	ओलिम्पिक खेल (m pl)	olimpik khel
vencedor (m)	विजेता (m)	vijeta
vencer (vi)	विजय पाना	vijay pāna
vencer, ganhar (vi)	जीतना	jītana

líder (m)	लीडर (m)	līdar
liderar (vt)	लीड करना	līd karana

primeiro lugar (m)	पहला स्थान (m)	pahala sthān
segundo lugar (m)	दूसरा स्थान (m)	dūsara sthān
terceiro lugar (m)	तीसरा स्थान (m)	tīsara sthān

medalha (f)	मेडल (m)	medal
troféu (m)	ट्रॉफ़ी (f)	trofī
taça (f)	कप (m)	kap
prémio (m)	पुरस्कार (m)	puraskār
prémio (m) principal	मुख्य पुरस्कार (m)	mukhy puraskār

recorde (m)	रिकॉर्ड (m)	rikord
estabelecer um recorde	रिकॉर्ड बनाना	rikord banāna

final (m)	फ़ाइनल (m)	fainal
final	अंतिम	antim

campeão (m)	चेम्पियन (m)	chempiyan
campeonato (m)	चैम्पियनशिप (f)	chaimpiyanaship

estádio (m)	स्टेडियम (m)	stediyam
bancadas (f pl)	सीट (f)	sīt
fã, adepto (m)	फ़ैन (m)	fain
adversário (m)	प्रतिद्वंद्वी (f)	pratidvandvī

partida (f)	स्टार्ट (m)	stārt
chegada, meta (f)	फ़िनिश (f)	finish

derrota (f)	हार (f)	hār
perder (vt)	हारना	hārana

árbitro (m)	रेफ़री (m)	refarī
júri (m)	ज्यूरी (m)	jyūrī
resultado (m)	स्कोर (m)	skor
empate (m)	टाई (m)	taī
empatar (vi)	खेल टाइ करना	khel tai karana
ponto (m)	अंक (m)	ank
resultado (m) final	नतीजा (m)	natīja

tempo, período (m)	टाइम (m)	taim
intervalo (m)	हाफ़ टाइम (m)	hāf taim

doping (m)	अवैध दवाओं का इस्तेमाल (m)	avaidh davaon ka istemāl
penalizar (vt)	पेनल्टी लगाना	penaltī lagāna
desqualificar (vt)	डिस्क्वेलिफ़ाई करना	diskvelifaī karana

aparelho (m)	खेलकूद का सामान (m)	khelakūd ka sāmān
dardo (m)	भाला (m)	bhāla
peso (m)	गोला (m)	gola
bola (f)	गेंद (m)	gend

alvo, objetivo (m)	निशाना (m)	nishāna
alvo (~ de papel)	निशाना (m)	nishāna

atirar, disparar (vi)	गोली चलाना	golī chalāna
preciso (tiro ~)	सटीक	satīk
treinador (m)	प्रशिक्षक (m)	prashikshak
treinar (vt)	प्रशिक्षित करना	prashikshit karana
treinar-se (vr)	प्रशिक्षण करना	prashikshan karana
treino (m)	प्रशिक्षण (f)	prashikshan
ginásio (m)	जिम (m)	jim
exercício (m)	व्यायाम (m)	vyāyām
aquecimento (m)	वार्म-अप (m)	vārm-ap

Educação

142. Escola

escola (f)	पाठशाला (m)	pāthashāla
diretor (m) de escola	प्रिंसिपल (m)	prinsipal
aluno (m)	छात्र (m)	chhātr
aluna (f)	छात्रा (f)	chhātra
escolar (m)	छात्र (m)	chhātr
escolar (f)	छात्रा (f)	chhātra
ensinar (vt)	पढ़ाना	parhāna
aprender (vt)	पढ़ना	parhana
aprender de cor	याद करना	yād karana
estudar (vi)	सीखना	sīkhana
andar na escola	स्कूल में पढ़ना	skūl men parhana
ir à escola	स्कूल जाना	skūl jāna
alfabeto (m)	वर्णमाला (f)	varnamāla
disciplina (f)	विषय (m)	vishay
sala (f) de aula	कक्षा (f)	kaksha
lição (f)	पाठ (m)	pāth
recreio (m)	अंतराल (m)	antarāl
toque (m)	स्कूल की घंटी (f)	skūl kī ghantī
carteira (f)	बेंच (f)	bench
quadro (m) negro	चॉकबोर्ड (m)	chokabord
nota (f)	अंक (m)	ank
boa nota (f)	अच्छे अंक (m)	achchhe ank
nota (f) baixa	कम अंक (m)	kam ank
dar uma nota	मार्क्स देना	mārks dena
erro (m)	ग़लती (f)	galatī
fazer erros	ग़लती करना	galatī karana
corrigir (vt)	ठीक करना	thīk karana
cábula (f)	कुंजी (f)	kunjī
dever (m) de casa	गृहकार्य (m)	grhakāry
exercício (m)	अभ्यास (m)	abhyās
estar presente	उपस्थित होना	upasthit hona
estar ausente	अनुपस्थित होना	anupasthit hona
punir (vt)	सज़ा देना	saza dena
punição (f)	सज़ा (f)	saza
comportamento (m)	बरताव (m)	baratāv

boletim (m) escolar	रिपोर्ट कार्ड (f)	riport kārd
lápis (m)	पेंसिल (f)	pensil
borracha (f)	रबड़ (f)	rabar
giz (m)	चॉक (m)	chok
estojo (m)	पेंसिल का डिब्बा (m)	pensil ka dibba
pasta (f) escolar	बस्ता (m)	basta
caneta (f)	कलम (m)	kalam
caderno (m)	कॉपी (f)	kopī
manual (m) escolar	पाठ्यपुस्तक (f)	pāthyapustak
compasso (m)	कंपास (m)	kampās
traçar (vt)	तकनीकी चित्रकारी बनाना	takanīkī chitrakārī banāna
desenho (m) técnico	तकनीकी चित्रकारी (f)	takanīkī chitrakārī
poesia (f)	कविता (f)	kavita
de cor	रटकर	ratakar
aprender de cor	याद करना	yād karana
férias (f pl)	छुट्टियाँ (f pl)	chhuttiyān
estar de férias	छुट्टी पर होना	chhuttī par hona
teste (m)	परीक्षा (f)	parīksha
composição, redação (f)	रचना (f)	rachana
ditado (m)	श्रुतलेख (m)	shrutalekh
exame (m)	परीक्षा (f)	parīksha
fazer exame	परीक्षा देना	parīksha dena
experiência (~ química)	परीक्षण (m)	parīkshan

143. Colégio. Universidade

academia (f)	अकादमी (f)	akādamī
universidade (f)	विश्वविद्यालय (m)	vishvavidyālay
faculdade (f)	संकाय (f)	sankāy
estudante (m)	छात्र (m)	chhātr
estudante (f)	छात्रा (f)	chhātra
professor (m)	अध्यापक (m)	adhyāpak
sala (f) de palestras	व्याख्यान कक्ष (m)	vyākhyān kaksh
graduado (m)	स्नातक (m)	snātak
diploma (m)	डिप्लोमा (m)	diploma
tese (f)	शोधनिबंध (m)	shodhanibandh
estudo (obra)	अध्ययन (m)	adhyayan
laboratório (m)	प्रयोगशाला (f)	prayogashāla
palestra (f)	व्याख्यान (f)	vyākhyān
colega (m) de curso	सहपाठी (m)	sahapāthī
bolsa (f) de estudos	छात्रवृत्ति (f)	chhātravrtti
grau (m) académico	शैक्षणिक डिग्री (f)	shaikshanik digrī

144. Ciências. Disciplinas

matemática (f)	गणितशास्त्र (m)	ganitashāstr
álgebra (f)	बीजगणित (m)	bījaganit
geometria (f)	रेखागणित (m)	rekhāganit
astronomia (f)	खगोलवैज्ञान (m)	khagolavaigyān
biologia (f)	जीवविज्ञान (m)	jīvavigyān
geografia (f)	भूगोल (m)	bhūgol
geologia (f)	भूविज्ञान (m)	bhūvigyān
história (f)	इतिहास (m)	itihās
medicina (f)	चिकित्सा (m)	chikitsa
pedagogia (f)	शिक्षाविज्ञान (m)	shikshāvigyān
direito (m)	कानून (m)	kānūn
física (f)	भौतिकविज्ञान (m)	bhautikavigyān
química (f)	रसायन (m)	rasāyan
filosofia (f)	दर्शनशास्त्र (m)	darshanashāstr
psicologia (f)	मनोविज्ञान (m)	manovigyān

145. Sistema de escrita. Ortografia

gramática (f)	व्याकरण (m)	vyākaran
vocabulário (m)	शब्दावली (f)	shabdāvalī
fonética (f)	स्वरविज्ञान (m)	svaravigyān
substantivo (m)	संज्ञा (f)	sangya
adjetivo (m)	विशेषण (m)	visheshan
verbo (m)	क्रिया (m)	kriya
advérbio (m)	क्रिया विशेषण (f)	kriya visheshan
pronome (m)	सर्वनाम (m)	sarvanām
interjeição (f)	विस्मयादिबोधक (m)	vismayādibodhak
preposição (f)	पूर्वसर्ग (m)	pūrvasarg
raiz (f) da palavra	मूल शब्द (m)	mūl shabd
terminação (f)	अन्त्याक्षर (m)	antyākshar
prefixo (m)	उपसर्ग (m)	upasarg
sílaba (f)	अक्षर (m)	akshar
sufixo (m)	प्रत्यय (m)	pratyay
acento (m)	बल चिह्न (m)	bal chihn
apóstrofo (m)	वर्णलोप चिह्न (m)	varnalop chihn
ponto (m)	पूर्णविराम (m)	pūrnavirām
vírgula (f)	उपविराम (m)	upavirām
ponto e vírgula (m)	अर्धविराम (m)	ardhavirām
dois pontos (m pl)	कोलन (m)	kolan
reticências (f pl)	तीन बिन्दु (m)	tīn bindu
ponto (m) de interrogação	प्रश्न चिह्न (m)	prashn chihn
ponto (m) de exclamação	विस्मयादिबोधक चिह्न (m)	vismayādibodhak chihn

aspas (f pl)	उद्धरण चिह्न (m)	uddharan chihn
entre aspas	उद्धरण चिह्न में	uddharan chihn men
parênteses (m pl)	कोष्ठक (m pl)	koshthak
entre parênteses	कोष्ठक में	koshthak men
hífen (m)	हाइफन (m)	haifan
travessão (m)	डैश (m)	daish
espaço (m)	रिक्त स्थान (m)	rikt sthān
letra (f)	अक्षर (m)	akshar
letra (f) maiúscula	बड़ा अक्षर (m)	bara akshar
vogal (f)	स्वर (m)	svar
consoante (f)	समस्वर (m)	samasvar
frase (f)	वाक्य (m)	vāky
sujeito (m)	कर्ता (m)	kartta
predicado (m)	विधेय (m)	vidhey
linha (f)	पंक्ति (f)	pankti
em uma nova linha	नई पंक्ति पर	naī pankti par
parágrafo (m)	अनुच्छेद (m)	anuchchhed
palavra (f)	शब्द (m)	shabd
grupo (m) de palavras	शब्दों का समूह (m)	shabdon ka samūh
expressão (f)	अभिव्यक्ति (f)	abhivyakti
sinónimo (m)	समनार्थक शब्द (m)	samanārthak shabd
antónimo (m)	विपरीतार्थी शब्द (m)	viparītārthī shabd
regra (f)	नियम (m)	niyam
exceção (f)	अपवाद (m)	apavād
correto	ठीक	thīk
conjugação (f)	क्रियारूप संयोजन (m)	kriyārūp sanyojan
declinação (f)	विभक्ति-रूप (m)	vibhakti-rūp
caso (m)	कारक (m)	kārak
pergunta (f)	प्रश्न (m)	prashn
sublinhar (vt)	रेखांकित करना	rekhānkit karana
linha (f) pontilhada	बिन्दुरेखा (f)	bindurekha

146. Línguas estrangeiras

língua (f)	भाषा (f)	bhāsha
língua (f) estrangeira	विदेशी भाषा (f)	videshī bhāsha
estudar (vt)	पढ़ना	parhana
aprender (vt)	सीखना	sīkhana
ler (vt)	पढ़ना	parhana
falar (vi)	बोलना	bolana
compreender (vt)	समझना	samajhana
escrever (vt)	लिखना	likhana
rapidamente	तेज़	tez
devagar	धीरे	dhīre

fluentemente	धड़ल्ले से	dharalle se
regras (f pl)	नियम (m pl)	niyam
gramática (f)	व्याकरण (m)	vyākaran
vocabulário (m)	शब्दावली (f)	shabdāvalī
fonética (f)	स्वरविज्ञान (m)	svaravigyān
manual (m) escolar	पाठ्यपुस्तक (f)	pāthyapustak
dicionário (m)	शब्दकोश (m)	shabdakosh
manual (m) de autoaprendizagem	स्वयंशिक्षक पुस्तक (m)	svayanshikshak pustak
guia (m) de conversação	वार्तालाप-पुस्तिका (f)	vārttālāp-pustika
cassete (f)	कैसेट (f)	kaiset
vídeo cassete (m)	वीडियो कैसेट (m)	vīdiyo kaiset
CD (m)	सीडी (m)	sīdī
DVD (m)	डीवीडी (m)	dīvīdī
alfabeto (m)	वर्णमाला (f)	varnamāla
soletrar (vt)	हिज्जे करना	hijje karana
pronúncia (f)	उच्चारण (m)	uchchāran
sotaque (m)	लहज़ा (m)	lahaza
com sotaque	लहज़े के साथ	lahaze ke sāth
sem sotaque	बिना लहज़े	bina lahaze
palavra (f)	शब्द (m)	shabd
sentido (m)	मतलब (m)	matalab
cursos (m pl)	पाठ्यक्रम (m)	pāthyakram
inscrever-se (vr)	सदस्य बनना	sadasy banana
professor (m)	शिक्षक (m)	shikshak
tradução (processo)	तर्जुमा (m)	tarjuma
tradução (texto)	अनुवाद (m)	anuvād
tradutor (m)	अनुवादक (m)	anuvādak
intérprete (m)	दुभाषिया (m)	dubhāshiya
poliglota (m)	बहुभाषी (m)	bahubhāshī
memória (f)	स्मृति (f)	smrti

147. Personagens de contos de fadas

Pai (m) Natal	सांता क्लॉज़ (m)	sānta kloz
sereia (f)	जलपरी (f)	jalaparī
mago (m)	जादूगर (m)	jādūgar
fada (f)	परी (f)	parī
mágico	जादूई	jādūī
varinha (f) mágica	जादू की छड़ी (f)	jādū kī charī
conto (m) de fadas	परियों की कहानी (f)	pariyon kī kahānī
milagre (m)	करामात (f)	karāmāt
anão (m)	बौना (m)	bauna
transformar-se em ...	... में बदल जाना	... men badal jāna

129

fantasma (m)	प्रेत (m)	pret
espetro (m)	भूत (m)	bhūt
monstro (m)	राक्षस (m)	rākshas
dragão (m)	पंखवाला नाग (m)	pankhavāla nāg
gigante (m)	भीमकाय (m)	bhīmakāy

148. Signos do Zodíaco

Carneiro	मेष (m)	mesh
Touro	वृषभ (m)	vrshabh
Gémeos	मिथुन (m)	mithun
Caranguejo	कर्क (m)	kark
Leão	सिंह (m)	sinh
Virgem (f)	कन्या (f)	kanya

Balança	तुला (f pl)	tula
Escorpião	वृश्चिक (m)	vrshchik
Sagitário	धनु (m)	dhanu
Capricórnio	मकर (m)	makar
Aquário	कुंभ (m)	kumbh
Peixes	मीन (m pl)	mīn

caráter (m)	स्वभाव (m)	svabhāv
traços (m pl) do caráter	गुण (m pl)	gun
comportamento (m)	बरताव (m)	baratāv
predizer (vt)	भविष्यवाणी करना	bhavishyavānī karana
adivinha (f)	ज्योतिषी (m)	jyotishī
horóscopo (m)	जन्म कुंडली (f)	janm kundalī

Artes

149. Teatro

teatro (m)	रंगमंच (m)	rangamanch
ópera (f)	ओपेरा (m)	opera
opereta (f)	ऑपेराटा (m)	operāta
balé (m)	बैले (m)	baile

cartaz (m)	रंगमंच इश्तहार (m)	rangamanch ishtahār
companhia (f) teatral	थियेटर कंपनी (f)	thiyetar kampanī
turné (digressão)	दौरा (m)	daura
estar em turné	दौरे पर जाना	daure par jāna
ensaiar (vt)	अभ्यास करना	abhyās karana
ensaio (m)	अभ्यास (m)	abhyās
repertório (m)	प्रदर्शनों की सूची (f)	pradarshanon kī sūchī

apresentação (f)	प्रदर्शन (m)	pradarshan
espetáculo (m)	प्रदर्शन (m)	pradarshan
peça (f)	नाटक (m)	nātak

bilhete (m)	टिकट (m)	tikat
bilheteira (f)	टिकट घर (m)	tikat ghar
hall (m)	हॉल (m)	hol
guarda-roupa (m)	कपड़द्वार (m)	kaparadvār
senha (f) numerada	कपड़द्वार टैग (m)	kaparadvār taig
binóculo (m)	दूरबीन (f)	dūrabīn
lanterninha (m)	कंडक्टर (m)	kandaktar

plateia (f)	सीटें (f)	sīten
balcão (m)	अपर सर्कल (m)	apar sarkal
primeiro balcão (m)	दूसरी मंज़िल (f)	dūsarī manzil
camarote (m)	बॉक्स (m)	boks
fila (f)	कतार (m)	katār
assento (m)	सीट (f)	sīt

público (m)	दर्शक (m)	darshak
espetador (m)	दर्शक (m)	darshak
aplaudir (vt)	ताली बजाना	tālī bajāna
aplausos (m pl)	तालियाँ (f pl)	tāliyān
ovação (f)	तालियों की गड़गड़ाहट (m)	tāliyon kī garagarāhat

palco (m)	मंच (m)	manch
pano (m) de boca	पर्दा (m)	parda
cenário (m)	मंच सज्जा (f)	manch sajja
bastidores (m pl)	नेपथ्य (m pl)	nepathy

cena (f)	दृश्य (m)	drshy
ato (m)	एक्ट (m)	ekt
entreato (m)	अंतराल (m)	antarāl

150. Cinema

ator (m)	अभिनेता (m)	abhineta
atriz (f)	अभिनेत्री (f)	abhinetrī
cinema (m)	सिनेमा (m)	sinema
filme (m)	फ़िल्म (m)	film
episódio (m)	उपकथा (m)	upakatha
filme (m) policial	जासूसी फ़िल्म (f)	jāsūsī film
filme (m) de ação	एक्शन फ़िल्म (f)	ekshan film
filme (m) de aventuras	जोखिम भरी फ़िल्म (f)	jokhim bharī film
filme (m) de ficção científica	कल्पित विज्ञान की फ़िल्म (f)	kalpit vigyān kī film
filme (m) de terror	डरावनी फ़िल्म (f)	darāvanī film
comédia (f)	मज़ाकिया फ़िल्म (f)	mazākiya film
melodrama (m)	भावुक नाटक (m)	bhāvuk nātak
drama (m)	नाटक (m)	nātak
filme (m) ficcional	काल्पनिक फ़िल्म (f)	kālpanik film
documentário (m)	वृत्तचित्र (m)	vrttachitr
desenho (m) animado	कार्टून (m)	kārtūn
cinema (m) mudo	मूक फ़िल्म (f)	mūk film
papel (m)	भूमिका (f)	bhūmika
papel (m) principal	मुख्य भूमिका (f)	mūkhy bhūmika
representar (vt)	भूमिका निभाना	bhūmika nibhāna
estrela (f) de cinema	फ़िल्म स्टार (m)	film stār
conhecido	मशहूर	mashahūr
famoso	मशहूर	mashahūr
popular	लोकप्रिय	lokapriy
argumento (m)	पटकथा (f)	patakatha
argumentista (m)	पटकथा लेखक (m)	patakatha lekhak
realizador (m)	निर्देशक (m)	nirdeshak
produtor (m)	प्रड्यूसर (m)	pradyūsar
assistente (m)	सहायक (m)	sahāyak
diretor (m) de fotografia	कैमरामैन (m)	kaimarāmain
duplo (m)	स्टंटमैन (m)	stantamain
filmar (vt)	फ़िल्म शूट करना	film shūt karana
audição (f)	स्क्रीन टेस्ट (m)	skrīn test
filmagem (f)	शूटिंग (f pl)	shūting
equipe (f) de filmagem	शूटिंग दल (m)	shūting dal
set (m) de filmagem	शूटिंग स्थल (m)	shuting sthal
câmara (f)	कैमरा (m)	kaimara
cinema (m)	सिनेमाघर (m)	sinemāghar
ecrã (m), tela (f)	स्क्रीन (m)	skrīn
exibir um filme	फ़िल्म दिखाना	film dikhāna
pista (f) sonora	साउंडट्रैक (m)	saundatraik
efeitos (m pl) especiais	ख़ास प्रभाव (m pl)	khās prabhāv
legendas (f pl)	सबटाइटिल (f)	sabataitil

| crédito (m) | टाइटिल (m pl) | taitil |
| tradução (f) | अनुवाद (m) | anuvād |

151. Pintura

arte (f)	कला (f)	kala
belas-artes (f pl)	ललित कला (f)	lalit kala
galeria (f) de arte	चित्रशाला (f)	chitrashāla
exposição (f) de arte	चित्रों की प्रवर्शनी (f)	chitron kī pradarshanī

pintura (f)	चित्रकला (f)	chitrakala
arte (f) gráfica	रेखाचित्र कला (f)	rekhāchitr kala
arte (f) abstrata	अमूर्त चित्रण (m)	amūrtt chitran
impressionismo (m)	प्रभाववाद (m)	prabhāvavād

pintura (f), quadro (m)	चित्र (m)	chitr
desenho (m)	रेखाचित्र (f)	rekhāchitr
cartaz, póster (m)	पोस्टर (m)	postar

ilustração (f)	चित्रण (m)	chitran
miniatura (f)	लघु चित्र (m)	laghu chitr
cópia (f)	प्रति (f)	prati
reprodução (f)	प्रतिकृत (f)	pratikrt

mosaico (m)	पच्चीकारी (f)	pachchīkārī
vitral (m)	रंगीन काँच	rangīn kānch
fresco (m)	लेपचित्र (m)	lepachitr
gravura (f)	एनग्रेविंग (m)	enagreving

busto (m)	बस्ट (m)	bast
escultura (f)	मूर्तिकला (f)	mūrtikala
estátua (f)	मूर्ति (f)	mūrti
gesso (m)	सिलखड़ी (f)	silakharī
em gesso	सिलखड़ी से	silakharī se

retrato (m)	रूपचित्र (m)	rūpachitr
autorretrato (m)	स्वचित्र (m)	svachitr
paisagem (f)	प्रकृति चित्र (m)	prakrti chitr
natureza (f) morta	अचल चित्र (m)	achal chitr
caricatura (f)	कार्टून (m)	kārtūn
esboço (m)	रेखाचित्र (f)	rekhāchitr

tinta (f)	पेंट (f)	pent
aguarela (f)	जलरंग (m)	jalarang
óleo (m)	तेलरंग (m)	telarang
lápis (m)	पेंसिल (f)	pensil
tinta da China (f)	स्याही (f)	syāhī
carvão (m)	कोयला (m)	koyala

desenhar (vt)	रेखाचित्र बनाना	rekhāchitr banāna
posar (vi)	पोज़ करना	poz karana
modelo (m)	मॉडल (m)	modal
modelo (f)	मॉडल (m)	modal
pintor (m)	चित्रकार (m)	chitrakār

obra (f)	कलाकृति (f)	kalākrti
obra-prima (f)	अत्युत्तम कृति (f)	atyuttam krti
estúdio (m)	स्टुडियो (m)	studiyo
tela (f)	चित्रपटी (f)	chitrapatī
cavalete (m)	चित्राधार (m)	chitrādhār
paleta (f)	रंग पट्टिका (f)	rang pattika
moldura (f)	ढांचा (m)	dhāncha
restauração (f)	जीणीद्धार (m)	jīrnoddhār
restaurar (vt)	मरम्मत करना	marammat karana

152. Literatura & Poesia

literatura (f)	साहित्य (m)	sāhity
autor (m)	लेखक (m)	lekhak
pseudónimo (m)	छद्मनाम (m)	chhadmanām
livro (m)	किताब (f)	kitāb
volume (m)	खंड (m)	khand
índice (m)	अनुक्रमणिका (f)	anukramanika
página (f)	पृष्ठ (m)	prshth
protagonista (m)	मूख्य किरदार (m)	mūkhy kiradār
autógrafo (m)	स्वाक्षर (m)	svākshar
conto (m)	लघु कथा (f)	laghu katha
novela (f)	उपन्यासिका (f)	upanyāsika
romance (m)	उपन्यास (m)	upanyās
obra (f)	रचना (f)	rachana
fábula (m)	नीतिकथा (f)	nītikatha
romance (m) policial	जासूसी कहानी (f)	jāsūsī kahānī
poesia (obra)	कविता (f)	kavita
poesia (arte)	काव्य (m)	kāvy
poema (m)	कविता (f)	kavita
poeta (m)	कवि (m)	kavi
ficção (f)	उपन्यास (m)	upanyās
ficção (f) científica	विज्ञान कथा (f)	vigyān katha
aventuras (f pl)	रोमांच (m)	romānch
literatura (f) didática	शैक्षिक साहित्य (m)	shaikshik sāhity
literatura (f) infantil	बाल साहित्य (m)	bāl sāhity

153. Circo

circo (m)	सर्कस (m)	sarkas
programa (m)	प्रोग्रम (m)	program
apresentação (f)	तमाशा (m)	tamāsha
número (m)	ऐक्ट (m)	aikt
arena (f)	सर्कस रिंग (m)	sarkas ring
pantomima (f)	मूकाभिनय (m)	mūkābhinay

palhaço (m)	जोकर (m)	jokar
acrobata (m)	कलाबाज़ (m)	kalābāz
acrobacia (f)	कलाबाज़ी (f)	kalābāzī
ginasta (m)	जिमनैस्ट (m)	jimanaist
ginástica (f)	जिमनैस्टिक्स (m)	jimanaistiks
salto (m) mortal	कलैया (m)	kalaiya

homem forte (m)	एथलीट (m)	ethalīt
domador (m)	जानवरों का शिक्षक (m)	jānavaron ka shikshak
cavaleiro (m) equilibrista	सवारी (m)	savārī
assistente (m)	सहायक (m)	sahāyak

truque (m)	कलाबाज़ी (f)	kalābāzī
truque (m) de mágica	जादू (m)	jādū
mágico (m)	जादूगर (m)	jādūgar

malabarista (m)	बाज़ीगर (m)	bāzīgar
fazer malabarismos	बाज़ीगिरी दिखाना	bāzīgirī dikhāna
domador (m)	जानवरों का प्रशिक्षक (m)	jānavaron ka prashikshak
adestramento (m)	पशु प्रशिक्षण (m)	pashu prashikshan
adestrar (vt)	प्रशिक्षण देना	prashikshan dena

154. Música. Música popular

música (f)	संगीत (m)	sangit
músico (m)	साज़िन्दा (m)	sāzinda
instrumento (m) musical	बाजा (m)	bāja
tocar ...	... बजाना	... bajāna

guitarra (f)	गिटार (m)	gitār
violino (m)	वॉयलिन (m)	voyalin
violoncelo (m)	चैलो (m)	chailo
contrabaixo (m)	डबल बास (m)	dabal bās
harpa (f)	हार्प (m)	hārp

piano (m)	पियानो (m)	piyāno
piano (m) de cauda	ग्रैंड पियानो (m)	graind piyāno
órgão (m)	ऑर्गन (m)	organ

instrumentos (m pl) de sopro	सुषिर वाद्य (m)	sushir vādy
oboé (m)	ओबो (m)	obo
saxofone (m)	सैक्सोफ़ोन (m)	saiksofon
clarinete (m)	क्लेरिनेट (m)	klerinet
flauta (f)	मुरली (f)	muralī
trompete (m)	तुरही (m)	turahī

| acordeão (m) | एकॉर्डियन (m) | ekordiyan |
| tambor (m) | नगाड़ा (m) | nagāra |

duo, dueto (m)	द्विवाद्य (m)	dvivādy
trio (m)	त्रयी (f)	trayī
quarteto (m)	क्वार्टेट (m)	kvārtat
coro (m)	कोरस (m)	koras
orquestra (f)	ऑर्केस्ट्रा (m)	orkestra

música (f) pop	पॉप संगीत (m)	pop sangīt
música (f) rock	रॉक संगीत (m)	rok sangīt
grupo (m) de rock	रोक ग्रूप (m)	rok grūp
jazz (m)	जैज़ (m)	jaiz

| ídolo (m) | आइडल (m) | āidal |
| fã, admirador (m) | प्रशंसक (m) | prashansak |

concerto (m)	कंसर्ट (m)	kansart
sinfonia (f)	वाध-बृंद रचना (f)	vādy-vrnd rachana
composição (f)	रचना (f)	rachana
compor (vt)	रचना बनाना	rachana banāna

canto (m)	गाना (m)	gāna
canção (f)	गीत (m)	gīt
melodia (f)	संगीत (m)	sangit
ritmo (m)	ताल (m)	tāl
blues (m)	ब्लूज़ (m)	blūz

notas (f pl)	शीट संगीत (m)	shīt sangīt
batuta (f)	छड़ी (f)	chharī
arco (m)	गज (m)	gaj
corda (f)	तार (m)	tār
estojo (m)	केस (m)	kes

Descanso. Entretenimento. Viagens

155. Viagens

turismo (m)	पर्यटन (m)	paryatan
turista (m)	पर्यटक (m)	paryatak
viagem (f)	यात्रा (f)	yātra
aventura (f)	जाँबाज़ी (f)	jānbāzī
viagem (f)	यात्रा (f)	yātra
férias (f pl)	छुट्टी (f)	chhuttī
estar de férias	छुट्टी पर होना	chhuttī par hona
descanso (m)	आराम (m)	ārām
comboio (m)	रेलगाड़ी, ट्रेन (f)	relagārī, tren
de comboio (chegar ~)	रैलगाड़ी से	railagārī se
avião (m)	विमान (m)	vimān
de avião	विमान से	vimān se
de carro	कार से	kār se
de navio	जहाज़ पर	jahāz par
bagagem (f)	सामान (m)	sāmān
mala (f)	सूटकेस (m)	sūtakes
carrinho (m)	सामान के लिये गाड़ी (f)	sāmān ke liye gārī
passaporte (m)	पासपोर्ट (m)	pāsaport
visto (m)	वीज़ा (m)	vīza
bilhete (m)	टिकट (m)	tikat
bilhete (m) de avião	हवाई टिकट (m)	havaī tikat
guia (m) de viagem	गाइडबुक (f)	gaidabuk
mapa (m)	नक्शा (m)	naksha
local (m), area (f)	क्षेत्र (m)	kshetr
lugar, sítio (m)	स्थान (m)	sthān
exotismo (m)	विचित्र वस्तुएं	vichitr vastuen
exótico	विचित्र	vichitr
surpreendente	अजीब	ajīb
grupo (m)	समूह (m)	samūh
excursão (f)	पर्यटन (f)	paryatan
guia (m)	गाइड (m)	gaid

156. Hotel

hotel (m)	होटल (f)	hotal
motel (m)	मोटल (m)	motal
três estrelas	तीन सितारा	tīn sitāra

cinco estrelas	पाँच सितारा	pānch sitāra
ficar (~ num hotel)	ठहरना	thaharana
quarto (m)	कमरा (m)	kamara
quarto (m) individual	एक पलंग का कमरा (m)	ek palang ka kamara
quarto (m) duplo	दो पलंगों का कमरा (m)	do palangon ka kamara
reservar um quarto	कमरा बुक करना	kamara buk karana
meia pensão (f)	हाफ़-बोर्ड (m)	hāf-bord
pensão (f) completa	फ़ुल-बोर्ड (m)	ful-bord
com banheira	स्नानघर के साथ	snānaghar ke sāth
com duche	शॉवर के साथ	shovar ke sāth
televisão (m) satélite	सैटेलाइट टेलीविज़न (m)	saitelait telīvizan
ar (m) condicionado	एयर-कंडिशनर (m)	eyar-kandishanar
toalha (f)	तौलिया (f)	tauliya
chave (f)	चाबी (f)	chābī
administrador (m)	मैनेजर (m)	mainejar
camareira (f)	चैंबरमैड (f)	chaimabaramaid
bagageiro (m)	कुली (m)	kulī
porteiro (m)	दरबान (m)	darabān
restaurante (m)	रेस्टराँ (m)	restarān
bar (m)	बार (m)	bār
pequeno-almoço (m)	नाश्ता (m)	nāshta
jantar (m)	रात्रिभोज (m)	rātribhoj
buffet (m)	बुफ़े (m)	bufe
hall (m) de entrada	लॉबी (f)	lobī
elevador (m)	लिफ्ट (m)	lift
NÃO PERTURBE	परेशान न करें	pareshān na karen
PROIBIDO FUMAR!	धुम्रपान निषेध!	dhumrapān nishedh!

157. Livros. Leitura

livro (m)	किताब (f)	kitāb
autor (m)	लेखक (m)	lekhak
escritor (m)	लेखक (m)	lekhak
escrever (vt)	लिखना	likhana
leitor (m)	पाठक (m)	pāthak
ler (vt)	पढ़ना	parhana
leitura (f)	पढ़ना (f)	parhana
para si	मन ही मन	man hī man
em voz alta	बोलकर	bolakar
publicar (vt)	प्रकाशित करना	prakāshit karana
publicação (f)	प्रकाशन (m)	prakāshan
editor (m)	प्रकाशक (m)	prakāshak
editora (f)	प्रकाशन संस्था (m)	prakāshan sanstha
sair (vi)	बाज़ार में निकालना (m)	bāzār men nikālana

lançamento (m)	बाज़ार में निकालना (m)	bāzār men nikālana
tiragem (f)	मुद्रण संख्या (f)	mudran sankhya
livraria (f)	किताबों की दुकान (f)	kitābon kī dukān
biblioteca (f)	पुस्तकालय (m)	pustakālay
novela (f)	उपन्यासिका (f)	upanyāsika
conto (m)	लघु कहानी (f)	laghu kahānī
romance (m)	उपन्यास (m)	upanyās
romance (m) policial	जासूसी किताब (m)	jāsūsī kitāb
memórias (f pl)	संस्मरण (m pl)	sansmaran
lenda (f)	उपाख्यान (m)	upākhyān
mito (m)	पुराणकथा (m)	purānakatha
poesia (f)	कविताएँ (f pl)	kavitaen
autobiografia (f)	आत्मकथा (m)	ātmakatha
obras (f pl) escolhidas	चुनिंदा कृतियाँ (f)	chuninda krtiyān
ficção (f) científica	कल्पित विज्ञान (m)	kalpit vigyān
título (m)	किताब का नाम (m)	kitāb ka nām
introdução (f)	भूमिका (f)	bhūmika
folha (f) de rosto	टाइटिल पृष्ठ (m)	taitil prshth
capítulo (m)	अध्याय (m)	adhyāy
excerto (m)	अंश (m)	ansh
episódio (m)	उपकथा (f)	upakatha
tema (m)	कथानक (m)	kathānak
conteúdo (m)	कथा-वस्तु (f)	katha-vastu
índice (m)	अनुक्रमणिका (f)	anukramanika
protagonista (m)	मुख्य किरदार (m)	mūkhy kiradār
tomo, volume (m)	खंड (m)	khand
capa (f)	जिल्द (f)	jild
encadernação (f)	जिल्द (f)	jild
marcador (m) de livro	बुकमार्क (m)	bukamārk
página (f)	पृष्ठ (m)	prshth
folhear (vt)	पन्ने पलटना	panne palatana
margem (f)	हाशिया (m pl)	hāshiya
anotação (f)	टिप्पणी (f)	tippanī
nota (f) de rodapé	टिप्पणी (f)	tippanī
texto (m)	पाठ (m)	pāth
fonte (f)	मुद्रलिपि (m)	mudrālipi
gralha (f)	छपाई की भूल (f)	chhapaī kī bhūl
tradução (f)	अनुवाद (m)	anuvād
traduzir (vt)	अनुवाद करना	anuvād karana
original (m)	मूल पाठ (m)	mūl pāth
famoso	मशहूर	mashahūr
desconhecido	अपरिचित	aparichit
interessante	दिलचस्प	dilachasp
best-seller (m)	बेस्ट सेलर (m)	best selar

dicionário (m)	शब्दकोश (m)	shabdakosh
manual (m) escolar	पाठ्यपुस्तक (f)	pāthyapustak
enciclopédia (f)	विश्वकोश (m)	vishvakosh

158. Caça. Pesca

caça (f)	शिकार (m)	shikār
caçar (vi)	शिकार करना	shikār karana
caçador (m)	शिकारी (m)	shikārī

atirar (vi)	गोली चलाना	golī chalāna
caçadeira (f)	बंदूक (m)	bandūk
cartucho (m)	कारतूस (m)	kāratūs
chumbo (m) de caça	कारतूस (m)	kāratūs

armadilha (f)	जाल (m)	jāl
armadilha (com corda)	जाल (m)	jāl
pôr a armadilha	जाल बिछाना	jāl bichhāna
caçador (m) furtivo	चोर शिकारी (m)	chor shikārī
caça (f)	शिकार के पशुपक्षी (f)	shikār ke pashupakshī
cão (m) de caça	शिकार का कुत्ता (m)	shikār ka kutta
safári (m)	सफ़ारी (m)	safārī
animal (m) empalhado	जानवरों का पुतला (m)	jānavaron ka putala

pescador (m)	मछुआरा (m)	machhuāra
pesca (f)	मछली पकड़ना (f)	machhalī pakarana
pescar (vt)	मछली पकड़ना	machhalī pakarana
cana (f) de pesca	बंसी (f)	bansī
linha (f) de pesca	डोरी (f)	dorī
anzol (m)	हूक (m)	hūk
boia (f)	फ्लोट (m)	flot
isca (f)	चारा (m)	chāra

lançar a linha	बंसी डालना	bansī dālana
morder (vt)	चुगना	chugana
pesca (f)	मछलियाँ (f)	machhaliyān
buraco (m) no gelo	आइस होल (m)	āis hol

rede (f)	जाल (m)	jāl
barco (m)	नाव (m)	nāv
pescar com rede	जाल से पकड़ना	jāl se pakarana
lançar a rede	जाल डालना	jāl dālana
puxar a rede	जाल निकालना	jāl nikālana

baleeiro (m)	ह्वेलर (m)	hvelar
baleeira (f)	ह्वेलमार जहाज़ (m)	hvelamār jahāz
arpão (m)	मत्स्यभाला (m)	matsyabhāla

159. Jogos. Bilhar

| bilhar (m) | बिलियर्ड्स (m) | biliyards |
| sala (f) de bilhar | बिलियर्ड्स का कमरा (m) | biliyards ka kamara |

bola (f) de bilhar	बिलियर्ड्स की गेंद (f)	biliyards kī gend
embolsar uma bola	गेंद पॉकेट में डालना	gend poket men dālana
taco (m)	बिलियर्ड्स का क्यू (m)	biliyards ka kyū
caçapa (f)	बिलियर्ड्स की पॉकेट (f)	biliyards kī poket

160. Jogos. Jogar cartas

ouros (m pl)	ईंट (f pl)	īnt
espadas (f pl)	हुक्म (m pl)	hukm
copas (f pl)	पान (m)	pān
paus (m pl)	चिड़ी (m)	chirī
ás (m)	इक्का (m)	ikka
rei (m)	बादशाह (m)	bādashāh
dama (f)	बेगम (f)	begam
valete (m)	गुलाम (m)	gulām
carta (f) de jogar	ताश का पत्ता (m)	tāsh ka patta
cartas (f pl)	ताश के पत्ते (m pl)	tāsh ke patte
trunfo (m)	ट्रम्प (m)	tramp
baralho (m)	ताश की गड्डी (f)	tāsh kī gaddī
dar, distribuir (vt)	ताश बांटना	tāsh bāntana
embaralhar (vt)	पत्ते फेंटना	patte fentana
vez, jogada (f)	चाल (f)	chāl
batoteiro (m)	पत्तेबाज़ (m)	pattebāz

161. Casino. Roleta

casino (m)	केसिनो (m)	kesino
roleta (f)	रूले (m)	rūle
aposta (f)	दांव (m)	dānv
apostar (vt)	दांव लगाना	dānv lagāna
vermelho (m)	लाल (m)	lāl
preto (m)	काला (m)	kāla
apostar no vermelho	लाल पर दांव लगाना	lāl par dānv lagāna
apostar no preto	काले पर दांव लगाना	kāle par dānv lagāna
crupiê (m, f)	क्रूप्ये (m)	krūpye
girar a roda	पहिया घुमाना	pahiya ghumāna
regras (f pl) do jogo	खेल के नियम (m pl)	khel ke niyam
ficha (f)	चिप (m)	chip
ganhar (vi, vt)	जीतना	jītana
ganho (m)	जीती हुई रकम (f)	jītī huī rakam
perder (dinheiro)	हार जाना	hār jāna
perda (f)	हारी हुई रकम (f)	hārī huī rakam
jogador (m)	खिलाड़ी (m)	khilārī
blackjack (m)	ब्लैक जैक (m)	blaik jaik

jogo (m) de dados	पासे का खेल (m)	pāse ka khel
máquina (f) de jogo	स्लॉट मशीन (f)	slot mashīn

162. Descanso. Jogos. Diversos

passear (vi)	घूमना	ghūmana
passeio (m)	सैर (f)	sair
viagem (f) de carro	सफ़र (m)	safar
aventura (f)	साहसिक कार्य (m)	sāhasik kāry
piquenique (m)	पिकनिक (f)	pikanik
jogo (m)	खेल (m)	khel
jogador (m)	खिलाड़ी (m)	khilārī
partida (f)	बाज़ी (f)	bāzī
colecionador (m)	संग्राहक (m)	sangrāhak
colecionar (vt)	संग्राहण करना	sangrāhan karana
coleção (f)	संग्रह (m)	sangrah
palavras (f pl) cruzadas	पहेली (f)	pahelī
hipódromo (m)	रेसकोर्स (m)	resakors
discoteca (f)	डिस्को (m)	disko
sauna (f)	सौना (m)	sauna
lotaria (f)	लॉटरी (f)	lotarī
campismo (m)	कैम्पिंग ट्रिप (f)	kaimping trip
acampamento (m)	डेरा (m)	dera
tenda (f)	तंबू (m)	tambū
bússola (f)	दिशा सूचक यंत्र (m)	disha sūchak yantr
campista (m)	शिविरार्थी (m)	shivirārthī
ver (vt), assistir à ...	देखना	dekhana
telespectador (m)	दर्शक (m)	darshak
programa (m) de TV	टीवी प्रसारण (m)	tīvī prasāran

163. Fotografia

máquina (f) fotográfica	कैमरा (m)	kaimara
foto, fotografia (f)	फ़ोटो (m)	foto
fotógrafo (m)	फ़ोटोग्राफ़र (m)	fotogrāfar
estúdio (m) fotográfico	फ़ोटो स्टूडियो (m)	foto stūdiyo
álbum (m) de fotografias	फ़ोटो अल्बम (f)	foto albam
objetiva (f)	कैमरे का लेंस (m)	kaimare ka lens
teleobjetiva (f)	टेलिफ़ोटो लेन्स (m)	telifoto lens
filtro (m)	फ़िल्टर (m)	filtar
lente (f)	लेंस (m)	lens
ótica (f)	प्रकाशिकी (f)	prakāshikī
abertura (f)	डायफ़राम (m)	dāyafarām

142

| exposição (f) | शटर समय (m) | shatar samay |
| visor (m) | व्यू फाइंडर (m) | vyū faindar |

câmara (f) digital	डिजिटल कैमरा (m)	dijital kaimara
tripé (m)	तिपाई (f)	tipaī
flash (m)	फ़्लैश (m)	flaish

fotografar (vt)	फ़ोटो खींचना	foto khīnchana
tirar fotos	फ़ोटो लेना	foto lena
fotografar-se	अपनी फ़ोटो खींचवाना	apanī foto khīnchavāna

foco (m)	फ़ोकस (f)	fokas
focar (vt)	फ़ोकस करना	fokas karana
nítido	फ़ोकस में	fokas men
nitidez (f)	स्पष्टता (f)	spashtata

| contraste (m) | विपर्यास व्यतिरेक | viparyās vyatirek |
| contrastante | विपर्यासी | viparyāsī |

retrato (m)	फ़ोटो (m)	foto
negativo (m)	नेगेटिव (m)	negetiv
filme (m)	कैमरा फ़िल्म (f)	kaimara film
fotograma (m)	फ्रेम (m)	frem
imprimir (vt)	छापना	chhāpana

164. Praia. Natação

praia (f)	बालुतट (m)	bālutat
areia (f)	रेत (f)	ret
deserto	वीरान	vīrān

bronzeado (m)	धूप की कालिमा (f)	dhūp kī kālima
bronzear-se (vr)	धूप में स्नान करना	dhūp men snān karana
bronzeado	टैन	tain
protetor (m) solar	धूप की क्रीम (f)	dhūp kī krīm

biquíni (m)	बिकीनी (f)	bikīnī
fato (m) de banho	स्विम सूट (m)	svim sūt
calção (m) de banho	स्विम ट्रंक (m)	svim trank

piscina (f)	तरण-ताल (m)	taran-tāl
nadar (vi)	तैरना	tairana
duche (m)	शावर (m)	shāvar
mudar de roupa	बदलना	badalana
toalha (f)	तौलिया (m)	tauliya

| barco (m) | नाव (f) | nāv |
| lancha (f) | मोटरबोट (m) | motarabot |

esqui (m) aquático	वॉटर स्की (f)	votar skī
barco (m) de pedais	चप्पू से चलने वाली नाव (f)	chappū se chalane vālī nāv
surf (m)	सर्फ़िंग (m)	sarfing
surfista (m)	सर्फ़ करनेवाला (m)	sarf karanevāla
equipamento (m) de mergulho	स्कूबा सेट (m)	skūba set

barbatanas (f pl)	फ़्लिपर्स (m)	flipars
máscara (f)	डाइविंग के लिए मास्क (m)	daiving ke lie māsk
mergulhador (m)	गोताख़ोर (m)	gotākhor
mergulhar (vi)	डुबकी मारना	dubakī mārana
debaixo d'água	पानी के नीचे	pānī ke nīche
guarda-sol (m)	बालुतट की छतरी (f)	bālutat kī chhatarī
espreguiçadeira (f)	बालूतट की कुर्सी (f)	bālūtat kī kursī
óculos (m pl) de sol	धूप का चश्मा (m)	dhūp ka chashma
colchão (m) de ar	हवा वाला गद्दा (m)	hava vāla gadda
brincar (vi)	खेलना	khelana
ir nadar	तैरने के लिए जाना	tairane ke lie jāna
bola (f) de praia	बालूतट पर खेलने की गेंद (f)	bālūtat par khelane kī gend
encher (vt)	हवा भराना	hava bharāna
inflável, de ar	हवा से भरा	hava se bhara
onda (f)	तरंग (m)	tarang
boia (f)	बोया (m)	boya
afogar-se (pessoa)	डूब जाना	dūb jāna
salvar (vt)	बचाना	bachāna
colete (m) salva-vidas	बचाव पेटी (f)	bachāv petī
observar (vt)	देखना	dekhana
nadador-salvador (m)	जीवनरक्षक (m)	jīvanarakshak

EQUIPAMENTO TÉCNICO. TRANSPORTES

Equipamento técnico. Transportes

165. Computador

computador (m)	कंप्यूटर (m)	kampyūtar
portátil (m)	लैपटॉप (m)	laipatop
ligar (vt)	चलाना	chalāna
desligar (vt)	बंद करना	band karana
teclado (m)	कीबोर्ड (m)	kībord
tecla (f)	कुंजी (m)	kunjī
rato (m)	माउस (m)	maus
tapete (m) de rato	माउस पैड (m)	maus paid
botão (m)	बटन (m)	batan
cursor (m)	कर्सर (m)	karsar
monitor (m)	मॉनिटर (m)	monitar
ecrã (m)	स्क्रीन (m)	skrīn
disco (m) rígido	हार्ड डिस्क (m)	hārd disk
capacidade (f) do disco rígido	हार्ड डिस्क क्षमता (f)	hārd disk kshamata
memória (f)	मेमोरी (f)	memorī
memória RAM (f)	रैंडम ऐक्सेस मेमोरी (f)	raindam aikses memorī
ficheiro (m)	फ़ाइल (f)	fail
pasta (f)	फ़ोल्डर (m)	foldar
abrir (vt)	खोलना	kholana
fechar (vt)	बंद करना	band karana
guardar (vt)	सहेजना	sahejana
apagar, eliminar (vt)	हटाना	hatāna
copiar (vt)	कॉपी करना	kopī karana
ordenar (vt)	व्यवस्थित करना	vyavasthit karana
copiar (vt)	स्थानांतरित करना	sthānāntarit karana
programa (m)	प्रोग्राम (m)	progrãm
software (m)	सॉफ्टवेयर (m)	softaveyar
programador (m)	प्रोग्रामर (m)	progrãmar
programar (vt)	प्रोग्रम करना	program karana
hacker (m)	हैकर (m)	haikar
senha (f)	पासवर्ड (m)	pāsavard
vírus (m)	वाइरस (m)	vairas
detetar (vt)	तलाश करना	talāsh karana
byte (m)	बाइट (m)	bait

megabyte (m)	मेगाबाइट (m)	megābait
dados (m pl)	डाटा (m pl)	dāta
base (f) de dados	डाटाबेस (m)	dātābes
cabo (m)	तार (m)	tār
desconectar (vt)	अलग करना	alag karana
conetar (vt)	जोड़ना	jorana

166. Internet. E-mail

internet (f)	इन्टरनेट (m)	intaranet
browser (m)	ब्राउज़र (m)	brauzar
motor (m) de busca	सर्च इंजन (f)	sarch injan
provedor (m)	प्रोवाइडर (m)	provaidar
webmaster (m)	वेब मास्टर (m)	veb māstar
website, sítio web (m)	वेब साइट (m)	veb sait
página (f) web	वेब पृष्ठ (m)	veb prshth
endereço (m)	पता (m)	pata
livro (m) de endereços	संपर्क पुस्तक (f)	sampark pustak
caixa (f) de correio	मेलबॉक्स (m)	melaboks
correio (m)	डाक (m)	dāk
mensagem (f)	संदेश (m)	sandesh
remetente (m)	प्रेषक (m)	preshak
enviar (vt)	भेजना	bhejana
envio (m)	भेजना (m)	bhejana
destinatário (m)	प्रासकर्ता (m)	prāptakarta
receber (vt)	प्रास करना	prāpt karana
correspondência (f)	पत्राचार (m)	patrāchār
corresponder-se (vr)	पत्राचार करना	patrāchār karana
ficheiro (m)	फ़ाइल (f)	fail
fazer download, baixar	डाउनलोड करना	daunalod karana
criar (vt)	बनाना	banāna
apagar, eliminar (vt)	हटाना	hatāna
eliminado	हटा दिया गया	hata diya gaya
conexão (f)	कनेक्शन (m)	kanekshan
velocidade (f)	रफ़्तार (f)	rafatār
modem (m)	मोडेम (m)	modem
acesso (m)	पहुंच (m)	pahunch
porta (f)	पोर्ट (m)	port
conexão (f)	कनेक्शन (m)	kanekshan
conetar (vi)	जुड़ना	jurana
escolher (vt)	चुनना	chunana
buscar (vt)	खोजना	khojana

167. Eletricidade

eletricidade (f)	बिजली (f)	bijalī
elétrico	बिजली का	bijalī ka
central (f) elétrica	बिजलीघर (m)	bijalīghar
energia (f)	ऊर्जा (f)	ūrja
energia (f) elétrica	विद्युत शक्ति (f)	vidyut shakti
lâmpada (f)	बल्ब (m)	balb
lanterna (f)	फ्लैशलाइट (f)	flaishalait
poste (m) de iluminação	सड़क की बत्ती (f)	sarak kī battī
luz (f)	बिजली (f)	bijalī
ligar (vt)	चलाना	chalāna
desligar (vt)	बंद करना	band karana
apagar a luz	बिजली बंद करना	bijalī band karana
fundir (vi)	फ्यूज़ होना	fyūz hona
curto-circuito (m)	शार्ट सर्किट (m)	shārt sarkit
rutura (f)	टूटा तार (m)	tūta tār
contacto (m)	सॉकेट (m)	soket
interruptor (m)	स्विच (m)	svich
tomada (f)	सॉकेट (m)	soket
ficha (f)	प्लग (m)	plag
extensão (f)	एक्स्टेंशन कोर्ड (m)	ekstenshan kord
fusível (m)	फ्यूज़ (m)	fyūz
fio, cabo (m)	तार (m)	tār
instalação (f) elétrica	तार (m)	tār
ampere (m)	ऐम्पेयर (m)	aimpeyar
amperagem (f)	विद्युत शक्ति (f)	vidyut shakti
volt (m)	वोल्ट (m)	volt
voltagem (f)	वोल्टेज (f)	voltej
aparelho (m) elétrico	विद्युत यंत्र (m)	vidyut yantr
indicador (m)	सूचक (m)	sūchak
eletricista (m)	विद्युत कारीगर (m)	vidyut kārīgar
soldar (vt)	धातु जोड़ना	dhātu jorana
ferro (m) de soldar	सोल्डरिंग आयरन (m)	soldaring āyaran
corrente (f) elétrica	विद्युत प्रवाह (f)	vidyut pravāh

168. Ferramentas

ferramenta (f)	औज़ार (m)	auzār
ferramentas (f pl)	औज़ार (m pl)	auzār
equipamento (m)	मशीन (f)	mashīn
martelo (m)	हथौड़ी (f)	hathaurī
chave (f) de fendas	पेंचकस (m)	penchakas
machado (m)	कुल्हाड़ी (f)	kulhārī

serra (f)	आरी (f)	ārī
serrar (vt)	आरी से काटना	ārī se kātana
plaina (f)	रंदा (m)	randa
aplainar (vt)	छीलना	chhīlana
ferro (m) de soldar	सोल्डरिंग आयरन (m)	soldaring āyaran
soldar (vt)	धातु जोड़ना	dhātu jorana

lima (f)	रेती (f)	retī
tenaz (f)	संडसी (f pl)	sandasī
alicate (m)	प्लायर (m)	plāyar
formão (m)	छेनी (f)	chhenī

broca (f)	ड्रिल बिट (m)	dril bit
berbequim (f)	विद्युतीय बरमा (m)	vidyutīy barama
furar (vt)	ड्रिल करना	dril karana

| faca (f) | छुरी (f) | chhurī |
| lâmina (f) | धार (f) | dhār |

afiado	कटीला	katīla
cego	कुंद	kund
embotar-se (vr)	कुंद करना	kund karana
afiar, amolar (vt)	धारदार बनाना	dhāradār banāna

parafuso (m)	बोल्ट (m)	bolt
porca (f)	नट (m)	nat
rosca (f)	चूड़ी (f)	chūrī
parafuso (m) para madeira	पेंच (m)	pench

| prego (m) | कील (f) | kīl |
| cabeça (f) do prego | कील का सिरा (m) | kīl ka sira |

régua (f)	स्केल (m)	skel
fita (f) métrica	इंची टेप (m)	inchī tep
nível (m)	स्पिरिट लेवल (m)	spirit leval
lupa (f)	आवर्धक लेंस (m)	āvardhak lens

medidor (m)	मापक यंत्र (m)	māpak yantr
medir (vt)	मापना	māpana
escala (f)	स्केल (f)	skel
indicação (f), registo (m)	पाठ्यांक (m pl)	pāthyānk

| compressor (m) | कंप्रेसर (m) | kampresar |
| microscópio (m) | माइक्रोस्कोप (m) | maikroskop |

bomba (f)	पंप (m)	pamp
robô (m)	रोबोट (m)	robot
laser (m)	लेज़र (m)	lezar

chave (f) de boca	रिंच (m)	rinch
fita (f) adesiva	फ़ीता (m)	fīta
cola (f)	लेई (f)	leī

lixa (f)	रेगमाल (m)	regamāl
mola (f)	कमानी (f)	kamānī
íman (m)	मैग्नेट (m)	maignet

luvas (f pl)	दस्ताने (m pl)	dastāne
corda (f)	रस्सी (f)	rassī
cordel (m)	डोरी (f)	dorī
fio (m)	तार (m)	tār
cabo (m)	केबल (m)	kebal

marreta (f)	हथौड़ा (m)	hathaura
pé de cabra (m)	रंभा (m)	rambha
escada (f) de mão	सीढ़ी (f)	sīrhī
escadote (m)	सीढ़ी (f)	sīrhī

enroscar (vt)	कसना	kasana
desenroscar (vt)	घुमाकर खोलना	ghumākar kholana
apertar (vt)	कसना	kasana
colar (vt)	चिपकाना	chipakāna
cortar (vt)	काटना	kātana

falha (mau funcionamento)	ख़राबी (f)	kharābī
conserto (m)	मरम्मत (f)	marammat
consertar, reparar (vt)	मरम्मत करना	marammat karana
regular, ajustar (vt)	ठीक करना	thīk karana

verificar (vt)	जांचना	jānchana
verificação (f)	जांच (f)	jānch
indicação (f), registo (m)	पाठ्यांक (m)	pāthyānk

| seguro | मज़बूत | mazabūt |
| complicado | जटिल | jatil |

enferrujar (vi)	ज़ंग लगाना	zang lagana
enferrujado	ज़ंग लगा हुआ	zang laga hua
ferrugem (f)	ज़ंग (m)	zang

149

Transportes

169. Avião

avião (m)	विमान (m)	vimān
bilhete (m) de avião	हवाई टिकट (m)	havaī tikat
companhia (f) aérea	हवाई कम्पनी (f)	havaī kampanī
aeroporto (m)	हवाई अड्डा (m)	havaī adda
supersónico	पराध्वनिक	parādhvanik
comandante (m) do avião	कसान (m)	kaptān
tripulação (f)	वैमानिक दल (m)	vaimānik dal
piloto (m)	विमान चालक (m)	vimān chālak
hospedeira (f) de bordo	एयर होस्टस (f)	eyar hostas
copiloto (m)	नैवीगेटर (m)	naivīgetar
asas (f pl)	पंख (m pl)	pankh
cauda (f)	पूँछ (f)	pūnchh
cabine (f) de pilotagem	कॉकपिट (m)	kokapit
motor (m)	इंजन (m)	injan
trem (m) de aterragem	हवाई जहाज़ पहिये (m)	havaī jahāz pahiye
turbina (f)	टरबाइन (f)	tarabain
hélice (f)	प्रोपेलर (m)	propelar
caixa-preta (f)	ब्लैक बॉक्स (m)	blaik boks
coluna (f) de controlo	कंट्रोल कॉलम (m)	kantrol kolam
combustível (m)	ईंधन (m)	īndhan
instruções (f pl) de segurança	सुरक्षा-पत्र (m)	suraksha-patr
máscara (f) de oxigénio	ऑक्सीजन मास्क (m)	oksījan māsk
uniforme (m)	वर्दी (f)	vardī
colete (m) salva-vidas	बचाव पेटी (f)	bachāv petī
paraquedas (m)	पैराशूट (m)	pairāshūt
descolagem (f)	उड़ान (m)	urān
descolar (vi)	उड़ना	urana
pista (f) de descolagem	उड़ान पट्टी (f)	urān pattī
visibilidade (f)	दृश्यता (f)	drshyata
voo (m)	उड़ान (m)	urān
altura (f)	ऊंचाई (f)	ūnchaī
poço (m) de ar	वायु-पॉकेट (m)	vāyu-poket
assento (m)	सीट (f)	sīt
auscultadores (m pl)	हेडफ़ोन (m)	hedafon
mesa (f) rebatível	ट्रे टेबल (f)	tre tebal
vigia (f)	हवाई जहाज़ की खिड़की (f)	havaī jahāz kī khirakī
passagem (f)	गलियारा (m)	galiyāra

170. Comboio

comboio (m)	रेलगाड़ी, ट्रेन (f)	relagāṛī, tren
comboio (m) suburbano	लोकल ट्रेन (f)	lokal tren
comboio (m) rápido	तेज़ रेलगाड़ी (f)	tez relagāṛī
locomotiva (f) diesel	डीज़ल रेलगाड़ी (f)	dīzal relagāṛī
locomotiva (f) a vapor	स्टीम इंजन (f)	stīm injan
carruagem (f)	कोच (f)	koch
carruagem restaurante (f)	डाइनर (f)	dainar
carris (m pl)	पटरियाँ (f)	patariyān
caminho de ferro (m)	रेलवे (f)	relave
travessa (f)	पटरियाँ (f)	patariyān
plataforma (f)	प्लेटफॉर्म (m)	pletaform
linha (f)	प्लेटफॉर्म (m)	pletaform
semáforo (m)	सिग्नल (m)	signal
estação (f)	स्टेशन (m)	steshan
maquinista (m)	इंजन ड्राइवर (m)	injan draivar
bagageiro (m)	कुली (m)	kulī
hospedeiro, -a (da carruagem)	कोच एटेंडेंट (m)	koch etendent
passageiro (m)	मुसाफिर (m)	musāfir
revisor (m)	टीटी (m)	ṭīṭī
corredor (m)	गलियारा (m)	galiyāra
freio (m) de emergência	आपात ब्रेक (m)	āpāt brek
compartimento (m)	डिब्बा (m)	dibba
cama (f)	बर्थ (f)	barth
cama (f) de cima	ऊपरी बर्थ (f)	ūparī barth
cama (f) de baixo	नीचली बर्थ (f)	nīchalī barth
roupa (f) de cama	बिस्तर (m)	bistar
bilhete (m)	टिकट (m)	tikat
horário (m)	टाइम टेबल (m)	taim taibul
painel (m) de informação	सूचना बोर्ड (m)	sūchana bord
partir (vt)	चले जाना	chale jāna
partida (f)	रवानगी (f)	ravānagī
chegar (vi)	पहुंचना	pahunchana
chegada (f)	आगमन (m)	āgaman
chegar de comboio	गाड़ी से पहुंचना	gāṛī se pahunchana
apanhar o comboio	गाड़ी पकड़ना	gāḍī pakarana
sair do comboio	गाड़ी से उतरना	gārī se utarana
acidente (m) ferroviário	दुर्घटनाग्रस्त (f)	durghatanāgrast
locomotiva (f) a vapor	स्टीम इंजन (m)	stīm injan
fogueiro (m)	अग्निशामक (m)	agnishāmak
fornalha (f)	भट्ठी (f)	bhatthī
carvão (m)	कोयला (m)	koyala

171. Barco

navio (m)	जहाज़ (m)	jahāz
embarcação (f)	जहाज़ (m)	jahāz
vapor (m)	जहाज़ (m)	jahāz
navio (m)	मोटर बोट (m)	motar bot
transatlântico (m)	लाइनर (m)	lainar
cruzador (m)	क्रूज़र (m)	krūzar
iate (m)	याख्ट (m)	yākht
rebocador (m)	कर्षक पोत (m)	karshak pot
barcaça (f)	बार्ज (f)	bārj
ferry (m)	फेरी बोट (f)	ferī bot
veleiro (m)	पाल नाव (f)	pāl nāv
bergantim (m)	बादबानी (f)	bādabānī
quebra-gelo (m)	हिमभंजक पोत (m)	himabhanjak pot
submarino (m)	पनडुब्बी (f)	panadubbī
bote, barco (m)	नाव (m)	nāv
bote, dingue (m)	किश्ती (f)	kishtī
bote (m) salva-vidas	जीवन रक्षा किश्ती (f)	jīvan raksha kishtī
lancha (f)	मोटर बोट (m)	motar bot
capitão (m)	कसान (m)	kaptān
marinheiro (m)	मल्लाह (m)	mallāh
marujo (m)	मल्लाह (m)	mallāh
tripulação (f)	वैमानिक दल (m)	vaimānik dal
contramestre (m)	बोसुन (m)	bosun
grumete (m)	बोसुन (m)	bosun
cozinheiro (m) de bordo	रसोइया (m)	rasoiya
médico (m) de bordo	पोत डाक्टर (m)	pot dāktar
convés (m)	डेक (m)	dek
mastro (m)	मस्तूल (m)	mastūl
vela (f)	पाल (m)	pāl
porão (m)	कार्गी (m)	kārgo
proa (f)	जहाज़ का अगड़ा हिस्सा (m)	jahāz ka agara hissa
popa (f)	जहाज़ का पिछला हिस्सा (m)	jahāz ka pichhala hissa
remo (m)	चप्पू (m)	chappū
hélice (f)	जहाज़ की पंखी चलाने का पेंच (m)	jahāz kī pankhī chalāne ka pench
camarote (m)	कैबिन (m)	kaibin
sala (f) dos oficiais	मेस (f)	mes
sala (f) das máquinas	मशीन-कमरा (m)	mashīn-kamara
ponte (m) de comando	ब्रिज (m)	brij
sala (f) de comunicações	रेडियो केबिन (m)	rediyo kebin
onda (f) de rádio	रेडियो तरंग (f)	rediyo tarang
diário (m) de bordo	जहाज़ी रजिस्टर (m)	jahāzī rajistar
luneta (f)	टेलिस्कोप (m)	teliskop

| sino (m) | घंटा (m) | ghanta |
| bandeira (f) | झंडा (m) | jhanda |

| cabo (m) | रस्सा (m) | rassa |
| nó (m) | जहाज़ी गांठ (f) | jahāzī gānth |

| corrimão (m) | रेलिंग (f) | reling |
| prancha (f) de embarque | सीढ़ी (f) | sīrhī |

âncora (f)	लंगर (m)	langar
recolher a âncora	लंगर उठाना	langar uthāna
lançar a âncora	लंगर डालना	langar dālana
amarra (f)	लंगर की ज़जीर (f)	langar kī zajīr

porto (m)	बंदरगाह (m)	bandaragāh
cais, amarradouro (m)	घाट (m)	ghāt
atracar (vi)	किनारे लगना	kināre lagana
desatracar (vi)	रवाना होना	ravāna hona

viagem (f)	यात्रा (f)	yātra
cruzeiro (m)	जलयात्रा (f)	jalayātra
rumo (m), rota (f)	दिशा (f)	disha
itinerário (m)	मार्ग (m)	mārg

canal (m) navegável	नाव्य जलपथ (m)	nāvy jalapath
banco (m) de areia	छिछला पानी (m)	chhichhala pānī
encalhar (vt)	छिछले पानी में धंसना	chhichhale pānī men dhansana

tempestade (f)	तूफ़ान (m)	tufān
sinal (m)	सिग्नल (m)	signal
afundar-se (vr)	डूबना	dūbana
SOS	एसओएस	esoes
boia (f) salva-vidas	लाइफ़ ब्वाय (m)	laif bvāy

172. Aeroporto

aeroporto (m)	हवाई अड्डा (m)	havaī adda
avião (m)	विमान (m)	vimān
companhia (f) aérea	हवाई कम्पनी (f)	havaī kampanī
controlador (m) de tráfego aéreo	हवाई यातायात नियंत्रक (m)	havaī yātāyāt niyantrak

partida (f)	प्रस्थान (m)	prasthān
chegada (f)	आगमन (m)	āgaman
chegar (~ de avião)	पहुंचना	pahunchana

| hora (f) de partida | उड़ान का समय (m) | urān ka samay |
| hora (f) de chegada | आगमन का समय (m) | āgaman ka samay |

estar atrasado	देर से आना	der se āna
atraso (m) de voo	उड़ान देरी (f)	urān derī
painel (m) de informação	सूचना बोर्ड (m)	sūchana bord
informação (f)	सूचना (f)	sūchana

| anunciar (vt) | घोषणा करना | ghoshana karana |
| voo (m) | प्लाइट (f) | flait |

| alfândega (f) | सीमाशुल्क कार्यालय (m) | sīmāshulk kāryālay |
| funcionário (m) da alfândega | सीमाशुल्क अधिकारी (m) | sīmāshulk adhikārī |

declaração (f) alfandegária	सीमाशुल्क घोषणा (f)	sīmāshulk ghoshana
preencher a declaração	सीमाशुल्क घोषणा भरना	sīmāshulk ghoshana bharana
controlo (m) de passaportes	पास्पोर्ट जांच (f)	pāsport jānch

bagagem (f)	सामान (m)	sāmān
bagagem (f) de mão	दस्ती सामान (m)	dastī sāmān
carrinho (m)	सामान के लिये गाड़ी (f)	sāmān ke liye gārī

aterragem (f)	विमानारोहण (m)	vimānārohan
pista (f) de aterragem	विमानारोहण मार्ग (m)	vimānārohan mārg
aterrar (vi)	उतरना	utarana
escada (f) de avião	सीढ़ी (f)	sīrhī

check-in (m)	चेक-इन (m)	chek-in
balcão (m) do check-in	चेक-इन डेस्क (m)	chek-in desk
fazer o check-in	चेक-इन करना	chek-in karana
cartão (m) de embarque	बोर्डिंग पास (m)	bording pās
porta (f) de embarque	प्रस्थान गेट (m)	prasthān get

trânsito (m)	पारवहन (m)	pāravahan
esperar (vi, vt)	इंतज़ार करना	intazār karana
sala (f) de espera	प्रतीक्षालय (m)	pratīkshālay
despedir-se de ...	विदा करना	vida karana
despedir-se (vr)	विदा कहना	vida kahana

173. Bicicleta. Motocicleta

bicicleta (f)	साइकिल (f)	saikil
scotter, lambreta (f)	स्कूटर (m)	skūtar
mota (f)	मोटरसाइकिल (f)	motarasaikil

ir de bicicleta	साइकिल से जाना	saikil se jāna
guiador (m)	हैंडल बार (m)	haindal bār
pedal (m)	पेडल (m)	pedal
travões (m pl)	ब्रेक (m pl)	brek
selim (m)	सीट (f)	sīt

bomba (f) de ar	पंप (m)	pamp
porta-bagagens (m)	साइकिल का रैक (m)	sāiikal ka raik
lanterna (f)	बत्ती (f)	battī
capacete (m)	हेलमेट (f)	helamet

roda (f)	पहिया (m)	pahiya
guarda-lamas (m)	कीचड़ रोकने की पंखी (f)	kīchar rokane kī pankhī
aro (m)	साइकिल रिम (f)	saikil rim
raio (m)	पहिये का आरा (m)	pahiye ka āra

Carros

174. Tipos de carros

carro, automóvel (m)	कार (f)	kār
carro (m) desportivo	स्पोट्स कार (f)	sports kār
limusine (f)	लीमोज़ीन (m)	līmozīn
todo o terreno (m)	जीप (m)	jīp
descapotável (m)	कन्वर्टिबल (m)	kanvartibal
minibus (m)	मिनिबस (f)	minibas
ambulância (f)	एम्बुलेंस (f)	embulens
limpa-neve (m)	बर्फ़ हटाने की कार (f)	barf hatāne kī kār
camião (m)	ट्रक (m)	trak
camião-cisterna (m)	टैंकर-लॉरी (f)	tainkar-lorī
carrinha (f)	वैन (m)	vain
camião-trator (m)	ट्रक-ट्रेक्टर (m)	trak-trektar
atrelado (m)	ट्रेलर (m)	trelar
confortável	सुविधाजनक	suvidhājanak
usado	पुरानी	purānī

175. Carros. Carroçaria

capô (m)	बोनेट (f)	bonet
guarda-lamas (m)	कीचड़ रोकने की पंखी (f)	kīchar rokane kī pankhī
tejadilho (m)	छत (f)	chhat
para-brisa (m)	विंडस्क्रीन (m)	vindaskrīn
espelho (m) retrovisor	रियरव्यू मिरर (m)	riyaravyū mirar
lavador (m)	विंडशील्ड वॉशर (m)	vindashīld voshar
limpa-para-brisas (m)	वाइपर (m)	vaipar
vidro (m) lateral	साइड की खिड़की (f)	said kī khirakī
elevador (m) do vidro	विंडो-लिफ्ट (f)	vindo-lift
antena (f)	एरियल (m)	eriyal
teto solar (m)	सनरूफ़ (m)	sanarūf
para-choques (m pl)	बम्पर (m)	bampar
bagageira (f)	ट्रंक (m)	trank
porta (f)	दरवाज़ा (m)	daravāza
maçaneta (f)	दरवाज़े का हैंडल (m)	daravāze ka haindal
fechadura (f)	ताला (m)	tāla
matrícula (f)	कार का नम्बर (m)	kār ka nambar
silenciador (m)	साइलेंसर (m)	sailensar

| tanque (m) de gasolina | पेट्रोल टैंक (m) | petrol taink |
| tubo (m) de escape | रेचक नलिका (f) | rechak nalika |

acelerador (m)	गैस (m)	gais
pedal (m)	पेडल (m)	pedal
pedal (m) do acelerador	गैस पेडल (m)	gais pedal

travão (m)	ब्रैक (m)	braik
pedal (m) do travão	ब्रेक पेडल (m)	brek pedal
travar (vt)	ब्रेक लगाना	brek lagāna
travão (m) de mão	पार्किंग पेडल (m)	pārking pedal

embraiagem (f)	क्लच (m)	klach
pedal (m) da embraiagem	क्लच पेडल (m)	klach pedal
disco (m) de embraiagem	क्लच प्लेट (m)	klach plet
amortecedor (m)	धक्का सह (m)	dhakka sah

roda (f)	पहिया (m)	pahiya
pneu (m) sobresselente	स्पेयर टायर (m)	speyar tāyar
pneu (m)	टायर (m)	tāyar
tampão (m) de roda	हबकैप (m)	habakaip

rodas (f pl) motrizes	प्रधान पहिया (m)	pradhān pahiya
de tração dianteira	आगे के पहियों से चलने वाली	āge ke pahiyon se chalane vālī
de tração traseira	पीछे के पहियों से चलने वाली	pīchhe ke pahiyon se chalane vālī
de tração às 4 rodas	चार पहियों की कार	chār pahiyon kī kār

caixa (f) de mudanças	गीयर बॉक्स (m)	gīyar boks
automático	स्वचालित	svachālit
mecânico	मशीनी	mashīnī
alavanca (f) das mudanças	गीयर बॉक्स का साधन (m)	gīyar boks ka sādhan

| farol (m) | हेडलाइट (f) | hedalait |
| faróis, luzes | हेडलाइटें (f pl) | hedalaiten |

médios (m pl)	लो बीम (m)	lo bīm
máximos (m pl)	हाई बीम (m)	haī bīm
luzes (f pl) de stop	ब्रेक लाइट (m)	brek lait

mínimos (m pl)	पार्किंग लाइटें (f pl)	pārking laiten
luzes (f pl) de emergência	खतरे की बत्तियां (f pl)	khatare kī battiyān
faróis (m pl) antinevoeiro	कोहरे की बत्तियाँ (f pl)	kohare kī battiyān
pisca-pisca (m)	मुड़ने का सिग्नल (m)	murane ka signal
luz (f) de marcha atrás	पीछे जाने की लाइट (m)	pīchhe jāne kī lait

176. Carros. Habitáculo

interior (m) do carro	गाड़ी का भीतरी हिस्सा (m)	gārī ka bhītarī hissa
de couro, de pele	चमड़े का बना	chamare ka bana
de veludo	मखमल का बना	makhamal ka bana
estofos (m pl)	अपहोल्स्टरी (f)	apaholstarī
indicador (m)	यंत्र (m)	yantr

painel (m) de instrumentos	यंत्र का पैनल (m)	yantr ka painal
velocímetro (m)	चालमापी (m)	chālamāpī
ponteiro (m)	सूई (f)	sūī
conta-quilómetros (m)	ओडोमीटर (m)	odomītar
sensor (m)	इंडिकेटर (m)	indiketar
nível (m)	स्तर (m)	star
luz (f) avisadora	चेतावनी लाइट (m)	chetāvanī lait
volante (m)	स्टीयरिंग व्हील (m)	stīyaring vhīl
buzina (f)	हॉर्न (m)	horn
botão (m)	बटन (m)	batan
interruptor (m)	स्विच (m)	svich
assento (m)	सीट (m)	sīt
costas (f pl) do assento	पीठ (f)	pīth
cabeceira (f)	हेडरेस्ट (m)	hedarest
cinto (m) de segurança	सीट बेल्ट (m)	sīt belt
apertar o cinto	बेल्ट लगाना	belt lagāna
regulação (f)	समायोजन (m)	samāyojan
airbag (m)	एयरबैग (m)	eyarabaig
ar (m) condicionado	एयर कंडीशनर (m)	eyar kandīshanar
rádio (m)	रेडियो (m)	rediyo
leitor (m) de CD	सीडी प्लेयर (m)	sīdī pleyar
ligar (vt)	चलाना	chalāna
antena (f)	एरियल (m)	eriyal
porta-luvas (m)	दराज़ (m)	darāz
cinzeiro (m)	राखदानी (f)	rākhadānī

177. Carros. Motor

motor (m)	इंजन (m)	injan
motor (m)	मोटर (m)	motar
diesel	डीज़ल का	dīzal ka
a gasolina	तेल का	tel ka
cilindrada (f)	इंजन का परिमाण (m)	injan ka parimān
potência (f)	शक्ति (f)	shakti
cavalo-vapor (m)	अश्व शक्ति (f)	ashv shakti
pistão (m)	पिस्टन (m)	pistan
cilindro (m)	सिलिंडर (m)	silindar
válvula (f)	वाल्व (m)	vālv
injetor (m)	इंजेक्टर (m)	injektar
gerador (m)	जनरेटर (m)	janaretar
carburador (m)	कार्बरेटर (m)	kārbaretar
óleo (m) para motor	मोटर तेल (m)	motar tel
radiador (m)	रेडिएटर (m)	redietar
refrigerante (m)	शीतलक (m)	shītalak
ventilador (m)	पंखा (m)	pankha
bateria (f)	बैटरी (f)	baitarī

dispositivo (m) de arranque	स्टार्टर (m)	stārtar
ignição (f)	इग्निशन (m)	ignishan
vela (f) de ignição	स्पार्क प्लग (m)	spārk plag

borne (m)	बैटरी टर्मिनल (m)	baitarī tarminal
borne (m) positivo	प्लस टर्मिनल (m)	plas tarminal
borne (m) negativo	माइनस टर्मिनल (m)	mainas tarminal
fusível (m)	सेफ्टी फ्यूज़ (m)	seftī fyūz

filtro (m) de ar	वायु फ़िल्टर (m)	vāyu filtar
filtro (m) de óleo	तेल फ़िल्टर (m)	tel filtar
filtro (m) de combustível	ईंधन फ़िल्टर (m)	īndhan filtar

178. Carros. Batidas. Reparação

acidente (m) de carro	दुर्घटना (f)	durghatana
acidente (m) rodoviário	दुर्घटना (f)	durghatana
ir contra ...	टकराना	takarāna
sofrer um acidente	नष्ट हो जाना	nashth ho jāna
danos (m pl)	नुकसान (m)	nukasān
intato	सुरक्षित	surakshit

| avariar (vi) | ख़राब हो जाना | kharāb ho jāna |
| cabo (m) de reboque | रस्सा (m) | rassa |

furo (m)	पंक्चर (m)	pankchar
estar furado	पंक्चर होना	pankchar hona
encher (vt)	हवा भरना	hava bharana
pressão (f)	दबाव (m)	dabāv
verificar (vt)	जांचना	jānchana

reparação (f)	मरम्मत (f)	marammat
oficina (f) de reparação de carros	वाहन मरम्मत की दुकान (f)	vāhan marammat kī dukān
peça (f) sobresselente	स्पेयर पार्ट (m)	speyar pārt
peça (f)	पुरज़ा (m)	puraza

parafuso (m)	बोल्ट (m)	bolt
parafuso (m)	पेंच (m)	pench
porca (f)	नट (m)	nat
anilha (f)	वॉशर (m)	voshar
rolamento (m)	बियरिंग (m)	biyaring

tubo (m)	ट्यूब (f)	tyūb
junta (f)	गास्केट (m)	gāsket
fio, cabo (m)	तार (m)	tār

macaco (m)	जैक (m)	jaik
chave (f) de boca	स्पैनर (m)	spainar
martelo (m)	हथौड़ी (f)	hathaurī
bomba (f)	पंप (m)	pamp
chave (f) de fendas	पेंचकस (m)	penchakas
extintor (m)	अग्निशामक (m)	agnishāmak
triângulo (m) de emergência	चेतावनी त्रिकोण (m)	chetāvanī trikon

parar (vi) (motor)	बंद होना	band hona
paragem (f)	बंद (m)	band
estar quebrado	टूटना	tūtana

superaquecer-se (vr)	गरम होना	garam hona
entupir-se (vr)	मैल जमना	mail jamana
congelar-se (vr)	ठंडा हो जाना	thanda ho jāna
rebentar (vi)	फटना	fatana

pressão (f)	दबाव (m)	dabāv
nível (m)	स्तर (m)	star
frouxo	कमज़ोर	kamazor

mossa (f)	गड्ढा (m)	gadrha
ruído (m)	खटखट की आवाज़ (f)	khatakhat kī āvāz
fissura (f)	दरार (f)	darār
arranhão (m)	खरोंच (f)	kharonch

179. Carros. Estrada

estrada (f)	रास्ता (m)	rāsta
autoestrada (f)	राजमार्ग (m)	rājamārg
rodovia (f)	राजमार्ग (m)	rājamārg
direção (f)	दिशा (f)	disha
distância (f)	दूरी (f)	dūrī

ponte (f)	पुल (m)	pul
parque (m) de estacionamento	पार्किन्ग (m)	pārking
praça (f)	मैदान (m)	maidān
nó (m) rodoviário	फ्लाई ओवर (m)	flaī ovar
túnel (m)	सुरंग (m)	surang

posto (m) de gasolina	पेट्रोल पम्प (f)	petrol pamp
parque (m) de estacionamento	पार्किंग (m)	pārking
bomba (f) de gasolina	गैस पम्प (f)	gais pamp
oficina (f) de reparação de carros	गराज (m)	garāj
abastecer (vt)	पेट्रोल भरवाना	petrol bharavāna
combustível (m)	ईंधन (m)	īndhan
bidão (m) de gasolina	जेरिकेन (m)	jeriken

asfalto (m)	तारकोल (m)	tārakol
marcação (f) de estradas	मार्ग चिह्न (m)	mārg chihn
lancil (m)	फ़ुटपाथ (m)	futapāth
proteção (f) guard-rail	रेलिंग (f)	reling
valeta (f)	नाली (f)	nālī
berma (f) da estrada	छोर (m)	chhor
poste (m) de luz	बिजली का खम्भा (m)	bijalī ka khambha

conduzir, guiar (vt)	चलाना	chalāna
virar (ex. ~ à direita)	मोड़ना	morana
dar retorno	मुड़ना	murana
marcha-atrás (f)	रिवर्स (m)	rivars
buzinar (vi)	हॉर्न बजाना	horn bajāna

buzina (f)	हॉर्न (m)	horn
atolar-se (vr)	फंसना	fansana
patinar (na lama)	पहिये को घुमाना	pahiye ko ghumāna
desligar (vt)	इंजन बंद करना	injan band karana

velocidade (f)	रफ़्तार (f)	rafatār
exceder a velocidade	गति सीमा पार करना	gati sīma pār karana
multar (vt)	जुर्माना लगाना	jurmāna lagāna
semáforo (m)	ट्रैफ़िक-लाइट (m)	traifik-lait
carta (f) de condução	ड्राइवर-लाइसेंस (m)	draivar-laisens

passagem (f) de nível	रेल क्रॉसिंग (m)	rel krosing
cruzamento (m)	चौराहा (m)	chaurāha
passadeira (f)	पार-पथ (m)	pār-path
curva (f)	मोड़ (m)	mor
zona (f) pedonal	पैदल सड़क (f)	paidal sarak

180. Sinais de trânsito

código (m) da estrada	यातायात के नियम (m pl)	yātāyāt ke niyam
sinal (m) de trânsito	ट्रैफ़िक साइन (m)	traifik sain
ultrapassagem (f)	ओवरटेकिंग (f)	ovarateking
curva (f)	मोड़ (m)	mor
inversão (f) de marcha	यू-टर्न (m)	yū-tarn
rotunda (f)	गोलचक्कर (m)	golachakkar

sentido proibido	अंदर जाना मना है	andar jāna mana hai
trânsito proibido	वाहन जाना मना है	vāhan jāna mana hai
proibição de ultrapassar	ओवरटैकिंग मना है	ovarataiking mana hai
estacionamento proibido	पार्किंग मना है	pārking mana hai
paragem proibida	रुकना मना है	rukana mana hai

curva (f) perigosa	खतरनाक मोड़ (m)	khataranāk mor
descida (f) perigosa	ढलवां उतार (m)	dhalavān utār
trânsito de sentido único	इकतरफ़ा यातायात (f)	ikatarafa yātāyāt
passadeira (f)	पार-पथ (m)	pār-path
pavimento (m) escorregadio	फिसलाऊ रास्ता (m)	fisalaū rāsta
cedência de passagem	निकलने देना	nikalane dena

PESSOAS. EVENTOS

Eventos

181. Férias. Evento

festa (f)	त्योहार (m)	tyohār
festa (f) nacional	राष्ट्रीय त्योहार (m)	rāshtrīy tyohār
feriado (m)	त्योहार का दिन (m)	tyohār ka din
festejar (vt)	पुण्यस्मरण करना	punyasmaran karana
evento (festa, etc.)	घटना (f)	ghatana
evento (banquete, etc.)	आयोजन (m)	āyojan
banquete (m)	राजभोज (m)	rājabhoj
receção (f)	दावत (f)	dāvat
festim (m)	दावत (f)	dāvat
aniversário (m)	वर्षगांठ (m)	varshagānth
jubileu (m)	वर्षगांठ (m)	varshagānth
celebrar (vt)	मनाना	manāna
Ano (m) Novo	नव वर्ष (m)	nav varsh
Feliz Ano Novo!	नव वर्ष की शुभकामना!	nav varsh kī shubhakāmana!
Pai (m) Natal	सांता क्लॉज़ (m)	sānta kloz
Natal (m)	बड़ा दिन (m)	bara din
Feliz Natal!	क्रिसमस की शुभकामनाएँ!	krisamas kī shubhakāmanaen!
árvore (f) de Natal	क्रिस्मस ट्री (m)	krismas trī
fogo (m) de artifício	अग्नि क्रीड़ा (f)	agni krīra
boda (f)	शादी (f)	shādī
noivo (m)	दुल्हा (m)	dulha
noiva (f)	दुल्हन (f)	dulhan
convidar (vt)	आमंत्रित करना	āmantrit karana
convite (m)	निमंत्रण पत्र (m)	nimantran patr
convidado (m)	मेहमान (m)	mehamān
visitar (vt)	मिलने जाना	milane jāna
receber os hóspedes	मेहमानों से मिलना	mehamānon se milana
presente (m)	उपहार (m)	upahār
oferecer (vt)	उपहार देना	upahār dena
receber presentes	उपहार मिलना	upahār milana
ramo (m) de flores	गुलदस्ता (m)	guladasta
felicitações (f pl)	बधाई (f)	badhaī
felicitar (dar os parabéns)	बधाई देना	badhaī dena

cartão (m) de parabéns	बधाई पोस्टकार्ड (m)	badhaī postakārd
enviar um postal	पोस्टकार्ड भेजना	postakārd bhejana
receber um postal	पोस्टकार्ड पाना	postakārd pāna

brinde (m)	टोस्ट (m)	tost
oferecer (vt)	ऑफ़र करना	ofar karana
champanhe (m)	शैम्पेन (f)	shaimpen

divertir-se (vr)	मज़े करना	maze karana
diversão (f)	आमोद (m)	āmod
alegria (f)	खुशी (f)	khushī

dança (f)	नाच (m)	nāch
dançar (vi)	नाचना	nāchana

valsa (f)	वॉल्ट्ज़ (m)	voltz
tango (m)	टैंगो (m)	taingo

182. Funerais. Enterro

cemitério (m)	कब्रिस्तान (m)	kabristān
sepultura (f), túmulo (m)	कब्र (m)	kabr
cruz (f)	क्रॉस (m)	kros
lápide (f)	सामाधि शिला (f)	sāmādhi shila
cerca (f)	बाड़ (f)	bār
capela (f)	चैपल (m)	chaipal

morte (f)	मृत्यु (f)	mrtyu
morrer (vi)	मरना	marana
defunto (m)	मृतक (m)	mrtak
luto (m)	शोक (m)	shok

enterrar, sepultar (vt)	दफनाना	dafanāna
agência (f) funerária	दफ़नालय (m)	dafanālay
funeral (m)	अंतिम संस्कार (m)	antim sanskār

coroa (f) de flores	फूलमाला (f)	fūlamāla
caixão (m)	ताबूत (m)	tābūt
carro (m) funerário	शव मंच (m)	shav manch
mortalha (f)	कफन (m)	kafan

urna (f) funerária	भस्मी कलश (m)	bhasmī kalash
crematório (m)	दाहगृह (m)	dāhagrh

obituário (m), necrologia (f)	निधन सूचना (f)	nidhan sūchana
chorar (vi)	रोना	rona
soluçar (vi)	रोना	rona

183. Guerra. Soldados

pelotão (m)	दस्ता (m)	dasta
companhia (f)	कंपनी (f)	kampanī

regimento (m)	रेजीमेंट (f)	rejīment
exército (m)	सेना (f)	sena
divisão (f)	डिवीज़न (m)	divīzan

| destacamento (m) | दल (m) | dal |
| hoste (f) | फौज (m) | fauj |

| soldado (m) | सिपाही (m) | sipāhī |
| oficial (m) | अफ्सर (m) | afsar |

soldado (m) raso	सैनिक (m)	sainik
sargento (m)	सार्जेंट (m)	sārjent
tenente (m)	लेफ्टिनेंट (m)	leftinent
capitão (m)	कसान (m)	kaptān
major (m)	मेजर (m)	mejar
coronel (m)	कर्नल (m)	karnal
general (m)	जनरल (m)	janaral

marujo (m)	मल्लाह (m)	mallāh
capitão (m)	कसान (m)	kaptān
contramestre (m)	बोसुन (m)	bosun

artilheiro (m)	तोपची (m)	topachī
soldado (m) paraquedista	पैराट्रूपर (m)	pairātrūpar
piloto (m)	पाइलट (m)	pailat

| navegador (m) | नैवीगेटर (m) | naivīgetar |
| mecânico (m) | मैकेनिक (m) | maikenik |

| sapador (m) | सैपर (m) | saipar |
| paraquedista (m) | छतरीबाज़ (m) | chhatarībāz |

| explorador (m) | जासूस (m) | jāsūs |
| franco-atirador (m) | निशानची (m) | nishānachī |

patrulha (f)	गश्त (m)	gasht
patrulhar (vt)	गश्त लगाना	gasht lagāna
sentinela (f)	प्रहरी (m)	praharī

| guerreiro (m) | सैनिक (m) | sainik |
| patriota (m) | देशभक्त (m) | deshabhakt |

| herói (m) | हिरो (m) | hiro |
| heroína (f) | हिरोइन (f) | hiroin |

traidor (m)	गद्दार (m)	gaddār
desertor (m)	भगोड़ा (m)	bhagora
desertar (vt)	भाग जाना	bhāg jāna

mercenário (m)	भाड़े का सैनिक (m)	bhāre ka sainik
recruta (m)	रंगरूट (m)	rangarūt
voluntário (m)	स्वयंसेवी (m)	svayansevī

morto (m)	मृतक (m)	mrtak
ferido (m)	घायल (m)	ghāyal
prisioneiro (m) de guerra	युद्ध क़ैदी (m)	yuddh qaidī

184. Guerra. Ações militares. Parte 1

guerra (f)	युद्ध (m)	yuddh
guerrear (vt)	युद्ध करना	yuddh karana
guerra (f) civil	गृहयुद्ध (m)	grhayuddh

perfidamente	विश्वासघाती ढंग से	vishvāsaghātī dhang se
declaração (f) de guerra	युद्ध का एलान (m)	yuddh ka elān
declarar (vt) guerra	एलान करना	elān karana
agressão (f)	हमला (m)	hamala
atacar (vt)	हमला करना	hamala karana

invadir (vt)	हमला करना	hamala karana
invasor (m)	आक्रमणकारी (m)	ākramanakārī
conquistador (m)	विजेता (m)	vijeta

defesa (f)	हिफ़ाज़त (f)	hifāzat
defender (vt)	हिफ़ाज़त करना	hifāzat karana
defender-se (vr)	के विरुद्ध हिफ़ाज़त करना	ke virūddh hifāzat karana

inimigo (m)	दुश्मन (m)	dushman
adversário (m)	विपक्ष (m)	vipaksh
inimigo	दुश्मनों का	dushmanon ka

estratégia (f)	रणनीति (f)	rananīti
tática (f)	युक्ति (f)	yukti

ordem (f)	हुक्म (m)	hukm
comando (m)	आज्ञा (f)	āgya
ordenar (vt)	हुक्म देना	hukm dena
missão (f)	मिशन (m)	mishan
secreto	गुप्त	gupt

batalha (f)	लड़ाई (f)	laraī
combate (m)	युद्ध (m)	yuddh

ataque (m)	आक्रमण (m)	ākraman
assalto (m)	धावा (m)	dhāva
assaltar (vt)	धावा करना	dhāva karana
assédio, sítio (m)	घेरा (m)	ghera

ofensiva (f)	आक्रमण (m)	ākraman
passar à ofensiva	आक्रमण करना	ākraman karana

retirada (f)	अपयान (m)	apayān
retirar-se (vr)	अपयान करना	apayān karana

cerco (m)	घेराई (f)	gheraī
cercar (vt)	घेरना	gherana

bombardeio (m)	बमबारी (f)	bamabārī
lançar uma bomba	बम गिराना	bam girāna
bombardear (vt)	बमबारी करना	bamabārī karana
explosão (f)	विस्फोट (m)	visfot
tiro (m)	गोली (m)	golī

disparar um tiro	गोली चलाना	golī chalāna
tiroteio (m)	गोलीबारी (f)	golībārī
apontar para ...	निशाना लगाना	nishāna lagāna
apontar (vt)	निशाना बांधना	nishāna bāndhana
acertar (vt)	गोली मारना	golī mārana
afundar (um navio)	डुबाना	dubāna
brecha (f)	छेद (m)	chhed
afundar-se (vr)	डूबना	dūbana
frente (m)	मोरचा (m)	moracha
evacuação (f)	निकास (m)	nikās
evacuar (vt)	निकास करना	nikās karana
arame (m) farpado	कांटेदार तार (m)	kāntedār tār
obstáculo (m) anticarro	बाड़ (m)	bār
torre (f) de vigia	बुर्ज (m)	burj
hospital (m)	सैनिक अस्पताल (m)	sainik aspatāl
ferir (vt)	घायल करना	ghāyal karana
ferida (f)	घाव (m)	ghāv
ferido (m)	घायल (m)	ghāyal
ficar ferido	घायल होना	ghāyal hona
grave (ferida ~)	गम्भीर	gambhīr

185. Guerra. Ações militares. Parte 2

cativeiro (m)	क़ैद (f)	qaid
capturar (vt)	क़ैद करना	qaid karana
estar em cativeiro	क़ैद में रखना	qaid men rakhana
ser aprisionado	क़ैद में लेना	qaid men lena
campo (m) de concentração	कन्सेंट्रेशन कैंप (m)	kansentreshan kaimp
prisioneiro (m) de guerra	युद्ध-क़ैदी (m)	yuddh-qaidī
escapar (vi)	क़ैद से भाग जाना	qaid se bhāg jāna
trair (vt)	गद्दारी करना	gaddārī karana
traidor (m)	गद्दार (m)	gaddār
traição (f)	गद्दारी (f)	gaddārī
fuzilar, executar (vt)	फाँसी देना	fānsī dena
fuzilamento (m)	प्राणदण्ड (f)	prānadand
equipamento (m)	फौजी पोशक (m)	faujī poshak
platina (f)	कंधे का फीता (m)	kandhe ka fīta
máscara (f) antigás	गैस मास्क (m)	gais māsk
rádio (m)	ट्रांस-रिसिवर (m)	trāns-risivar
cifra (f), código (m)	गुप्तलेख (m)	guptalekh
conspiração (f)	गुप्तता (f)	guptata
senha (f)	पासवर्ड (m)	pāsavard
mina (f)	बारूदी सुरंग (f)	bārūdī surang
minar (vt)	सुरंग खोदना	surang khodana

campo (m) minado	सुरंग-क्षेत्र (m)	surang-kshetr
alarme (m) aéreo	हवाई हमले की चेतावनी (f)	havaī hamale kī chetāvanī
alarme (m)	चेतावनी (f)	chetāvanī
sinal (m)	सिग्नल (m)	signal
sinalizador (m)	सिग्नल रॉकेट (m)	signal roket
estado-maior (m)	सैनिक मुख्यालय (m)	sainik mukhyālay
reconhecimento (m)	जासूसी देख-भाल (m)	jāsūsī dekh-bhāl
situação (f)	हालत (f)	hālat
relatório (m)	रिपोर्ट (m)	riport
emboscada (f)	घात (f)	ghāt
reforço (m)	बलवृद्धि (m)	balavrddhi
alvo (m)	निशाना (m)	nishāna
campo (m) de tiro	प्रशिक्षण क्षेत्र (m)	prashikshan kshetr
manobras (f pl)	युद्धाभ्यास (m pl)	yuddhābhyās
pânico (m)	भगदड़ (f)	bhagadar
devastação (f)	तबाही (f)	tabāhī
ruínas (f pl)	विनाश (m pl)	vināsh
destruir (vt)	नष्ट करना	nasht karana
sobreviver (vi)	जीवित रहना	jīvit rahana
desarmar (vt)	निरस्त्र करना	nirastr karana
manusear (vt)	हथियार चलाना	hathiyār chalāna
Firmes!	सावधान!	sāvadhān!
Descansar!	आराम!	ārām!
façanha (f)	साहस का कार्य (m)	sāhas ka kāry
juramento (m)	शपथ (f)	shapath
jurar (vi)	शपथ लेना	shapath lena
condecoração (f)	पदक (m)	padak
condecorar (vt)	इनाम देना	inām dena
medalha (f)	मेडल (m)	medal
ordem (f)	आर्डर (m)	ārdar
vitória (f)	विजय (m)	vijay
derrota (f)	हार (f)	hār
armistício (m)	युद्धविराम (m)	yuddhavirām
bandeira (f)	झंडा (m)	jhanda
glória (f)	प्रताप (m)	pratāp
desfile (m) militar	परेड (m)	pared
marchar (vi)	मार्च करना	mārch karana

186. Armas

arma (f)	हथियार (m)	hathiyār
arma (f) de fogo	हथियार (m)	hathiyār
arma (f) branca	पैने हथियार (m)	paine hathiyār
arma (f) química	रसायनिक शस्त्र (m)	rasāyanik shastr
nuclear	आण्विक	ānvik

arma (f) nuclear	आण्विक-शस्त्र (m)	ānvik-shastr
bomba (f)	बम (m)	bam
bomba (f) atómica	परमाणु बम (m)	paramānu bam

pistola (f)	पिस्तौल (m)	pistaul
caçadeira (f)	बंदूक (m)	bandūk
pistola-metralhadora (f)	टामी गन (f)	tāmī gan
metralhadora (f)	मशीन गन (f)	mashīn gan

boca (f)	नालमुख (m)	nālamukh
cano (m)	नाल (m)	nāl
calibre (m)	नली का व्यास (m)	nalī ka vyās

gatilho (m)	घोड़ा (m)	ghora
mira (f)	लक्षक (m)	lakshak
carregador (m)	मैगज़ीन (m)	maigazīn
coronha (f)	कुंदा (m)	kunda

| granada (f) de mão | ग्रेनेड (m) | grened |
| explosivo (m) | विस्फोटक (m) | visfotak |

bala (f)	गोली (f)	golī
cartucho (m)	कारतूस (m)	kāratūs
carga (f)	गति (f)	gati
munições (f pl)	गोला बारूद (m pl)	gola bārūd

bombardeiro (m)	बमबार (m)	bamabār
avião (m) de caça	लड़ाकू विमान (m)	larākū vimān
helicóptero (m)	हेलिकॉप्टर (m)	helikoptar

canhão (m) antiaéreo	विमान-विध्वंस तोप (f)	vimān-vidhvans top
tanque (m)	टैंक (m)	taink
canhão (de um tanque)	तोप (m)	top

| artilharia (f) | तोपें (m) | topen |
| fazer a pontaria | निशाना बांधना | nishāna bāndhana |

obus (m)	गोला (m)	gola
granada (f) de morteiro	मोर्टार बम (m)	mortār bam
morteiro (m)	मोर्टार (m)	mortār
estilhaço (m)	किरच (m)	kirach

submarino (m)	पनडुब्बी (f)	panadubbī
torpedo (m)	टोरपीडो (m)	torapīdo
míssil (m)	रॉकेट (m)	roket

carregar (uma arma)	बंदूक भरना	bandūk bharana
atirar, disparar (vi)	गोली चलाना	golī chalāna
apontar para ...	निशाना लगाना	nishāna lagāna
baioneta (f)	किरिच (m)	kirich

espada (f)	खंजर (m)	khanjar
sabre (m)	कृपाण (m)	krpān
lança (f)	भाला (m)	bhāla
arco (m)	धनुष (m)	dhanush
flecha (f)	बाण (m)	bān

mosquete (m)	मसकट (m)	masakat
besta (f)	क्रॉसबो (m)	krosabo

187. Povos da antiguidade

primitivo	आदिकालीन	ādikālīn
pré-histórico	प्रागैतिहासिक	prāgaitihāsik
antigo	प्राचीन	prāchīn
Idade (f) da Pedra	पाषाण युग (m)	pāshān yug
Idade (f) do Bronze	कांस्य युग (m)	kānsy yug
período (m) glacial	हिम युग (m)	him yug
tribo (f)	जनजाति (f)	janajāti
canibal (m)	नरभक्षी (m)	narabhakshī
caçador (m)	शिकारी (m)	shikārī
caçar (vi)	शिकार करना	shikār karana
mamute (m)	प्राचीन युग हाथी (m)	prāchīn yug hāthī
caverna (f)	गुफ़ा (f)	gufa
fogo (m)	अग्नि (m)	agni
fogueira (f)	अलाव (m)	alāv
pintura (f) rupestre	शिला चित्र (m)	shila chitr
ferramenta (f)	औज़ार (m)	auzār
lança (f)	भाला (m)	bhāla
machado (m) de pedra	पत्थर की कुल्हाड़ी (f)	patthar kī kulhārī
guerrear (vt)	युद्ध पर होना	yuddh par hona
domesticar (vt)	जानवरों को पालतू बनाना	jānavaron ko pālatū banāna
ídolo (m)	मूर्ति (f)	mūrti
adorar, venerar (vt)	पूजना	pūjana
superstição (f)	अंधविश्वास (m)	andhavishvās
ritual (m)	अनुष्ठान (m)	anushthān
evolução (f)	उद्भव (m)	udbhav
desenvolvimento (m)	विकास (m)	vikās
desaparecimento (m)	गायब (m)	gāyab
adaptar-se (vr)	अनुकूल बनाना	anukūl banāna
arqueologia (f)	पुरातत्व (m)	purātatv
arqueólogo (m)	पुरातत्वविद (m)	purātatvavid
arqueológico	पुरातात्विक	purātātvik
local (m) das escavações	खुदाई क्षेत्र (m pl)	khudaī kshetr
escavações (f pl)	उत्खनन (f)	utkhanan
achado (m)	खोज (f)	khoj
fragmento (m)	टुकड़ा (m)	tukara

188. Idade média

povo (m)	लोग (m)	log
povos (m pl)	लोग (m pl)	log

tribo (f)	जनजाति (f)	janajāti
tribos (f pl)	जनजातियाँ (f pl)	janajātiyān
bárbaros (m pl)	बर्बर (m pl)	barbar
gauleses (m pl)	गॉल्स (m pl)	gols
godos (m pl)	गोथ्स (m pl)	goths
eslavos (m pl)	स्लैव्स (m pl)	slaivs
víquingues (m pl)	वाइकिंग्स (m pl)	vaikings
romanos (m pl)	रोमन (m pl)	roman
romano	रोमन	roman
bizantinos (m pl)	बाइज़ेंटीनी (m pl)	baizentīnī
Bizâncio	बाइज़ेंटीयम (m)	baizentīyam
bizantino	बाइज़ेंटीन	baizentīn
imperador (m)	सम्राट् (m)	samrāt
líder (m)	सरदार (m)	saradār
poderoso	प्रबल	prabal
rei (m)	बादशाह (m)	bādashāh
governante (m)	शासक (m)	shāsak
cavaleiro (m)	योद्धा (m)	yoddha
senhor feudal (m)	सामंत (m)	sāmant
feudal	सामंतिक	sāmantik
vassalo (m)	जागीरदार (m)	jāgīradār
duque (m)	ड्यूक (m)	dyūk
conde (m)	अर्ल (m)	arl
barão (m)	बैरन (m)	bairan
bispo (m)	बिशप (m)	bishap
armadura (f)	कवच (m)	kavach
escudo (m)	ढाल (m)	dhāl
espada (f)	तलवार (f)	talavār
viseira (f)	मुखावरण (m)	mukhāvaran
cota (f) de malha	कवच (m)	kavach
cruzada (f)	धर्मयुद्ध (m)	dharmayuddh
cruzado (m)	धर्मयोद्धा (m)	dharmayoddha
território (m)	प्रदेश (m)	pradesh
atacar (vt)	हमला करना	hamala karana
conquistar (vt)	जीतना	jītana
ocupar, invadir (vt)	कब्ज़ा करना	kabza karana
assédio, sítio (m)	घेरा (m)	ghera
sitiado	घेरा हुआ	ghera hua
assediar, sitiar (vt)	घेरना	gherana
inquisição (f)	न्यायिक जांच (m)	nyāyik jānch
inquisidor (m)	न्यायिक जांचकर्ता (m)	nyāyik jānchakarta
tortura (f)	घोर शारीरिक यंत्रणा (f)	ghor sharīrik yantrana
cruel	निर्दयी	nirdayī
herege (m)	विधर्मी (m)	vidharmī
heresia (f)	विधर्म (m)	vidharm

navegação (f) marítima	जहाज़रानी (f)	jahāzarānī
pirata (m)	समुद्री लुटेरा (m)	samudrī lūtera
pirataria (f)	समुद्री डकैती (f)	samudrī dakaitī
abordagem (f)	बोर्डिंग (m)	bording
presa (f), butim (m)	लूट का माल (m)	lūt ka māl
tesouros (m pl)	खज़ाना (m)	khazāna

descobrimento (m)	खोज (f)	khoj
descobrir (novas terras)	नई ज़मीन खोजना	naī zamīn khojana
expedição (f)	अभियान (m)	abhiyān

mosqueteiro (m)	बंदूक धारी सिपाही (m)	bandūk dhārī sipāhī
cardeal (m)	कार्डिनल (m)	kārdinal
heráldica (f)	शौर्यशास्त्र (f)	shauryashāstr
heráldico	हेरल्डिक	heraldik

189. Líder. Chefe. Autoridades

rei (m)	बादशाह (m)	bādashāh
rainha (f)	महारानी (f)	mahārānī
real	राजसी	rājasī
reino (m)	राज्य (m)	rājy

| príncipe (m) | राजकुमार (m) | rājakumār |
| princesa (f) | राजकुमारी (f) | rājakumārī |

presidente (m)	राष्ट्रपति (m)	rāshtrapati
vice-presidente (m)	उपराष्ट्रपति (m)	uparāshtrapati
senador (m)	सांसद (m)	sānsad

monarca (m)	सम्राट (m)	samrāt
governante (m)	शासक (m)	shāsak
ditador (m)	तानाशाह (m)	tānāshāh
tirano (m)	तानाशाह (m)	tānāshāh
magnata (m)	रईस (m)	raīs

diretor (m)	निदेशक (m)	nideshak
chefe (m)	मुखिया (m)	mukhiya
dirigente (m)	मैनेजर (m)	mainejar
patrão (m)	साहब (m)	sāhab
dono (m)	मालिक (m)	mālik

chefe (~ de delegação)	मुखिया (m)	mukhiya
autoridades (f pl)	अधिकारी वर्ग (m pl)	adhikārī varg
superiores (m pl)	अधिकारी (m)	adhikārī

governador (m)	राज्यपाल (m)	rājyapāl
cônsul (m)	वाणिज्य-दूत (m)	vānijy-dūt
diplomata (m)	राजनयिक (m)	rājanayik
Presidente (m) da Câmara	महापालिकाध्यक्ष (m)	mahāpālikādhyaksh
xerife (m)	प्रधान हाकिम (m)	pradhān hākim

| imperador (m) | सम्राट (m) | samrāt |
| czar (m) | राजा (m) | rāja |

| faraó (m) | फिरौन (m) | firaun |
| cã (m) | ख़ान (m) | khān |

190. Estrada. Caminho. Direções

| estrada (f) | रास्ता (m) | rāsta |
| caminho (m) | मार्ग (m) | mārg |

rodovia (f)	राजमार्ग (m)	rājamārg
autoestrada (f)	राजमार्ग (m)	rājamārg
estrada (f) nacional	अंतरराज्यीय (m)	antararājyīy

| estrada (f) principal | मुख्य मार्ग (m) | mukhy mārg |
| caminho (m) de terra batida | कच्ची सड़क (f) | kachchī sarak |

| trilha (f) | पगडंडी (f) | pagadandī |
| vereda (f) | कच्चा रास्ता (m) | kachcha rāsta |

Onde?	कहाँ?	kahān?
Para onde?	किधर?	kidhar?
De onde?	कहाँ से?	kahān se?

| direção (f) | तरफ़ (f) | taraf |
| indicar (orientar) | दिखाना | dikhāna |

para esquerda	बाईं ओर	baīn or
para direita	दाईं ओर	daīn or
em frente	सीधा	sīdha
para trás	पीछे	pīchhe

curva (f)	मोड़ (m)	mor
virar (ex. ~ à direita)	मोड़ना	morana
dar retorno	यू-टर्न लेना	yū-tarn lena

| estar visível | दिखाई देना | dikhaī dena |
| aparecer (vi) | नज़र आना | nazar āna |

paragem (pausa)	ठहराव (m)	thaharāv
descansar (vi)	आराम करना	ārām karana
descanso (m)	विराम (m)	virām

perder-se (vr)	रास्ता भूलना	rāsta bhūlana
conduzir (caminho)	ले जाना	le jāna
chegar a ...	निकलना	nikalana
trecho (m)	रास्ते का हिस्सा (m)	rāste ka hissa

asfalto (m)	तारकोल (m)	tārakol
lancil (m)	फुटपाथ (m)	futapāth
valeta (f)	खाई (f)	khaī
tampa (f) de esgoto	मैनहोल (m)	mainahol
berma (f) da estrada	सड़क का किनारा (m)	sarak ka kināra
buraco (m)	खड्ढा (m)	khaddha
ir (a pé)	जाना	jāna
ultrapassar (vt)	आगे निकलना	āge nikalana

| passo (m) | कदम (m) | kadam |
| a pé | पैदल | paidal |

bloquear (vt)	रास्ता रोक देना	rāsta rok dena
cancela (f)	बैरियर (m)	bairiyar
beco (m) sem saída	बंद गली (f)	band galī

191. Viloação da lei. Criminosos. Parte 1

bandido (m)	डाकू (m)	dākū
crime (m)	जुर्म (m)	jurm
criminoso (m)	अपराधी (m)	aparādhī

| ladrão (m) | चोर (m) | chor |
| furto, roubo (m) | चोरी (f) | chorī |

raptar (ex. ~ uma criança)	अपहरण करना	apaharan karana
rapto (m)	अपहरण (m)	apaharan
raptor (m)	अपहरणकर्ता (m)	apaharanakartta

| resgate (m) | फ़िरौती (f) | firautī |
| pedir resgate | फ़िरौती मांगना | firautī māngana |

| roubar (vt) | लूटना | lūtana |
| assaltante (m) | लुटेरा (m) | lutera |

extorquir (vt)	ऐंठना	ainthana
extorsionário (m)	वसूलिकर्ता (m)	vasūlikarta
extorsão (f)	जबरन वसूली (m)	jabaran vasūlī

matar, assassinar (vt)	मारना	mārana
homicídio (m)	हत्या (f)	hatya
homicida, assassino (m)	हत्यारा (m)	hatyāra

tiro (m)	गोली (m)	golī
dar um tiro	गोली चलाना	golī chalāna
matar a tiro	गोली मारकर हत्या करना	golī mārakar hatya karana
atirar, disparar (vi)	गोली चलाना	golī chalāna
tiroteio (m)	गोलीबारी (f)	golībārī

incidente (m)	घटना (f)	ghatana
briga (~ de rua)	झगड़ा (m)	jhagara
Socorro!	बचाओ!	bachao!
vítima (f)	शिकार (m)	shikār

danificar (vt)	हानि पहुँचाना	hāni pahunchāna
dano (m)	नुक्सान (m)	nuksān
cadáver (m)	शव (m)	shav
grave	गंभीर	gambhīr

atacar (vt)	आक्रमण करना	ākraman karana
bater (espancar)	पीटना	pītana
espancar (vt)	पीट जाना	pīt jāna
tirar, roubar (dinheiro)	लूटना	lūtana

esfaquear (vt)	चाकू से मार डालना	chākū se mār dālana
mutilar (vt)	अपाहिज करना	apāhij karana
ferir (vt)	घाव करना	ghāv karana

chantagem (f)	ब्लैकमेल (m)	blaikamel
chantagear (vt)	धमकी से रुपया ऐंठना	dhamakī se rupaya ainthana
chantagista (m)	ब्लैकमेलर (m)	blaikamelar

extorsão (em troca de proteção)	ठग व्यापार (m)	thag vyāpār
extorsionário (m)	ठग व्यापारी (m)	thag vyāpārī
gângster (m)	गैंगस्टर (m)	gaingastar
máfia (f)	माफ़िया (f)	māfiya

carteirista (m)	जेबकतरा (m)	jebakatara
assaltante, ladrão (m)	सेंधमार (m)	sendhamār
contrabando (m)	तस्करी (m)	taskarī
contrabandista (m)	तस्कर (m)	taskar

falsificação (f)	जालसाज़ी (f)	jālasāzī
falsificar (vt)	जलसाज़ी करना	jalasāzī karana
falsificado	नक़ली	naqalī

192. Viloação da lei. Criminosos. Parte 2

violação (f)	बलात्कार (m)	balātkār
violar (vt)	बलात्कार करना	balātkār karana
violador (m)	बलात्कारी (m)	balātkārī
maníaco (m)	कामोन्मादी (m)	kāmonmādī

prostituta (f)	वैश्या (f)	vaishya
prostituição (f)	वेश्यावृत्ति (m)	veshyāvrtti
chulo (m)	भड़ुआ (m)	bharua

| toxicodependente (m) | नशेबाज़ (m) | nashebāz |
| traficante (m) | नशीली दवा के विक्रेता (m) | nashīlī dava ke vikreta |

explodir (vt)	विस्फोट करना	visfot karana
explosão (f)	विस्फोट (m)	visfot
incendiar (vt)	आग जलाना	āg jalāna
incendiário (m)	आग जलानेवाला (m)	āg jalānevāla

terrorismo (m)	आतंकवाद (m)	ātankavād
terrorista (m)	आतंकवादी (m)	ātankavādī
refém (m)	बंधक (m)	bandhak

enganar (vt)	धोखा देना	dhokha dena
engano (m)	धोखा (m)	dhokha
vigarista (m)	धोखेबाज़ (m)	dhokhebāz

subornar (vt)	रिश्वत देना	rishvat dena
suborno (atividade)	रिश्वतखोरी (m)	rishvatakhorī
suborno (dinheiro)	रिश्वत (m)	rishvat
veneno (m)	ज़हर (m)	zahar

| envenenar (vt) | ज़हर खिलाना | zahar khilāna |
| envenenar-se (vr) | ज़हर खाना | zahar khāna |

| suicídio (m) | आत्महत्या (f) | ātmahatya |
| suicida (m) | आत्महत्यारा (m) | ātmahatyāra |

ameaçar (vt)	धमकाना	dhamakāna
ameaça (f)	धमकी (f)	dhamakī
atentar contra a vida de ...	प्रयत्न करना	prayatn karana
atentado (m)	हत्या का प्रयत्न (m)	hatya ka prayatn

| roubar (o carro) | चुराना | churāna |
| desviar (o avião) | विमान का अपहरण करना | vimān ka apaharan karana |

| vingança (f) | बदला (m) | badala |
| vingar (vt) | बदला लेना | badala lena |

torturar (vt)	घोर शरीरिक यंत्रणा पहुँचाना	ghor sharīrik yantrana pahunchāna
tortura (f)	घोर शरीरिक यंत्रणा (f)	ghor sharīrik yantrana
atormentar (vt)	सताना	satāna

pirata (m)	समुद्री लूटेरा (m)	samudrī lūtera
desordeiro (m)	बदमाश (m)	badamāsh
armado	सशस्त्र	sashastr
violência (f)	अत्यचार (m)	atyachār

| espionagem (f) | जासूसी (f) | jāsūsī |
| espionar (vi) | जासूसी करना | jāsūsī karana |

193. Polícia. Lei. Parte 1

| justiça (f) | मुक़दमा (m) | muqadama |
| tribunal (m) | न्यायालय (m) | nyāyālay |

juiz (m)	न्यायाधीश (m)	nyāyādhīsh
jurados (m pl)	जूरी सदस्य (m pl)	jūrī sadasy
tribunal (m) do júri	जूरी (f)	jūrī
julgar (vt)	मुक़दमा सुनना	muqadama sunana

advogado (m)	वकील (m)	vakīl
réu (m)	मुलज़िम (m)	mulazim
banco (m) dos réus	अदालत का कठघरा (m)	adālat ka kathaghara

| acusação (f) | आरोप (m) | ārop |
| acusado (m) | मुलज़िम (m) | mulazim |

| sentença (f) | निर्णय (m) | nirnay |
| sentenciar (vt) | निर्णय करना | nirnay karana |

culpado (m)	दोषी (m)	doshī
punir (vt)	सज़ा देना	saza dena
punição (f)	सज़ा (f)	saza
multa (f)	जुर्माना (m)	jurmāna

prisão (f) perpétua	आजीवन करावास (m)	ājīvan karāvās
pena (f) de morte	मृत्युदंड (m)	mrtyudand
cadeira (f) elétrica	बिजली की कुर्सी (f)	bijalī kī kursī
forca (f)	फांसी का तख़्ता (m)	fānsī ka takhta

| executar (vt) | फांसी देना | fānsī dena |
| execução (f) | मौत की सज़ा (f) | maut kī saza |

| prisão (f) | जेल (f) | jel |
| cela (f) de prisão | जेल का कमरा (m) | jel ka kamara |

escolta (f)	अनुरक्षक दल (m)	anurakshak dal
guarda (m) prisional	जेल का पहरेदार (m)	jel ka paharedār
preso (m)	क़ैदी (m)	qaidī

| algemas (f pl) | हथकड़ी (f) | hathakarī |
| algemar (vt) | हथकड़ी लगाना | hathakarī lagāna |

fuga, evasão (f)	काराभंग (m)	kārābhang
fugir (vi)	जेल से फरार हो जाना	jel se farār ho jāna
desaparecer (vi)	ग़ायब हो जाना	gāyab ho jāna
soltar, libertar (vt)	जेल से आज़ाद होना	jel se āzād hona
amnistia (f)	राजक्षमा (f)	rājakshama

polícia (instituição)	पुलिस (m)	pulis
polícia (m)	पुलिसवाला (m)	pulisavāla
esquadra (f) de polícia	थाना (m)	thāna
cassetete (m)	रबड़ की लाठी (f)	rabar kī lāthī
megafone (m)	मेगाफ़ोन (m)	megāfon

carro (m) de patrulha	गश्त कार (f)	gasht kār
sirene (f)	साइरन (f)	sairan
ligar a sirene	साइरन बजाना	sairan bajāna
toque (m) da sirene	साइरन की चिल्लाहट (m)	sairan kī chillāhat

cena (f) do crime	घटना स्थल (m)	ghatana sthal
testemunha (f)	गवाह (m)	gavāh
liberdade (f)	आज़ादी (f)	āzādī
cúmplice (m)	सह अपराधी (m)	sah aparādhī
escapar (vi)	भाग जाना	bhāg jāna
traço (não deixar ~s)	निशान (m)	nishān

194. Polícia. Lei. Parte 2

procura (f)	तफ़तीश (f)	tafatīsh
procurar (vt)	तफ़तीश करना	tafatīsh karana
suspeita (f)	शक (m)	shak
suspeito	शक करना	shak karana
parar (vt)	रोकना	rokana
deter (vt)	रोक के रखना	rok ke rakhana

caso (criminal)	मुकदमा (m)	mukadama
investigação (f)	जांच (f)	jānch
detetive (m)	जासूस (m)	jāsūs

investigador (m)	जांचकर्ता (m)	jānchakartta
versão (f)	अंदाज़ा (m)	andāza

motivo (m)	वजह (f)	vajah
interrogatório (m)	पूछताछ (f)	pūchhatāchh
interrogar (vt)	पूछताछ करना	pūchhatāchh karana
questionar (vt)	पूछताछ करना	puchhatāchh karana
verificação (f)	जांच (f)	jānch

batida (f) policial	घेराव (m)	gherāv
busca (f)	तलाशी (f)	talāshī
perseguição (f)	पीछा (m)	pīchha
perseguir (vt)	पीछा करना	pīchha karana
seguir (vt)	खोज निकालना	khoj nikālana

prisão (f)	गिरफ्तारी (f)	giraftārī
prender (vt)	गिरफ्तार करना	giraftār karana
pegar, capturar (vt)	पकड़ना	pakarana
captura (f)	पकड़ (m)	pakar

documento (m)	दस्तावेज़ (m)	dastāvez
prova (f)	सबूत (m)	sabūt
provar (vt)	साबित करना	sābit karana
pegada (f)	पैरों के निशान (m)	pairon ke nishān
impressões (f pl) digitais	उंगलियों के निशान (m)	ungaliyon ke nishān
prova (f)	सबूत (m)	sabūt

álibi (m)	अन्यत्रता (m)	anyatrata
inocente	बेगुनाह	begunāh
injustiça (f)	अन्याय (m)	anyāy
injusto	अन्यायपूर्ण	anyāyapūrn

criminal	आपराधिक	āparādhik
confiscar (vt)	कुर्क करना	kurk karana
droga (f)	अवैध पदार्थ (m)	avaidh padārth
arma (f)	हथियार (m)	hathiyār
desarmar (vt)	निरस्त्र करना	nirastr karana
ordenar (vt)	हुक्म देना	hukm dena
desaparecer (vi)	गायब होना	gāyab hona

lei (f)	कानून (m)	kānūn
legal	कानूनी	kānūnī
ilegal	अवैध	avaidh

responsabilidade (f)	ज़िम्मेदारी (f)	zimmedārī
responsável	ज़िम्मेदार	zimmedār

NATUREZA

A Terra. Parte 1

195. Espaço sideral

cosmos (m)	अंतरिक्ष (m)	antariksh
cósmico	अंतरिक्षीय	antarikshīy
espaço (m) cósmico	अंतरिक्ष (m)	antariksh
mundo, universo (m)	ब्रह्माण्ड (m)	brahmānd
galáxia (f)	आकाशगंगा (f)	ākāshaganga

estrela (f)	सितारा (m)	sitāra
constelação (f)	नक्षत्र (m)	nakshatr
planeta (m)	ग्रह (m)	grah
satélite (m)	उपग्रह (m)	upagrah

meteorito (m)	उल्का पिंड (m)	ulka pind
cometa (m)	पुच्छल तारा (m)	puchchhal tāra
asteroide (m)	ग्रहिका (f)	grahika

órbita (f)	ग्रहपथ (m)	grahapath
girar (vi)	चक्कर लगना	chakkar lagana
atmosfera (f)	वातावरण (m)	vātāvaran

Sol (m)	सूरज (m)	sūraj
Sistema (m) Solar	सौर प्रणाली (f)	saur pranālī
eclipse (m) solar	सूर्य ग्रहण (m)	sūry grahan

| Terra (f) | पृथ्वी (f) | prthvī |
| Lua (f) | चांद (m) | chānd |

Marte (m)	मंगल (m)	mangal
Vénus (f)	शुक्र (m)	shukr
Júpiter (m)	बृहस्पति (m)	brhaspati
Saturno (m)	शनि (m)	shani

Mercúrio (m)	बुध (m)	budh
Urano (m)	अरुण (m)	arun
Neptuno (m)	वरुण (m)	varūn
Plutão (m)	प्लूटो (m)	plūto

Via Láctea (f)	आकाश गंगा (f)	ākāsh ganga
Ursa Maior (f)	सप्तर्षिमंडल (m)	saptarshimandal
Estrela Polar (f)	ध्रुव तारा (m)	dhruv tāra

marciano (m)	मंगल ग्रह का निवासी (m)	mangal grah ka nivāsī
extraterrestre (m)	अन्य नक्षत्र का निवासी (m)	any nakshatr ka nivāsī
alienígena (m)	अन्य नक्षत्र का निवासी (m)	any nakshatr ka nivāsī

disco (m) voador	उड़न तश्तरी (f)	uran tashtarī
nave (f) espacial	अंतरिक्ष विमान (m)	antariksh vimān
estação (f) orbital	अंतरिक्ष अड्डा (m)	antariksh adda
lançamento (m)	चालू करना (m)	chālū karana
motor (m)	इंजन (m)	injan
bocal (m)	नोज़ल (m)	nozal
combustível (m)	ईंधन (m)	īndhan
cabine (f)	केबिन (m)	kebin
antena (f)	एरियल (m)	eriyal
vigia (f)	विमान गवाक्ष (m)	vimān gavāksh
bateria (f) solar	सौर पेनल (m)	saur penal
traje (m) espacial	अंतरिक्ष पोशाक (m)	antariksh poshāk
imponderabilidade (f)	भारहीनता (m)	bhārahīnata
oxigénio (m)	आक्सीजन (m)	āksījan
acoplagem (f)	डॉकिंग (f)	doking
fazer uma acoplagem	डॉकिंग करना	doking karana
observatório (m)	वेधशाला (m)	vedhashāla
telescópio (m)	दूरबीन (f)	dūrabīn
observar (vt)	देखना	dekhana
explorar (vt)	जाँचना	jānchana

196. A Terra

Terra (f)	पृथ्वी (f)	prthvī
globo terrestre (Terra)	गोला (m)	gola
planeta (m)	ग्रह (m)	grah
atmosfera (f)	वातावरण (m)	vātāvaran
geografia (f)	भूगोल (m)	bhūgol
natureza (f)	प्रकृति (f)	prakrti
globo (mapa esférico)	गोलक (m)	golak
mapa (m)	नक्शा (m)	naksha
atlas (m)	मानचित्रावली (f)	mānachitrāvalī
Europa (f)	यूरोप (m)	yūrop
Ásia (f)	एशिया (f)	eshiya
África (f)	अफ्रीका (m)	afrīka
Austrália (f)	ऑस्ट्रेलिया (m)	ostreliya
América (f)	अमेरिका (f)	amerika
América (f) do Norte	उतरी अमेरिका (f)	uttarī amerika
América (f) do Sul	दक्षिणी अमेरिका (f)	dakshinī amerika
Antártida (f)	अंटार्कटिक (m)	antārkatik
Ártico (m)	आर्कटिक (m)	ārkatik

197. Pontos cardeais

norte (m)	उत्तर (m)	uttar
para norte	उत्तर की ओर	uttar kī or
no norte	उत्तर में	uttar men
do norte	उत्तरी	uttarī
sul (m)	दक्षिण (m)	dakshin
para sul	दक्षिण की ओर	dakshin kī or
no sul	दक्षिण में	dakshin men
do sul	दक्षिणी	dakshinī
oeste, ocidente (m)	पश्चिम (m)	pashchim
para oeste	पश्चिम की ओर	pashchim kī or
no oeste	पश्चिम में	pashchim men
ocidental	पश्चिमी	pashchimī
leste, oriente (m)	पूर्व (m)	pūrv
para leste	पूर्व की ओर	pūrv kī or
no leste	पूर्व में	pūrv men
oriental	पूर्वी	pūrvī

198. Mar. Oceano

mar (m)	सागर (m)	sāgar
oceano (m)	महासागर (m)	mahāsāgar
golfo (m)	खाड़ी (f)	khārī
estreito (m)	जलग्रीवा (m)	jalagrīva
continente (m)	महाद्वीप (m)	mahādvīp
ilha (f)	द्वीप (m)	dvīp
península (f)	प्रायद्वीप (m)	prāyadvīp
arquipélago (m)	द्वीप समूह (m)	dvīp samūh
baía (f)	तट-खाड़ी (f)	tat-khārī
porto (m)	बंदरगाह (m)	bandaragāh
lagoa (f)	लैगून (m)	laigūn
cabo (m)	अंतरीप (m)	antarīp
atol (m)	एटोल (m)	etol
recife (m)	रीफ़ (m)	rīf
coral (m)	प्रवाल (m)	pravāl
recife (m) de coral	प्रवाल रीफ़ (m)	pravāl rīf
profundo	गहरा	gahara
profundidade (f)	गहराई (f)	gaharaī
abismo (m)	रसातल (m)	rasātal
fossa (f) oceânica	गढ्ढा (m)	garha
corrente (f)	धारा (f)	dhāra
banhar (vt)	घिरा होना	ghira hona
litoral (m)	किनारा (m)	kināra
costa (f)	तटबंध (m)	tatabandh

maré (f) alta	ज्वार (m)	jvār
refluxo (m), maré (f) baixa	भाटा (m)	bhāta
restinga (f)	रेती (m)	retī
fundo (m)	तला (m)	tala

onda (f)	तरंग (f)	tarang
crista (f) da onda	तरंग शिखर (f)	tarang shikhar
espuma (f)	झाग (m)	jhāg

furacão (m)	तुफान (m)	tufān
tsunami (m)	सुनामी (f)	sunāmī
calmaria (f)	शांत (m)	shānt
calmo	शांत	shānt

| polo (m) | ध्रुव (m) | dhruv |
| polar | ध्रुवीय | dhruvīy |

latitude (f)	अक्षांश (m)	akshānsh
longitude (f)	देशान्तर (m)	deshāntar
paralela (f)	समांतर-रेखा (f)	samāntar-rekha
equador (m)	भूमध्य रेखा (f)	bhūmadhy rekha

céu (m)	आकाश (f)	ākāsh
horizonte (m)	क्षितिज (m)	kshitij
ar (m)	हवा (f)	hava

farol (m)	प्रकाशस्तंभ (m)	prakāshastambh
mergulhar (vi)	गोता मारना	gota mārana
afundar-se (vr)	डूब जाना	dūb jāna
tesouros (m pl)	खज़ाना (m)	khazāna

199. Nomes de Mares e Oceanos

Oceano (m) Atlântico	अटलांटिक महासागर (m)	atalāntik mahāsāgar
Oceano (m) Índico	हिन्द महासागर (m)	hind mahāsāgar
Oceano (m) Pacífico	प्रशांत महासागर (m)	prashānt mahāsāgar
Oceano (m) Ártico	उत्तरी ध्रुव महासागर (m)	uttarī dhuv mahāsāgar

Mar (m) Negro	काला सागर (m)	kāla sāgar
Mar (m) Vermelho	लाल सागर (m)	lāl sāgar
Mar (m) Amarelo	पीला सागर (m)	pīla sāgar
Mar (m) Branco	सफ़ेद सागर (m)	safed sāgar

Mar (m) Cáspio	कैस्पियन सागर (m)	kaispiyan sāgar
Mar (m) Morto	मृत सागर (m)	mrt sāgar
Mar (m) Mediterrâneo	भूमध्य सागर (m)	bhūmadhy sāgar

| Mar (m) Egeu | ईजियन सागर (m) | ījiyan sāgar |
| Mar (m) Adriático | एड्रिएटिक सागर (m) | edrietik sāgar |

Mar (m) Arábico	अरब सागर (m)	arab sāgar
Mar (m) do Japão	जापान सागर (m)	jāpān sāgar
Mar (m) de Bering	बेरिंग सागर (m)	bering sāgar
Mar (m) da China Meridional	दक्षिण चीन सागर (m)	dakshin chīn sāgar

Mar (m) de Coral	कोरल सागर (m)	koral sāgar
Mar (m) de Tasman	तस्मान सागर (m)	tasmān sāgar
Mar (m) do Caribe	करिबियन सागर (m)	karibiyan sāgar
Mar (m) de Barents	बैरेंट्स सागर (m)	bairents sāgar
Mar (m) de Kara	काड़ा सागर (m)	kāra sāgar
Mar (m) do Norte	उत्तर सागर (m)	uttar sāgar
Mar (m) Báltico	बाल्टिक सागर (m)	bāltik sāgar
Mar (m) da Noruega	नार्वे सागर (m)	nārve sāgar

200. Montanhas

montanha (f)	पहाड़ (m)	pahār
cordilheira (f)	पर्वत माला (f)	parvat māla
serra (f)	पहाड़ों का सिलसिला (m)	pahāron ka silasila
cume (m)	चोटी (f)	chotī
pico (m)	शिखर (m)	shikhar
sopé (m)	तलहटी (f)	talahatī
declive (m)	ढलान (f)	dhalān
vulcão (m)	ज्वालामुखी (m)	jvālāmukhī
vulcão (m) ativo	सक्रिय ज्वालामुखी (m)	sakriy jvālāmukhī
vulcão (m) extinto	निष्क्रिय ज्वालामुखी (m)	nishkriy jvālāmukhī
erupção (f)	विस्फोटन (m)	visfotan
cratera (f)	ज्वालामुखी का मुख (m)	jvālāmukhī ka mukh
magma (m)	मैग्मा (m)	maigma
lava (f)	लावा (m)	lāva
fundido (lava ~a)	पिघला हुआ	pighala hua
desfiladeiro (m)	घाटी (m)	ghātī
garganta (f)	तंग घाटी (f)	tang ghātī
fenda (f)	दरार (m)	darār
passo, colo (m)	मार्ग (m)	mārg
planalto (m)	पठार (m)	pathār
falésia (f)	शिला (f)	shila
colina (f)	टीला (m)	tīla
glaciar (m)	हिमनद (m)	himanad
queda (f) d'água	झरना (m)	jharana
géiser (m)	उष्ण जल स्रोत (m)	ushn jal srot
lago (m)	तालाब (m)	tālāb
planície (f)	समतल प्रदेश (m)	samatal pradesh
paisagem (f)	परिदृश्य (m)	paridrshy
eco (m)	गूँज (f)	gūnj
alpinista (m)	पर्वतारोही (m)	parvatārohī
escalador (m)	पर्वतारोही (m)	parvatārohī
conquistar (vt)	चोटी पर पहुँचना	chotī par pahunchana
subida, escalada (f)	चढ़ाव (m)	charhāv

201. Nomes de montanhas

Alpes (m pl)	आल्पस (m)	ālpas
monte Branco (m)	मोन्ट ब्लैंक (m)	mont blaink
Pirineus (m pl)	पाइरीनीज़ (f pl)	pairīnīz
Cárpatos (m pl)	कार्पाथियेन्स (m)	kārpāthiyens
montes (m pl) Urais	यूरल (m)	yūral
Cáucaso (m)	कोकेशिया के पहाड़ (m)	kokeshiya ke pahār
Elbrus (m)	एल्ब्रस पर्वत (m)	elbras parvat
Altai (m)	अल्टाई पर्वत (m)	altaī parvat
Tian Shan (m)	तियान शान (m)	tiyān shān
Pamir (m)	पामीर पर्वत (m)	pāmīr parvat
Himalaias (m pl)	हिमालय (m)	himālay
monte (m) Everest	माउंट एवरेस्ट (m)	maunt evarest
Cordilheira (f) dos Andes	एंडीज़ (f pl)	endīz
Kilimanjaro (m)	किलीमन्जारो (m)	kilīmanjāro

202. Rios

rio (m)	नदी (f)	nadī
fonte, nascente (f)	झरना (m)	jharana
leito (m) do rio	नदी तल (m)	nadī tal
bacia (f)	बेसिन (m)	besin
desaguar no ...	गिरना	girana
afluente (m)	उपनदी (f)	upanadī
margem (do rio)	तट (m)	tat
corrente (f)	धारा (f)	dhāra
rio abaixo	बहाव के साथ	bahāv ke sāth
rio acima	बहाव के विरुद्ध	bahāv ke virūddh
inundação (f)	बाढ़ (f)	bārh
cheia (f)	बाढ़ (f)	bārh
transbordar (vi)	उमड़ना	umarana
inundar (vt)	पानी से भरना	pānī se bharana
banco (m) de areia	छिछला पानी (m)	chhichhala pānī
rápidos (m pl)	तेज़ उतार (m)	tez utār
barragem (f)	बांध (m)	bāndh
canal (m)	नहर (f)	nahar
reservatório (m) de água	जलाशय (m)	jalāshay
eclusa (f)	स्लूस (m)	slūs
corpo (m) de água	जल स्रोत (m)	jal srot
pântano (m)	दलदल (f)	daladal
tremedal (m)	दलदल (f)	daladal
remoinho (m)	भंवर (m)	bhanvar
arroio, regato (m)	झरना (m)	jharana

| potável | पीने का | pīne ka |
| doce (água) | ताज़ा | tāza |

| gelo (m) | बर्फ़ (m) | barf |
| congelar-se (vr) | जम जाना | jam jāna |

203. Nomes de rios

| rio Sena (m) | सीन (f) | sīn |
| rio Loire (m) | लॉयर (f) | loyar |

rio Tamisa (m)	थेम्स (f)	thems
rio Reno (m)	राइन (f)	rain
rio Danúbio (m)	डेन्यूब (f)	denyūb

rio Volga (m)	वोल्गा (f)	volga
rio Don (m)	डॉन (f)	don
rio Lena (m)	लेना (f)	lena

rio Amarelo (m)	ह्वांग हे (f)	hvāng he
rio Yangtzé (m)	यांग्त्ज़ी (f)	yāngtzī
rio Mekong (m)	मेकांग (f)	mekāng
rio Ganges (m)	गंगा (f)	ganga

rio Nilo (m)	नील (f)	nīl
rio Congo (m)	कांगो (f)	kāngo
rio Cubango (m)	ओकावान्गो (f)	okāvāngo
rio Zambeze (m)	ज़म्बेज़ी (f)	zambezī
rio Limpopo (m)	लिम्पोपो (f)	limpopo
rio Mississípi (m)	मिसिसिपी (f)	misisipī

204. Floresta

| floresta (f), bosque (m) | जंगल (m) | jangal |
| florestal | जंगली | jangalī |

mata (f) cerrada	घना जंगल (m)	ghana jangal
arvoredo (m)	उपवान (m)	upavān
clareira (f)	खुला छोटा मैदान (m)	khula chhota maidān

| matagal (m) | झाड़ियाँ (f pl) | jhāriyān |
| mato (m) | झाड़ियों भरा मैदान (m) | jhāriyon bhara maidān |

| vereda (f) | फुटपाथ (m) | futapāth |
| ravina (f) | नाली (f) | nālī |

árvore (f)	पेड़ (m)	per
folha (f)	पत्ता (m)	patta
folhagem (f)	पत्तियां (f)	pattiyān

| queda (f) das folhas | पतझड़ (m) | patajhar |
| cair (vi) | गिरना | girana |

topo (m)	शिखर (m)	shikhar
ramo (m)	टहनी (f)	tahanī
galho (m)	शाखा (f)	shākha
botão, rebento (m)	कलिका (f)	kalika
agulha (f)	सुई (f)	suī
pinha (f)	शंकुफल (m)	shankufal

buraco (m) de árvore	खोखला (m)	khokhala
ninho (m)	घोंसला (m)	ghonsala
toca (f)	बिल (m)	bil

tronco (m)	तना (m)	tana
raiz (f)	जड (f)	jar
casca (f) de árvore	छाल (f)	chhāl
musgo (m)	काई (f)	kaī

arrancar pela raiz	उखाड़ना	ukhārana
cortar (vt)	काटना	kātana
desflorestar (vt)	जंगल काटना	jangal kātana
toco, cepo (m)	ठूंठ (m)	thūnth

fogueira (f)	अलाव (m)	alāv
incêndio (m) florestal	जंगल की आग (f)	jangal kī āg
apagar (vt)	आग बुझाना	āg bujhāna

guarda-florestal (m)	वनरक्षक (m)	vanarakshak
proteção (f)	रक्षा (f)	raksha
proteger (a natureza)	रक्षा करना	raksha karana
caçador (m) furtivo	चोर शिकारी (m)	chor shikārī
armadilha (f)	फंदा (m)	fanda

| colher (cogumelos, bagas) | बटोरना | batorana |
| perder-se (vr) | रास्ता भूलना | rāsta bhūlana |

205. Recursos naturais

recursos (m pl) naturais	प्राकृतिक संसाधन (m pl)	prākrtik sansādhan
minerais (m pl)	खनिज पदार्थ (m pl)	khanij padārth
depósitos (m pl)	तह (f pl)	tah
jazida (f)	क्षेत्र (m)	kshetr

extrair (vt)	खोदना	khodana
extração (f)	खनिकर्म (m)	khanikarm
minério (m)	अयस्क (m)	ayask
mina (f)	खान (f)	khān
poço (m) de mina	शौफ़ट (m)	shaifat
mineiro (m)	खनिक (m)	khanik

| gás (m) | गैस (m) | gais |
| gasoduto (m) | गैस पाइप लाइन (m) | gais paip lain |

petróleo (m)	पेट्रोल (m)	petrol
oleoduto (m)	तेल पाइप लाइन (m)	tel paip lain
poço (m) de petróleo	तेल का कुँआ (m)	tel ka kuna

| torre (f) petrolífera | डेरिक (m) | derik |
| petroleiro (m) | टैंकर (m) | tainkar |

areia (f)	रेत (m)	ret
calcário (m)	चूना पत्थर (m)	chūna patthar
cascalho (m)	बजरी (f)	bajarī
turfa (f)	पीट (m)	pīt
argila (f)	मिट्टी (f)	mittī
carvão (m)	कोयला (m)	koyala

ferro (m)	लोहा (m)	loha
ouro (m)	सोना (m)	sona
prata (f)	चाँदी (f)	chāndī
níquel (m)	गिलट (m)	gilat
cobre (m)	ताँबा (m)	tānba

zinco (m)	जस्ता (m)	jasta
manganês (m)	अयस (m)	ayas
mercúrio (m)	पारा (f)	pāra
chumbo (m)	सीसा (f)	sīsa

mineral (m)	खनिज (m)	khanij
cristal (m)	क्रिस्टल (m)	kristal
mármore (m)	संगमरमर (m)	sangamaramar
urânio (m)	यूरेनियम (m)	yūreniyam

A Terra. Parte 2

206. Tempo

tempo (m)	मौसम (m)	mausam
previsão (f) do tempo	मौसम का पूर्वानुमान (m)	mausam ka pūrvānumān
temperatura (f)	तापमान (m)	tāpamān
termómetro (m)	थर्मामीटर (m)	tharmāmīṭar
barómetro (m)	बैरोमीटर (m)	bairomīṭar
humidade (f)	नमी (f)	namī
calor (m)	गरमी (f)	garamī
cálido	गरम	garam
está muito calor	गरमी है	garamī hai
está calor	गरम है	garam hai
quente	गरम	garam
está frio	ठंडक है	thandak hai
frio	ठंडा	thanda
sol (m)	सूरज (m)	sūraj
brilhar (vi)	चमकना	chamakana
de sol, ensolarado	धूपदार	dhūpadār
nascer (vi)	उगना	ugana
pôr-se (vr)	डूबना	dūbana
nuvem (f)	बादल (m)	bādal
nublado	मेघाच्छादित	meghāchchhādit
nuvem (f) preta	घना बादल (m)	ghana bādal
escuro, cinzento	बदली	badalī
chuva (f)	बारिश (f)	bārish
está a chover	बारिश हो रही है	bārish ho rahī hai
chuvoso	बरसाती	barasātī
chuviscar (vi)	बूंदाबांदी होना	būndābāndī hona
chuva (f) torrencial	मूसलधार बारिश (f)	mūsaladhār bārish
chuvada (f)	मूसलधार बारिश (f)	mūsaladhār bārish
forte (chuva)	भारी	bhārī
poça (f)	पोखर (m)	pokhar
molhar-se (vr)	भीगना	bhīgana
nevoeiro (m)	कुहरा (m)	kuhara
de nevoeiro	कुहरेदार	kuharedār
neve (f)	बर्फ़ (f)	barf
está a nevar	बर्फ़ पड़ रही है	barf par rahī hai

207. Tempo extremo. Catástrofes naturais

trovoada (f)	गरजवाला तुफ़ान (m)	garajavāla tufān
relâmpago (m)	बिजली (m)	bijalī
relampejar (vi)	चमकना	chamakana

trovão (m)	गरज (m)	garaj
trovejar (vi)	बादल गरजना	bādal garajana
está a trovejar	बादल गरज रहा है	bādal garaj raha hai

granizo (m)	ओला (m)	ola
está a cair granizo	ओले पड़ रहे हैं	ole par rahe hain

inundar (vt)	बाढ़ आ जाना	bārh ā jāna
inundação (f)	बाढ़ (f)	bārh

terremoto (m)	भूकंप (m)	bhūkamp
abalo, tremor (m)	झटका (m)	jhataka
epicentro (m)	अधिकेंद्र (m)	adhikendr

erupção (f)	उद्गार (m)	udgār
lava (f)	लावा (m)	lāva

turbilhão (m)	बवंडर (m)	bavandar
tornado (m)	टोर्नेडो (m)	tornedo
tufão (m)	रतूफ़ान (m)	ratūfān

furacão (m)	समुद्री तूफ़ान (m)	samudrī tūfān
tempestade (f)	तुफ़ान (m)	tufān
tsunami (m)	सुनामी (f)	sunāmī

ciclone (m)	चक्रवात (m)	chakravāt
mau tempo (m)	ख़राब मौसम (m)	kharāb mausam
incêndio (m)	आग (f)	āg
catástrofe (f)	प्रलय (m)	pralay
meteorito (m)	उल्का पिंड (m)	ulka pind

avalanche (f)	हिमस्खलन (m)	himaskhalan
deslizamento (m) de neve	हिमस्खलन (m)	himaskhalan
nevasca (f)	बर्फ़ का तुफ़ान (m)	barf ka tufān
tempestade (f) de neve	बर्फ़ीला तुफ़ान (m)	barfila tufān

208. Ruídos. Sons

silêncio (m)	सन्नाटा (m)	sannāta
som (m)	ध्वनि (m)	dhvani
ruído, barulho (m)	शोर (m)	shor
fazer barulho	शोर मचाना	shor machāna
ruidoso, barulhento	कोलाहलमय	kolāhalamay

alto (adv)	ऊँचा	ūncha
alto (adj)	ऊंचा	ūncha
constante (ruído, etc.)	लगातार	lagātār

grito (m)	चिल्लाहट (f)	chillāhat
gritar (vi)	चिल्लाना	chillāna
sussurro (m)	फुसफुस (m)	fusafus
sussurrar (vt)	फुसफुसाना	fusafusāna
latido (m)	भौं-भौं (f)	bhaun-bhaun
latir (vi)	भौंकना	bhaunkana
gemido (m)	कराह (m)	karāh
gemer (vi)	कराहना	karāhana
tosse (f)	खाँस (f)	khāns
tossir (vi)	खाँसना	khānsana
assobio (m)	सीटी (f)	sītī
assobiar (vi)	सीटी बजाना	sītī bajāna
batida (f)	खटखट (f)	khatakhat
bater (vi)	खटखटाना	khatakhatāna
estalar (vi)	चीर पड़ना	chīr parana
estalido (m)	कड़क (m)	karak
sirene (f)	साइरन (f)	sairan
apito (m)	साइरन (m)	sairan
apitar (vi)	सीटी बजना	sītī bajana
buzina (f)	होर्न (m)	horn
buzinar (vi)	होर्न बजाना	horn bajāna

209. Inverno

inverno (m)	सर्दी (f)	sardī
de inverno	सर्दी का	sardī ka
no inverno	सर्दियों में	sardiyon men
neve (f)	बर्फ़ (f)	barf
está a nevar	बर्फ़ पड़ रही है	barf par rahī hai
queda (f) de neve	बर्फ़बारी (f)	barfabārī
amontoado (m) de neve	बर्फ़ का ढेर (m)	barf ka rher
floco (m) de neve	हिमकण (m)	himakan
bola (f) de neve	बर्फ़ का गोला (m)	barf ka gola
boneco (m) de neve	हिम मानव (m)	him mānav
sincelo (m)	हिमलंब (m)	himalamb
dezembro (m)	दिसम्बर (m)	disambar
janeiro (m)	जनवरी (f)	janavarī
fevereiro (m)	फ़रवरी (m)	faravarī
gelo (m)	पाला (m)	pāla
gelado, glacial	शीत	shīt
abaixo de zero	शून्य से नीचे	shūny se nīche
geada (f)	पहली ठंड (f)	pahalī thand
geada (f) branca	पाला (m)	pāla
frio (m)	ठंडक (m)	thandak

está frio	ठंडक है	thandak hai
casaco (m) de peles	फरकोट (m)	farakot
mitenes (f pl)	दस्ताने (m pl)	dastāne
adoecer (vi)	बीमार पड़ जाना	bīmār par jāna
constipação (f)	जुकाम (m)	zukām
constipar-se (vr)	जुकाम होना	zukām hona
gelo (m)	बर्फ़ (m)	barf
gelo (m) na estrada	बर्फ़ की परत (f)	barf kī parat
congelar-se (vr)	जम जाना	jam jāna
bloco (m) de gelo	हिमखंड (m)	himakhand
esqui (m)	स्की (m pl)	skī
esquiador (m)	स्कीयर (m)	skīyar
esquiar (vi)	स्कीइंग करना	skīing karana
patinar (vi)	स्केटिंग करना	sketing karana

Fauna

210. Mamíferos. Predadores

predador (m)	परभक्षी (m)	parabhakshī
tigre (m)	बाघ (m)	bāgh
leão (m)	शेर (m)	sher
lobo (m)	भेड़िया (m)	bheriya
raposa (f)	लोमड़ी (f)	lomri
jaguar (m)	जागुआर (m)	jāguār
leopardo (m)	तेंदुआ (m)	tendua
chita (f)	चीता (m)	chīta
pantera (f)	काला तेंदुआ (m)	kāla tendua
puma (m)	पहाड़ी बिलाव (m)	pahādī bilāv
leopardo-das-neves (m)	हिम तेंदुआ (m)	him tendua
lince (m)	वन बिलाव (m)	van bilāv
coiote (m)	कोयोट (m)	koyot
chacal (m)	गीदड़ (m)	gīdar
hiena (f)	लकड़बग्घा (m)	lakarabaggha

211. Animais selvagens

animal (m)	जानवर (m)	jānavar
besta (f)	जानवर (m)	jānavar
esquilo (m)	गिलहरी (f)	gilaharī
ouriço (m)	कांटा-चूहा (m)	kānta-chūha
lebre (f)	खरगोश (m)	kharagosh
coelho (m)	खरगोश (m)	kharagosh
texugo (m)	बिज्जू (m)	bijjū
guaxinim (m)	रैकून (m)	raikūn
hamster (m)	हैम्स्टर (m)	haimstar
marmota (f)	मारमोट (m)	māramot
toupeira (f)	छछूंदर (m)	chhachhūndar
rato (m)	चूहा (m)	chūha
ratazana (f)	घूस (m)	ghūs
morcego (m)	चमगादड़ (m)	chamagādar
arminho (m)	नेवला (m)	nevala
zibelina (f)	सेबल (m)	sebal
marta (f)	मारटेन (m)	māraten
doninha (f)	नेवला (m)	nevala
vison (m)	मिंक (m)	mink

castor (m)	ऊदबिलाव (m)	ūdabilāv
lontra (f)	ऊदबिलाव (m)	ūdabilāv
cavalo (m)	घोड़ा (m)	ghora
alce (m)	मूस (m)	mūs
veado (m)	हिरण (m)	hiran
camelo (m)	ऊंट (m)	ūnt
bisão (m)	बाइसन (m)	baisan
auroque (m)	जंगली बैल (m)	jangalī bail
búfalo (m)	भैंस (m)	bhains
zebra (f)	ज़ेबरा (m)	zebara
antílope (m)	मृग (f)	mrg
corça (f)	मृग्नी (f)	mrgnī
gamo (m)	चीतल (m)	chītal
camurça (f)	शैमी (f)	shaimī
javali (m)	जंगली सुआर (m)	jangalī suār
baleia (f)	हेल (f)	hvel
foca (f)	सील (m)	sīl
morsa (f)	वॉलरस (m)	volaras
urso-marinho (m)	फर सील (f)	far sīl
golfinho (m)	डॉलफ़िन (f)	dolafin
urso (m)	रीछ (m)	rīchh
urso (m) branco	सफ़ेद रीछ (m)	safed rīchh
panda (m)	पांडा (m)	pānda
macaco (em geral)	बंदर (m)	bandar
chimpanzé (m)	वनमानुष (m)	vanamānush
orangotango (m)	वनमानुष (m)	vanamānush
gorila (m)	गोरिला (m)	gorila
macaco (m)	अफ़्रीकन लंगूर (m)	afrikan langūr
gibão (m)	गिब्बन (m)	gibban
elefante (m)	हाथी (m)	hāthī
rinoceronte (m)	गैंडा (m)	gainda
girafa (f)	जिराफ़ (m)	jirāf
hipopótamo (m)	दरियाई घोड़ा (m)	dariyaī ghora
canguru (m)	कंगारू (m)	kangārū
coala (m)	कोआला (m)	koāla
mangusto (m)	नेवला (m)	nevala
chinchila (m)	चिनचीला (f)	chinachīla
doninha-fedorenta (f)	स्कंक (m)	skank
porco-espinho (m)	शल्यक (f)	shalyak

212. Animais domésticos

gata (f)	बिल्ली (f)	billī
gato (m) macho	बिल्ला (m)	billa
cão (m)	कुत्ता (m)	kutta

cavalo (m)	घोड़ा (m)	ghora
garanhão (m)	घोड़ा (m)	ghora
égua (f)	घोड़ी (f)	ghorī
vaca (f)	गाय (f)	gāy
touro (m)	बैल (m)	bail
boi (m)	बैल (m)	bail
ovelha (f)	भेड़ (f)	bher
carneiro (m)	भेड़ा (m)	bhera
cabra (f)	बकरी (f)	bakarī
bode (m)	बकरा (m)	bakara
burro (m)	गधा (m)	gadha
mula (f)	खच्चर (m)	khachchar
porco (m)	सुअर (m)	suar
leitão (m)	घेंटा (m)	ghenta
coelho (m)	खरगोश (m)	kharagosh
galinha (f)	मुर्गी (f)	murgī
galo (m)	मुर्गी (m)	murga
pata (f)	बत्तख़ (f)	battakh
pato (macho)	नर बत्तख़ (m)	nar battakh
ganso (m)	हंस (m)	hans
peru (m)	नर टर्की (m)	nar tarkī
perua (f)	टर्की (f)	tarkī
animais (m pl) domésticos	घरेलू पशु (m pl)	gharelū pashu
domesticado	पालतू	pālatū
domesticar (vt)	पालतू बनाना	pālatū banāna
criar (vt)	पालना	pālana
quinta (f)	खेत (m)	khet
aves (f pl) domésticas	मुर्गी पालन (f)	murgī pālan
gado (m)	मवेशी (m)	maveshī
rebanho (m), manada (f)	पशु समूह (m)	pashu samūh
estábulo (m)	अस्तबल (m)	astabal
pocilga (f)	सूअरखाना (m)	sūarakhāna
estábulo (m)	गोशाला (f)	goshāla
coelheira (f)	खरगोश का दरबा (m)	kharagosh ka daraba
galinheiro (m)	मुर्गीखाना (m)	murgīkhāna

213. Cães. Raças de cães

cão (m)	कुत्ता (m)	kutta
cão pastor (m)	गड़रिये का कुत्ता (m)	garariye ka kutta
caniche (m)	पूडल (m)	pūdal
teckel (m)	डॉक्सहूण्ड (m)	dāksahūnd
buldogue (m)	बुलडॉग (m)	buladog
boxer (m)	बॉक्सर (m)	boksar

mastim (m)	मास्टिफ़ (m)	māstif
rottweiler (m)	रॉटवायलर (m)	rotavāyalar
dobermann (m)	डोबरमैन (m)	dobaramain

basset (m)	बास्सेट (m)	bāsset
pastor inglês (m)	बोब्टेल (m)	bobtel
dálmata (m)	डालमेशियन (m)	dālameshiyan
cocker spaniel (m)	कॉकर स्पैनियल (m)	kokar spainiyal

terra-nova (m)	न्यूफाउंडलंड (m)	nyūfaundaland
são-bernardo (m)	सेंट बर्नार्ड (m)	sent barnārd

husky (m)	हस्की (m)	haskī
Chow-chow (m)	चाठ-चाठ (m)	chau-chau
spitz alemão (m)	स्पीट्ज़ (m)	spītz
carlindogue (m)	पग (m)	pag

214. Sons produzidos pelos animais

latido (m)	भौं-भौं (f)	bhaun-bhaun
latir (vi)	भौंकना	bhaunkana
miar (vi)	म्याऊं-म्याऊं करना	myaūn-myaun karana
ronronar (vi)	घुरघुराना	ghuraghurāna

mugir (vaca)	रँभाना	ranbhāna
bramir (touro)	गर्जना	garjana
rosnar (vi)	गुर्राना	gurrāna

uivo (m)	गुर्राहट (f)	gurrāhat
uivar (vi)	चिल्लाना (m)	chillāna
ganir (vi)	रिरियाना	ririyāna

balir (vi)	मिमियाना	mimiyāna
grunhir (porco)	घुरघुराना	ghuraghurāna
guinchar (vi)	किकियाना	kikiyāna

coaxar (sapo)	टर्-टर् करना	tarr-tarr karana
zumbir (inseto)	भनभनाना	bhanabhanāna
estridular, ziziar (vi)	चरचराना	characharāna

215. Animais jovens

cria (f), filhote (m)	पशुशावक (m)	pashushāvak
gatinho (m)	बिल्लौटा (m)	billauta
ratinho (m)	चुहिया (f)	chuhiya
cãozinho (m)	पिल्ला (m)	pilla

filhote (m) de lebre	खरगोश का बच्चा (m)	kharagosh ka bachcha
coelhinho (m)	खरगोश का बच्चा (m)	kharagosh ka bachcha
lobinho (m)	भेड़िये का शावक (m)	bheriye ka shāvak
raposinho (m)	लोमड़ी का शावक (m)	lomri ka shāvak
ursinho (m)	भालू का बच्चा (m)	bhālū ka bachcha

leãozinho (m)	शेर का बच्चा (m)	sher ka bachcha
filhote (m) de tigre	बाघ का बच्चा (m)	bāgh ka bachcha
filhote (m) de elefante	हाथी का बच्चा (m)	hāthī ka bachcha
leitão (m)	घेंटा (m)	ghenta
bezerro (m)	बछड़ा (m)	bachhara
cabrito (m)	बकरी का बच्चा (m)	bakarī ka bachcha
cordeiro (m)	भेड़ का बच्चा (m)	bher ka bachcha
cria (f) de veado	मृग का बच्चा (m)	mrg ka bachcha
cria (f) de camelo	ऊंट का बच्चा (m)	ūnt ka bachcha
filhote (m) de serpente	सर्प का बच्चा (m)	sarp ka bachcha
cria (f) de rã	मेंढक का बच्चा (m)	mendhak ka bachcha
cria (f) de ave	चिड़िया का बच्चा (m)	chiriya ka bachcha
pinto (m)	मुर्गी का बच्चा (m)	murgī ka bachcha
patinho (m)	बतख़ का बच्चा (m)	battakh ka bachcha

216. Pássaros

pássaro (m), ave (f)	चिड़िया (f)	chiriya
pombo (m)	कबूतर (m)	kabūtar
pardal (m)	गौरैया (f)	gauraiya
chapim-real (m)	टिटरी (f)	titarī
pega-rabuda (f)	नीलकण्ठ पक्षी (f)	nīlakanth pakshī
corvo (m)	काला कौआ (m)	kāla kaua
gralha (f) cinzenta	कौआ (m)	kaua
gralha-de-nuca-cinzenta (f)	कौआ (m)	kaua
gralha-calva (f)	कौआ (m)	kaua
pato (m)	बतख़ (f)	battakh
ganso (m)	हंस (m)	hans
faisão (m)	तीतर (m)	tītar
águia (f)	चील (f)	chīl
açor (m)	बाज़ (m)	bāz
falcão (m)	बाज़ (m)	bāz
abutre (m)	गिद्ध (m)	giddh
condor (m)	कॉन्डोर (m)	kondor
cisne (m)	राजहंस (m)	rājahans
grou (m)	सारस (m)	sāras
cegonha (f)	लकलक (m)	lakalak
papagaio (m)	तोता (m)	tota
beija-flor (m)	हमिंग बर्ड (f)	haming bard
pavão (m)	मोर (m)	mor
avestruz (m)	शुतुरमुर्गी (m)	shuturamurg
garça (f)	बगुला (m)	bagula
flamingo (m)	फ़्लेमिन्गो (m)	flemingo
pelicano (m)	हवासिल (m)	havāsil
rouxinol (m)	बुलबुल (m)	bulabul

andorinha (f)	अबाबील (f)	abābīl
tordo-zornal (m)	मुखव्रण (f)	mukhavran
tordo-músico (m)	मुखव्रण (f)	mukhavran
melro-preto (m)	ब्लैकबर्ड (m)	blaikabard
andorinhão (m)	बतासी (f)	batāsī
cotovia (f)	भरत (m)	bharat
codorna (f)	वर्तक (m)	varttak
pica-pau (m)	कठफोड़ा (m)	kathafora
cuco (m)	कोयल (f)	koyal
coruja (f)	उल्लू (m)	ullū
corujão, bufo (m)	गरूड़ उल्लू (m)	garūr ullū
tetraz-grande (m)	तीतर (m)	tītar
tetraz-lira (m)	काला तीतर (m)	kāla tītar
perdiz-cinzenta (f)	चकोर (m)	chakor
estorninho (m)	तिलिया (f)	tiliya
canário (m)	कनारी (f)	kanārī
galinha-do-mato (f)	पिंगल तीतर (m)	pingal tītar
tentilhão (m)	फ़िंच (m)	finch
dom-fafe (m)	बुलफ़िंच (m)	bulafinch
gaivota (f)	गंगा-चिल्ली (f)	ganga-chillī
albatroz (m)	अल्बात्रोस (m)	albātros
pinguim (m)	पेंगुइन (m)	penguin

217. Pássaros. Canto e sons

cantar (vi)	गाना	gāna
gritar (vi)	बुलाना	bulāna
cantar (o galo)	बाँग देना	bāng dena
cocorocó (m)	कुकड़ूकू	kukarūnkū
cacarejar (vi)	कुड़कुड़ाना	kurakurāna
crocitar (vi)	काय काय करना	kāny kāny karana
grasnar (vi)	कुवैक कुवैक करना	kuvaik kuvaik karana
piar (vi)	चीं चीं करना	chīn chīn karana
chilrear, gorjear (vi)	चहकना	chahakana

218. Peixes. Animais marinhos

brema (f)	ब्रीम (f)	brīm
carpa (f)	कार्प (f)	kārp
perca (f)	पर्च (f)	parch
siluro (m)	कैटफ़िश (f)	kaitafish
lúcio (m)	पाइक (f)	paik
salmão (m)	सैल्मन (f)	sailman
esturjão (m)	स्टर्जन (f)	starjan
arenque (m)	हेरिंग (f)	hering
salmão (m)	अटलांटिक सैल्मन (f)	atalāntik sailman

| cavala, sarda (f) | माक्रैल (f) | mākrail |
| solha (f) | फ़्लैटफ़िश (f) | flaitafish |

lúcio perca (m)	पाइक पर्च (f)	paik parch
bacalhau (m)	कॉड (f)	kod
atum (m)	टूना (f)	tūna
truta (f)	ट्राउट (f)	traut

enguia (f)	सर्पमीन (f)	sarpamīn
raia elétrica (f)	विद्युत शंकुश (f)	vidyut shankush
moreia (f)	मोरे सर्पमीन (f)	more sarpamīn
piranha (f)	पिरान्हा (f)	pirānha

tubarão (m)	शार्क (f)	shārk
golfinho (m)	डॉल्फ़िन (f)	dolafin
baleia (f)	हेल (f)	hvel

caranguejo (m)	केकड़ा (m)	kekara
medusa, alforreca (f)	जेली फ़िश (f)	jelī fish
polvo (m)	आक्टोपस (m)	āktopas

estrela-do-mar (f)	स्टार फ़िश (f)	stār fish
ouriço-do-mar (m)	जलसाही (f)	jalasāhī
cavalo-marinho (m)	समुद्री घोड़ा (m)	samudrī ghora

ostra (f)	कस्तूरा (m)	kastūra
camarão (m)	झींगा (f)	jhīnga
lavagante (m)	लॉब्सटर (m)	lobsatar
lagosta (f)	स्पाइनी लॉब्सटर (m)	spainī lobsatar

219. Amfíbios. Répteis

| serpente, cobra (f) | सर्प (m) | sarp |
| venenoso | विषैला | vishaila |

víbora (f)	वाइपर (m)	valpar
cobra-capelo, naja (f)	नाग (m)	nāg
pitão (m)	अजगर (m)	ajagar
jiboia (f)	अजगर (m)	ajagar
cobra-de-água (f)	सॉंप (f)	sānp
cascavel (f)	रैटल सर्प (m)	raital sarp
anaconda (f)	एनाकोन्डा (f)	enākonda

lagarto (m)	छिपकली (f)	chhipakalī
iguana (f)	इग्यूएना (m)	igyūena
varano (m)	मॉनिटर छिपकली (f)	monitar chhipakalī
salamandra (f)	सैलामैंडर (m)	sailāmaindar
camaleão (m)	गिरगिट (m)	giragit
escorpião (m)	वृश्चिक (m)	vrshchik

tartaruga (f)	कछुआ (m)	kachhua
rã (f)	मेंढक (m)	mendhak
sapo (m)	भेक (m)	bhek
crocodilo (m)	मगर (m)	magar

220. Insetos

inseto (m)	कीट (m)	kīt
borboleta (f)	तितली (f)	titalī
formiga (f)	चींटी (f)	chīntī
mosca (f)	मक्खी (f)	makkhī
mosquito (m)	मच्छर (m)	machchhar
escaravelho (m)	भृंग (m)	bhrng
vespa (f)	हड्डा (m)	hadda
abelha (f)	मधुमक्खी (f)	madhumakkhī
mamangava (f)	भंवरा (m)	bhanvara
moscardo (m)	गोमक्खी (f)	gomakkhī
aranha (f)	मकड़ी (f)	makarī
teia (f) de aranha	मकड़ी का जाल (m)	makarī ka jāl
libélula (f)	व्याध-पतंग (m)	vyādh-patang
gafanhoto-do-campo (m)	टिड्डा (m)	tidda
traça (f)	पतंगा (m)	patanga
barata (f)	तिलचट्टा (m)	tilachatta
carraça (f)	जुँआ (m)	juna
pulga (f)	पिस्सू (m)	pissū
borrachudo (m)	भुनगा (m)	bhunaga
gafanhoto (m)	टिड्डी (f)	tiddī
caracol (m)	घोंघा (m)	ghongha
grilo (m)	झींगुर (m)	jhīngur
pirilampo (m)	जुगनू (m)	juganū
joaninha (f)	सोनपंखी (f)	sonapankhī
besouro (m)	कोकचाफ़ (m)	kokachāf
sanguessuga (f)	जोक (m)	jok
lagarta (f)	इल्ली (f)	illī
minhoca (f)	केंचुआ (m)	kenchua
larva (f)	कीटडिंभ (m)	kītadimbh

221. Animais. Partes do corpo

bico (m)	चोंच (f)	chonch
asas (f pl)	पंख (m pl)	pankh
pata (f)	पंजा (m)	panja
plumagem (f)	पक्षी के पर (m)	pakshī ke par
pena, pluma (f)	पर (m)	par
crista (f)	कलगी (f)	kalagī
brânquias, guelras (f pl)	गलफड़ा (m)	galafara
ovas (f pl)	अंडा (m)	anda
larva (f)	लार्वा (f)	lārva
barbatana (f)	मछली का पंख (m)	machhalī ka pankh
escama (f)	स्केल (f)	skel
canino (m)	खांग (m)	khāng

pata (f)	पंजा (m)	panja
focinho (m)	थूथन (m)	thūthan
boca (f)	मुँह (m)	munh
cauda (f), rabo (m)	पूँछ (f)	pūnchh
bigodes (m pl)	मूँछें (f pl)	mūnchhen

| casco (m) | खुर (m) | khur |
| corno (m) | शृंग (m) | shrng |

carapaça (f)	कवच (m)	kavach
concha (f)	कौड़ी (f)	kaurī
casca (f) de ovo	अंडे का छिलका (m)	ande ka chhilaka

| pelo (m) | जानवर के बाल (m) | jānavar ke bāl |
| pele (f), couro (m) | पशुचर्म (m) | pashucharm |

222. Ações dos animais

voar (vi)	उड़ना	urana
dar voltas	चक्कर लगाना	chakkar lagāna
voar (para longe)	उड़ जाना	ur jāna
bater as asas	पंख फड़फड़ाना	pankh farafarāna

bicar (vi)	चुगना	chugana
incubar (vt)	अंडे सेना	ande sena
sair do ovo	अंडे से बाहर निकलना	ande se bāhar nikalana
fazer o ninho	घोंसला बनाना	ghonsala banāna

rastejar (vi)	रेंगना	rengana
picar (vt)	डसना	dasana
morder (vt)	काटना	kātana

cheirar (vt)	सूंघना	sūnghana
latir (vi)	भौंकना	bhaunkana
silvar (vi)	फुफकारना	fufakārana
assustar (vt)	डराना	darāna
atacar (vt)	हमला करना	hamala karana

roer (vt)	कुतरना	kutarana
arranhar (vt)	कुरेदना	kuredana
esconder-se (vr)	छिपाना	chhipāna

brincar (vi)	खेलना	khelana
caçar (vi)	शिकार करना	shikār karana
hibernar (vi)	सीतनिद्रा में होना	sītanidra men hona
extinguir-se (vr)	समास हो जाना	samāpt ho jāna

223. Animais. Habitats

hábitat	निवास-स्थान (m)	nivās-sthān
migração (f)	देशांतरण (m)	deshāntaran
montanha (f)	पहाड़ (m)	pahār

| recife (m) | रीफ़ (m) | rīf |
| falésia (f) | शिला (f) | shila |

floresta (f)	वन (m)	van
selva (f)	जंगल (m)	jangal
savana (f)	सवान्ना (m)	savānna
tundra (f)	तुंद्रा (m)	tundra

estepe (f)	घास का मैदान (m)	ghās ka maidān
deserto (m)	रेगिस्तान (m)	registān
oásis (m)	नख़लिस्तान (m)	nakhalistān

mar (m)	सागर (m)	sāgar
lago (m)	तालाब (m)	tālāb
oceano (m)	महासागर (m)	mahāsāgar

pântano (m)	दलदल (m)	daladal
de água doce	मीठे पानी का	mīthe pānī ka
lagoa (f)	ताल (m)	tāl
rio (m)	नदी (f)	nadī

toca (f) do urso	गुफ़ा (f)	gufa
ninho (m)	घोंसला (m)	ghonsala
buraco (m) de árvore	खोखला (m)	khokhala
toca (f)	बिल (m)	bil
formigueiro (m)	बांबी (f)	bāmbī

224. Cuidados com os animais

| jardim (m) zoológico | चिड़ियाघर (m) | chiriyāghar |
| reserva (f) natural | पशुविहार (m) | pashuvihār |

viveiro (m)	पशुफ़ार्म (m)	pashufārm
jaula (f) de ar livre	अहाता (m)	ahāta
jaula, gaiola (f)	पिंजरा (m)	pinjara
casinha (f) de cão	कुत्ताघर (m)	kuttāghar

pombal (m)	कबूतरखाना (m)	kabūtarakhāna
aquário (m)	मछलीघर (m)	machhalīghar
delfinário (m)	डॉल्फ़िनघर (m)	dolafinaghar

criar (vt)	पालन करना	pālan karana
ninhada (f)	बच्चे (m)	bachche
domesticar (vt)	पालतू बनाना	pālatū banāna
adestrar (vt)	सधाना	sadhāna

| ração (f) | चारा (m) | chāra |
| alimentar (vt) | खिलाना | khilāna |

loja (f) de animais	पालतू जानवरों की दुकान (f)	pālatū jānavaron kī dukān
açaime (m)	थूथन (f)	thūthan
coleira (f)	पट्टा (m)	patta
nome (m)	नाम (m)	nām
pedigree (m)	वंशावली (f)	vanshāvalī

225. Animais. Diversos

alcateia (f)	झुंड (m)	jhund
bando (pássaros)	झुंड (m)	jhund
cardume (peixes)	झुंड (m)	jhund
manada (cavalos)	झुंड (m)	jhund
macho (m)	नर (m)	nar
fêmea (f)	मादा (f)	māda
faminto	भूखा	bhūkha
selvagem	जंगली	jangalī
perigoso	खतरनाक	khataranāk

226. Cavalos

cavalo (m)	घोड़ा (m)	ghora
raça (f)	नस्ल (f)	nasl
potro (m)	बछड़ा (m)	bachhara
égua (f)	घोड़ी (f)	ghorī
mustangue (m)	मुस्तांग (m)	mustāng
pónei (m)	टट्टू (m)	tattū
cavalo (m) de tiro	भारवाही घोड़ा (m)	bhāravāhī ghora
crina (f)	अयाल (m)	ayāl
cauda (f)	पूँछ (f)	pūnchh
casco (m)	खुर (m)	khur
ferradura (f)	अश्वनाल (f)	ashvanāl
ferrar (vt)	नाल जड़ना	nāl jarana
ferreiro (m)	लोहार (m)	lohār
sela (f)	काठी (f)	kāthī
estribo (m)	रक़ाब (m)	raqāb
brida (f)	लगाम (f)	lagām
rédeas (f pl)	लगाम (f)	lagām
chicote (m)	चाबूक (m)	chābūk
cavaleiro (m)	सवार (m)	savār
colocar sela	काठी कसना	kāthī kasana
montar no cavalo	काठी पर बैठना	kāthī par baithana
galope (m)	सरपट (f)	sarapat
galopar (vi)	सरपट दौड़ना	sarapat daurana
trote (m)	दुलकी चाल (m)	dulakī chāl
a trote	दुलकी चाल चलना	dulakī chāl chalana
cavalo (m) de corrida	दौड़ का घोड़ा (m)	daur ka ghora
corridas (f pl)	घुड़दौड़ (m pl)	ghuradaur
estábulo (m)	अस्तबल (m)	astabal
alimentar (vt)	खिलाना	khilāna

feno (m)	सूखी घास (f)	sūkhī ghās
dar água	पिलाना	pilāna
limpar (vt)	नहलाना	nahalāna

pastar (vi)	चरना	charana
relinchar (vi)	हिनहिनाना	hinahināna
dar um coice	लात मारना	lāt mārana

Flora

227. Árvores

árvore (f)	पेड़ (m)	per
decídua	पर्णपाती	parnapātī
conífera	शंकुधर	shankudhar
perene	सदाबहार	sadābahār
macieira (f)	सेब वृक्ष (m)	seb vrksh
pereira (f)	नाशपाती का पेड़ (m)	nāshpātī ka per
cerejeira, ginjeira (f)	चेरी का पेड़ (f)	cherī ka per
ameixeira (f)	आलूबुखारे का पेड़ (m)	ālūbukhāre ka per
bétula (f)	सनोबर का पेड़ (m)	sanobar ka per
carvalho (m)	बलूत (m)	balūt
tília (f)	लिनडेन वृक्ष (m)	linaden vrksh
choupo-tremedor (m)	आस्पेन वृक्ष (m)	āspen vrksh
bordo (m)	मेपल (m)	mepal
espruce-europeu (m)	फर का पेड़ (m)	far ka per
pinheiro (m)	देवदार (m)	devadār
alerce, lariço (m)	लार्च (m)	lārch
abeto (m)	फर (m)	far
cedro (m)	देवदर (m)	devadar
choupo, álamo (m)	पोप्लर वृक्ष (m)	poplar vrksh
tramazeira (f)	रोवाण (m)	rovān
salgueiro (m)	विलो (f)	vilo
amieiro (m)	आल्डर वृक्ष (m)	āldar vrksh
faia (f)	बीच (m)	bīch
ulmeiro (m)	एल्म वृक्ष (m)	elm vrksh
freixo (m)	एश-वृक्ष (m)	esh-vrksh
castanheiro (m)	चेस्टनट (m)	chestanat
magnólia (f)	मैगनोलिया (f)	maiganoliya
palmeira (f)	ताड़ का पेड़ (m)	tār ka per
cipreste (m)	सरो (m)	saro
mangue (m)	मैनग्रोव (m)	mainagrov
embondeiro, baobá (m)	गोरक्षी (m)	gorakshī
eucalipto (m)	यूकेलिप्टस (m)	yūkeliptas
sequoia (f)	सेकोइया (f)	sekoiya

228. Arbustos

arbusto (m)	झाड़ी (f)	jhārī
arbusto (m), moita (f)	झाड़ी (f)	jhārī

videira (f)	अंगूर की बेल (f)	angūr kī bel
vinhedo (m)	अंगूर का बाग़ (m)	angūr ka bāg
framboeseira (f)	रास्पबेरी की झाड़ी (f)	rāspaberī kī jhārī
groselheira-vermelha (f)	लाल करेंट की झाड़ी (f)	lāl karent kī jhārī
groselheira (f) espinhosa	गूज़बेरी की झाड़ी (f)	gūzaberī kī jhārī
acácia (f)	ऐकेशिय (m)	aikeshiy
bérberis (f)	बारबेरी झाड़ी (f)	bāraberī jhārī
jasmim (m)	चमेली (f)	chamelī
junípero (m)	जूनिपर (m)	jūnipar
roseira (f)	गुलाब की झाड़ी (f)	gulāb kī jhārī
roseira (f) brava	जंगली गुलाब (m)	jangalī gulāb

229. Cogumelos

cogumelo (m)	गगन-धूलि (f)	gagan-dhūli
cogumelo (m) comestível	खाने योग्य गगन-धूलि (f)	khāne yogy gagan-dhūli
cogumelo (m) venenoso	ज़हरीली गगन-धूलि (f)	zaharīlī gagan-dhūli
chapéu (m)	छतरी (f)	chhatarī
pé, caule (m)	डंठल (f)	danthal
boleto (m)	सफ़ेद गगन-धूलि (f)	safed gagan-dhūli
boleto (m) alaranjado	नारंगी छतरी वाली गगन-धूलि (f)	nārangī chhatarī vālī gagan-dhūli
míscaro (m) das bétulas	बर्च बोलेट (f)	barch bolet
cantarela (f)	शेंटरेल (f)	shentarel
rússula (f)	रसुला (f)	rasula
morchella (f)	मोरेल (f)	morel
agário-das-moscas (m)	फ्लाई ऐगेरिक (f)	flaī aigerik
cicuta (f) verde	डेथ कैप (f)	deth kaip

230. Frutos. Bagas

fruta (f)	फल (m)	fal
frutas (f pl)	फल (m pl)	fal
maçã (f)	सेब (m)	seb
pera (f)	नाशपाती (f)	nāshpātī
ameixa (f)	आलूबुखारा (m)	ālūbukhāra
morango (m)	स्ट्रॉबेरी (f)	stroberī
ginja, cereja (f)	चेरी (f)	cherī
uva (f)	अंगूर (m)	angūr
framboesa (f)	रास्पबेरी (f)	rāspaberī
groselha (f) preta	काली करेंट (f)	kālī karent
groselha (f) vermelha	लाल करेंट (f)	lāl karent
groselha (f) espinhosa	गूज़बेरी (f)	gūzaberī
oxicoco (m)	क्रेनबेरी (f)	krenaberī
laranja (f)	संतरा (m)	santara

tangerina (f)	नारंगी (f)	nārangī
ananás (m)	अनानास (m)	anānās
banana (f)	केला (m)	kela
tâmara (f)	खजूर (m)	khajūr
limão (m)	नींबू (m)	nīmbū
damasco (m)	खूबानी (f)	khūbānī
pêssego (m)	आड़ू (m)	ārū
kiwi (m)	चीकू (m)	chīkū
toranja (f)	ग्रेपफ्रूट (m)	grepafrūt
baga (f)	बेरी (f)	berī
bagas (f pl)	बेरियां (f pl)	beriyān
arando (m) vermelho	काओबेरी (f)	kaoberī
morango-silvestre (m)	जंगली स्ट्रॉबेरी (f)	jangalī stroberī
mirtilo (m)	बिलबेरी (f)	bilaberī

231. Flores. Plantas

flor (f)	फूल (m)	fūl
ramo (m) de flores	गुलदस्ता (m)	guladasta
rosa (f)	गुलाब (f)	gulāb
tulipa (f)	ट्यूलिप (m)	tyūlip
cravo (m)	गुलनार (m)	gulanār
gladíolo (m)	ग्लेडियोलस (m)	glediyolas
centáurea (f)	नीलकूपी (m)	nīlakūpī
campânula (f)	ब्लूबेल (m)	blūbel
dente-de-leão (m)	कुकरौंधा (m)	kukaraundha
camomila (f)	कैमोमाइल (m)	kaimomail
aloé (m)	मुसब्बर (m)	musabbar
cato (m)	कैक्टस (m)	kaiktas
fícus (m)	रबड़ का पौधा (m)	rabar ka paudha
lírio (m)	कुमुदिनी (f)	kumudinī
gerânio (m)	जेरेनियम (m)	jeraniyam
jacinto (m)	हायसिंथ (m)	hāyasinth
mimosa (f)	मिमोसा (m)	mimosa
narciso (m)	नरगिस (f)	naragis
capuchinha (f)	नस्टाशयम (m)	nastāshayam
orquídea (f)	आर्किड (m)	ārkid
peónia (f)	पियोनी (m)	piyonī
violeta (f)	वॉयलेट (m)	voyalet
amor-perfeito (m)	पैंज़ी (m pl)	painzī
não-me-esqueças (m)	फर्गेट मी नाट (m)	fargent mī nāt
margarida (f)	गुलबहार (f)	gulabahār
papoula (f)	खशखाश (m)	khashakhāsh
cânhamo (m)	भांग (f)	bhāng

hortelã (f)	पुदीना (m)	pudīna
lírio-do-vale (m)	कामुदिनी (f)	kāmudinī
campânula-branca (f)	सफ़ेद फूल (m)	safed fūl

urtiga (f)	बिच्छू बूटी (f)	bichchhū būtī
azeda (f)	सोरेल (m)	sorel
nenúfar (m)	कुमुदिनी (f)	kumudinī
feto (m), samambaia (f)	फ़न (m)	farn
líquen (m)	शैवाक (m)	shaivāk

estufa (f)	शीशाघर (m)	shīshāghar
relvado (m)	घास का मैदान (m)	ghās ka maidān
canteiro (m) de flores	फुलवारी (f)	fulavārī

planta (f)	पौधा (m)	paudha
erva (f)	घास (f)	ghās
folha (f) de erva	तिनका (m)	tinaka

folha (f)	पत्ती (f)	pattī
pétala (f)	पंखड़ी (f)	pankharī
talo (m)	डंडी (f)	dandī
tubérculo (m)	कंद (m)	kand

| broto, rebento (m) | अंकुर (m) | ankur |
| espinho (m) | कांटा (m) | kānta |

florescer (vi)	खिलना	khilana
murchar (vi)	मुरझाना	murajhāna
cheiro (m)	बू (m)	bū
cortar (flores)	काटना	kātana
colher (uma flor)	तोड़ना	torana

232. Cereais, grãos

grão (m)	दाना (m)	dāna
cereais (plantas)	अनाज की फ़सलें (m pl)	anāj kī fasalen
espiga (f)	बाल (f)	bāl

trigo (m)	गेहूं (m)	gehūn
centeio (m)	रई (f)	raī
aveia (f)	जई (f)	jaī

| milho-miúdo (m) | बाजरा (m) | bājara |
| cevada (f) | जौ (m) | jau |

milho (m)	मक्का (m)	makka
arroz (m)	चावल (m)	chāval
trigo-sarraceno (m)	मोथी (m)	mothī

ervilha (f)	मटर (m)	matar
feijão (m)	राजमा (f)	rājama
soja (f)	सोया (m)	soya
lentilha (f)	दाल (m)	dāl
fava (f)	फली (f pl)	falī

233. Vegetais. Verduras

legumes (m pl)	सब्जियाँ (f pl)	sabziyān
verduras (f pl)	हरी सब्जियाँ (f)	harī sabjiyān
tomate (m)	टमाटर (m)	tamātar
pepino (m)	खीरा (m)	khīra
cenoura (f)	गाजर (f)	gājar
batata (f)	आलू (m)	ālū
cebola (f)	प्याज़ (f)	pyāz
alho (m)	लहसुन (m)	lahasun
couve (f)	बंदगोभी (f)	bandagobhī
couve-flor (f)	फूल गोभी (f)	fūl gobhī
couve-de-bruxelas (f)	ब्रसेल्स स्प्राउट्स (m)	brasels sprauts
beterraba (f)	चुकन्दर (m)	chukandar
beringela (f)	बैंगन (m)	baingan
curgete (f)	लौकी (f)	laukī
abóbora (f)	कद्दू (m)	kaddū
nabo (m)	शलजम (f)	shalajam
salsa (f)	अजमोद (f)	ajamod
funcho, endro (m)	सोआ (m)	soa
alface (f)	सलाद पत्ता (m)	salād patta
aipo (m)	सेलरी (m)	selarī
espargo (m)	एस्परैगस (m)	esparaigas
espinafre (m)	पालक (m)	pālak
ervilha (f)	मटर (m)	matar
fava (f)	फली (f pl)	falī
milho (m)	मकई (f)	makī
feijão (m)	राजमा (f)	rājama
pimentão (m)	मिर्च (f)	mirch
rabanete (m)	मूली (f)	mūlī
alcachofra (f)	अंतिशोक (m)	artishok

GEOGRAFIA REGIONAL

Países. Nacionalidades

234. Europa Ocidental

Europa (f)	यूरोप (m)	yūrop
União (f) Europeia	यूरोपीय संघ (m)	yūropīy sangh
europeu (m)	यरोपीय (m)	yaropīy
europeu	यरोपीय	yaropīy
Áustria (f)	ऑस्ट्रिया (m)	ostriya
austríaco (m)	ऑस्ट्रियाई (m)	ostriyaī
austríaca (f)	ऑस्ट्रीयाई (f)	ostrīyaī
austríaco	ऑस्ट्रीयाई	ostrīyaī
Grã-Bretanha (f)	ग्रेट ब्रिटेन (m)	gret briten
Inglaterra (f)	इंग्लैंड (m)	inglaind
inglês (m)	ब्रिटिश (m)	british
inglesa (f)	ब्रिटिश (f)	british
inglês	अंग्रेज़	angrez
Bélgica (f)	बेल्जियम (m)	beljiyam
belga (m)	बेल्जियाई (m)	beljiyaī
belga (f)	बेल्जियाई (f)	beljiyaī
belga	बेल्जियाई	beljiyaī
Alemanha (f)	जर्मन (m)	jarman
alemão (m)	जर्मन (m)	jarman
alemã (f)	जर्मन (f)	jarman
alemão	जर्मन	jarman
Países (m pl) Baixos	नीदरलैंड्स (m)	nīdaralainds
Holanda (f)	हॉलैंड (m)	holaind
holandês (m)	डच (m)	dach
holandesa (f)	डच (f)	dach
holandês	डच	dach
Grécia (f)	ग्रीस (m)	grīs
grego (m)	ग्रीक (m)	grīk
grega (f)	ग्रीक (f)	grīk
grego	ग्रीक	grīk
Dinamarca (f)	डेन्मार्क (m)	denmārk
dinamarquês (m)	डेनिश (m)	denish
dinamarquesa (f)	डेनिश (f)	denish
dinamarquês	डेनिश	denish
Irlanda (f)	आयरलैंड (m)	āyaralaind
irlandês (m)	आयरिश (m)	āyarish

| irlandesa (f) | आयरिश (f) | āyarish |
| irlandês | आयरिश | āyarish |

Islândia (f)	आयसलैंड (m)	āyasalaind
islandês (m)	आयसलैंडर (m)	āyasalaindar
islandesa (f)	आयसलैंडर (f)	āyasalaindar
islandês	आयसलैंडर	āyasalaindar

Espanha (f)	स्पेन (m)	spen
espanhol (m)	स्पेनी (m)	spenī
espanhola (f)	स्पेनी (f)	spenī
espanhol	स्पेनी	spenī

Itália (f)	इटली (m)	italī
italiano (m)	इतालवी (m)	itālavī
italiana (f)	इतालवी (f)	itālavī
italiano	इतालवी	itālavī

Chipre (m)	साइप्रस (m)	saipras
cipriota (m)	साइप्रस वासी (m)	saipras vāsī
cipriota (f)	साइप्रस वासी (f)	saipras vāsī
cipriota	साइप्रसी	saiprasī

Malta (f)	माल्टा (m)	mālta
maltês (m)	मोलतिज़ (m)	molatiz
maltesa (f)	मोलतिज़ (f)	molatiz
maltês	मोलतिज़	molatiz

Noruega (f)	नार्वे (m)	nārve
norueguês (m)	नार्वेजियन (m)	nārvejiyan
norueguesa (f)	नार्वेजियन (f)	nārvejiyan
norueguês	नार्वेजियन	nārvejiyan

Portugal (m)	पुर्तगाल (m)	purtagāl
português (m)	पुर्तगाली (m)	purtagālī
portuguesa (f)	पुर्तगाली (f)	purtagālī
português	पुर्तगाली	purtagālī

Finlândia (f)	फ़िनलैंड (m)	finalaind
finlandês (m)	फ़िनिश (m)	finish
finlandesa (f)	फ़िनिश (f)	finish
finlandês	फ़िनिश	finish

França (f)	फ़्रांस (m)	frāns
francês (m)	फ़्रांसीसी (m)	frānsīsī
francesa (f)	फ़्रांसीसी (f)	frānsīsī
francês	फ़्रांसीसी	frānsīsī

Suécia (f)	स्वीडन (m)	svīdan
sueco (m)	स्वीड (m)	svīd
sueca (f)	स्वीड (f)	svīd
sueco	स्वीडिश	svīdish

Suíça (f)	स्विट्ज़रलैंड (m)	svitzaralaind
suíço (m)	स्विस (m)	svis
suíça (f)	स्विस (f)	svis

suíço	स्विस	svis
Escócia (f)	स्कॉटलैंड (m)	skotalaind
escocês (m)	स्कॉटिश (m)	skotish
escocesa (f)	स्कॉटिश (f)	skotish
escocês	स्कॉटिश	skotish

Vaticano (m)	वेटिकन (m)	vetikan
Liechtenstein (m)	लिकटेंस्टीन (m)	likatenstīn
Luxemburgo (m)	लक्ज़मबर्ग (m)	lakzamabarg
Mónaco (m)	मोनाको (m)	monāko

235. Europa Central e de Leste

Albânia (f)	अल्बानिया (m)	albāniya
albanês (m)	अल्बानियाई (m)	albāniyaī
albanesa (f)	अल्बानियाई (f)	albāniyaī
albanês	अल्बानियाई	albāniyaī

Bulgária (f)	बुल्गारिया (m)	bulgāriya
búlgaro (m)	बल्गेरियाई (m)	balgeriyaī
búlgara (f)	बल्गेरियाई (f)	balgeriyaī
búlgaro	बल्गेरियाई	balgeriyaī

Hungria (f)	हंगरी (m)	hangarī
húngaro (m)	हंगेरियाई (m)	hangeriyaī
húngara (f)	हंगेरियाई (f)	hangeriyaī
húngaro	हंगेरियाई	hangeriyaī

Letónia (f)	लाटविया (m)	lātaviya
letão (m)	लाटवियाई (m)	lātaviyaī
letã (f)	हंगेरियाई (f)	hangeriyaī
letão	लाटवियाई	lātaviyaī

Lituânia (f)	लिथुआनिया (m)	lithuāniya
lituano (m)	लिथुआनियन (m)	lithuāniyan
lituana (f)	लिथुआनियन (f)	lithuāniyan
lituano	लिथुआनियन	lithuāniyan

Polónia (f)	पोलैंड (m)	polaind
polaco (m)	पोलिश (m)	polish
polaca (f)	पोलिश (f)	polish
polaco	पोलिश	polish

Roménia (f)	रोमानिया (m)	romāniya
romeno (m)	रोमानियाई (m)	romāniyaī
romena (f)	रोमानियाई (f)	romāniyaī
romeno	रोमानियाई	romāniyaī

Sérvia (f)	सर्बिया (m)	sarbiya
sérvio (m)	सर्बियाई (m)	sarbiyaī
sérvia (f)	सर्बियाई (f)	sarbiyaī
sérvio	सर्बियाई	sarbiyaī
Eslováquia (f)	स्लोवाकिया (m)	slovākiya
eslovaco (m)	स्लोवाकियन (m)	slovākiyan

| eslovaca (f) | स्लोवाकियन (f) | slovākiyan |
| eslovaco | स्लोवाकियन | slovākiyan |

Croácia (f)	क्रोएशिया (m)	kroeshiya
croata (m)	क्रोएशियन (m)	kroeshiyan
croata (f)	क्रोएशियन (f)	kroeshiyan
croata	क्रोएशियन	kroeshiyan

República (f) Checa	चेक गणतंत्र (m)	chek ganatantr
checo (m)	चेक (m)	chek
checa (f)	चेक (f)	chek
checo	चेक	chek

Estónia (f)	एस्तोनिया (m)	estoniya
estónio (m)	एस्तोनियन (m)	estoniyan
estónia (f)	एस्तोनियन (f)	estoniyan
estónio	एस्तोनियन	estoniyan

Bósnia e Herzegovina (f)	बोस्निया और हर्ज़ेगोविना	bosniya aur harzegovina
Macedónia (f)	मेसेडोनिया (m)	mesedoniya
Eslovénia (f)	स्लोवेनिया (m)	sloveniya
Montenegro (m)	मोंटेनेग्रो (m)	montenegro

236. Países da ex-URSS

Azerbaijão (m)	आज़रबाइजान (m)	āzarabaijān
azeri (m)	आज़रबाइजानी (m)	āzarabaijānī
azeri (f)	आज़रबाइजानी (f)	āzarabaijānī
azeri, azerbaijano	आज़रबाइजानी	āzarabaijānī

Arménia (f)	आर्मीनिया (m)	ārmīniya
arménio (m)	आर्मीनियन (m)	ārmīniyan
arménia (f)	आर्मीनियन (f)	ārmīniyan
arménio	आर्मीनियाई	ārmīniyaī

Bielorrússia (f)	बेलारूस (m)	belārūs
bielorrusso (m)	बेलारूसी (m)	belārūsī
bielorrussa (f)	बेलारूसी (f)	belārūsī
bielorrusso	बेलारूसी	belārūsī

Geórgia (f)	जॉर्जिया (m)	jorjiya
georgiano (m)	जॉर्जियन (m)	jorjiyan
georgiana (f)	जॉर्जियन (f)	jorjiyan
georgiano	जॉर्जिया	jorjiya

Cazaquistão (m)	कज़ाकस्तान (m)	kazākastān
cazaque (m)	कज़ाकी (m)	kazākī
cazaque (f)	कज़ाकी (f)	kazākī
cazaque	कज़ाकी	kazākī

Quirguistão (m)	किर्गीज़िया (m)	kirgīziya
quirguiz (m)	किर्गीज़ (m)	kirgīz
quirguiz (f)	किर्गीज़ (f)	kirgīz
quirguiz	किर्गीज़	kirgīz

Moldávia (f)	मोलदोवा (m)	moladova
moldavo (m)	मोलदोवियन (m)	moladoviyan
moldava (f)	मोलदोवियन (f)	moladoviyan
moldavo	मोलदोवियन	moladoviyan

Rússia (f)	रूस (m)	rūs
russo (m)	रूसी (m)	rūsī
russa (f)	रूसी (f)	rūsī
russo	रूसी	rūsī

Tajiquistão (m)	ताजिकिस्तान (m)	tājikistān
tajique (m)	ताजिक (m)	tājik
tajique (f)	ताजिक (f)	tājik
tajique	ताजिक	tājik

Turquemenistão (m)	तुर्कमानिस्तान (m)	turkamānistān
turcomeno (m)	तुर्कमानी (m)	turkamānī
turcomena (f)	तुर्कमानी (f)	turkamānī
turcomeno	तुर्कमानी	turkamānī

Uzbequistão (f)	ऊज़्बेकिस्तान (m)	uzbekistān
uzbeque (m)	ऊज़्बेकी (m)	uzbekī
uzbeque (f)	ऊज़्बेकी (f)	uzbekī
uzbeque	ऊज़्बेकि	uzbeki

Ucrânia (f)	यूक्रेन (m)	yūkren
ucraniano (m)	यूक्रेनी (m)	yūkrenī
ucraniana (f)	यूक्रेनी (f)	yūkrenī
ucraniano	यूक्रेनी	yūkrenī

237. Asia

| Ásia (f) | एशिया (f) | eshiya |
| asiático | एशियई | eshiyī |

Vietname (m)	वियतनाम (m)	viyatanām
vietnamita (m)	वियतनामी (m)	viyatanāmī
vietnamita (f)	वियतनामी (f)	viyatanāmī
vietnamita	वियतनामी	viyatanāmī

Índia (f)	भारत (m)	bhārat
indiano (m)	भारतीय (m)	bhāratīy
indiana (f)	भारतीय (f)	bhāratīy
indiano	भारतीय	bhāratīy

Israel (m)	इसायल (m)	isrāyal
israelita (m)	इसाइली (m)	israilī
israelita (f)	इसाइली (f)	israilī
israelita	इसाइली	israilī

judeu (m)	यहूदी (m)	yahūdī
judia (f)	यहूदी (f)	yahūdī
judeu	यहूदी	yahūdī
China (f)	चीन (m)	chīn

chinês (m)	चीनी (m)	chīnī
chinesa (f)	चीनी (f)	chīnī
chinês	चीनी	chīnī
coreano (m)	कोरियन (m)	koriyan
coreana (f)	कोरियन (f)	koriyan
coreano	कोरियन	koriyan
Líbano (m)	लेबनान (m)	lebanān
libanês (m)	लेबनानी (m)	lebanānī
libanesa (f)	लेबनानी (f)	lebanānī
libanês	लेबनानी	lebanānī
Mongólia (f)	मंगोलिया (m)	mangoliya
mongol (m)	मंगोलियन (m)	mangoliyan
mongol (f)	मंगोलियन (f)	mangoliyan
mongol	मंगोलियन	mangoliyan
Malásia (f)	मलेशिया (m)	maleshiya
malaio (m)	मलेशियाई (m)	maleshiyaī
malaia (f)	मलेशियाई (f)	maleshiyaī
malaio	मलेशियाई	maleshiyaī
Paquistão (m)	पाकिस्तान (m)	pākistān
paquistanês (m)	पाकिस्तानी (m)	pākistānī
paquistanesa (f)	पाकिस्तानी (f)	pākistānī
paquistanês	पाकिस्तानी	pākistānī
Arábia (f) Saudita	सऊदी अरब (m)	saūdī arab
árabe (m)	अरब (m)	arab
árabe (f)	अरबी (f)	arabī
árabe	अरबी	arabī
Tailândia (f)	थाईलैंड (m)	thaīlaind
tailandês (m)	थाई (m)	thaī
tailandesa (f)	थाई (f)	thaī
tailandês	थाई	thaī
Taiwan (m)	ताइवान (m)	taivān
taiwanês (m)	ताइवानी (m)	taivānī
taiwanesa (f)	ताइवानी (f)	taivānī
taiwanês	ताइवानी	taivānī
Turquia (f)	तुर्की (m)	turkī
turco (m)	तुर्क (m)	turk
turca (f)	तुर्क (m)	turk
turco	तुर्किश	turkish
Japão (m)	जापान (m)	jāpān
japonês (m)	जापानी (m)	jāpānī
japonesa (f)	जापानी (f)	jāpānī
japonês	जापानी	jāpānī
Afeganistão (m)	अफ़ग़ानिस्तान (m)	afagānistān
Bangladesh (m)	बांग्लादेश (m)	bānglādesh
Indonésia (f)	इण्डोनेशिया (m)	indoneshiya

Jordânia (f)	जॉर्डन (m)	jordan
Iraque (m)	इराक़ (m)	irāq
Irão (m)	इरान (m)	irān
Camboja (f)	कम्बोडिया (m)	kambodiya
Kuwait (m)	कुवैत (m)	kuvait

Laos (m)	लाओस (m)	laos
Myanmar (m), Birmânia (f)	म्यांमर (m)	myāmmar
Nepal (m)	नेपाल (m)	nepāl
Emirados Árabes Unidos	संयुक्त अरब अमीरात (m)	sanyukt arab amīrāt

Síria (f)	सीरिया (m)	sīriya
Palestina (f)	फिलिस्तीन (m)	filistīn
Coreia do Sul (f)	दक्षिण कोरिया (m)	dakshin koriya
Coreia do Norte (f)	उत्तर कोरिया (m)	uttar koriya

238. América do Norte

Estados Unidos da América	संयुक्त राज्य अमरीका (m)	sanyukt rājy amarīka
americano (m)	अमरीकी (m)	amarīkī
americana (f)	अमरीकी (f)	amarīkī
americano	अमरीकी	amarīkī

Canadá (m)	कनाडा (m)	kanāda
canadiano (m)	कैनेडियन (m)	kainediyan
canadiana (f)	कैनेडियन (f)	kainediyan
canadiano	कैनेडियन	kainediyan

México (m)	मेक्सिको (m)	meksiko
mexicano (m)	मेक्सिकन (m)	meksikan
mexicana (f)	मेक्सिकन (f)	meksikan
mexicano	मेक्सिकन	meksikan

239. América Central do Sul

Argentina (f)	अर्जेंटीना (m)	arjentīna
argentino (m)	अर्जेंटीनी (m)	arjentīnī
argentina (f)	अर्जेंटीनी (f)	arjentīnī
argentino	अर्जेंटीनी	arjentīnī

Brasil (m)	ब्राज़ील (m)	brāzīl
brasileiro (m)	ब्राज़ीली (m)	brāzīlī
brasileira (f)	ब्राज़ीली (f)	brāzīlī
brasileiro	ब्राज़ीली	brāzīlī

Colômbia (f)	कोलम्बिया (m)	kolambiya
colombiano (m)	कोलम्बियन (m)	kolambiyan
colombiana (f)	कोलम्बियन (f)	kolambiyan
colombiano	कोलम्बियन	kolambiyan

| Cuba (f) | क्यूबा (m) | kyūba |
| cubano (m) | क्यूबन (m) | kyūban |

| cubana (f) | क्यूबन (f) | kyūban |
| cubano | क्यूबाई | kyūbaī |

Chile (m)	चिली (m)	chilī
chileno (m)	चीलीयन (m)	chīlīyan
chilena (f)	चीलीयन (f)	chīlīyan
chileno	चीलीयन	chīlīyan

Bolívia (f)	बोलीविया (m)	bolīviya
Venezuela (f)	वेनेज़ुएला (m)	venezuela
Paraguai (m)	परागुआ (m)	parāgua
Peru (m)	पेरू (m)	perū

Suriname (m)	सूरीनाम (m)	sūrīnām
Uruguai (m)	उरुग्वे (m)	urugve
Equador (m)	इक्वेडोर (m)	ikvedor

Bahamas (f pl)	बहामा (m)	bahāma
Haiti (m)	हाइटी (m)	haitī
República (f) Dominicana	डोमिनिकन रिपब्लिक (m)	dominikan ripablik
Panamá (m)	पनामा (m)	panāma
Jamaica (f)	जमैका (m)	jamaika

240. Africa

Egito (m)	मिस्र (m)	misr
egípcio (m)	मिस्री (m)	misrī
egípcia (f)	मिस्री (f)	misrī
egípcio	मिस्री	misrī

Marrocos	मोरक्को (m)	morakko
marroquino (m)	मोरकन (m)	morakan
marroquina (f)	मोरकन (f)	morakan
marroquino	मोरकन	morakan

Tunísia (f)	ट्युनीसिया (m)	tyunīsiya
tunisino (m)	ट्युनीसियन (m)	tyunīsiyan
tunisina (f)	ट्युनीसियन (f)	tyunīsiyan
tunisino	ट्युनीसियन	tyunīsiyan

Gana (f)	घाना (m)	ghāna
Zanzibar (m)	ज़ैंज़िबार (m)	zainzibār
Quénia (f)	केन्या (m)	kenya
Líbia (f)	लीबिया (m)	lībiya
Madagáscar (m)	मडागास्कार (m)	madāgāskār

Namíbia (f)	नामीबिया (m)	nāmībiya
Senegal (m)	सेनेगाल (m)	senegāl
Tanzânia (f)	तंज़ानिया (m)	tanzāniya
África do Sul (f)	दक्षिण अफ्रीका (m)	dakshin afrīka

africano (m)	अफ्रीकी (m)	afrīkī
africana (f)	अफ्रीकी (f)	afrīkī
africano	अफ्रीकी	afrīkī

241. Austrália. Oceania

Austrália (f)	आस्ट्रेलिया (m)	āstreliya
australiano (m)	आस्ट्रेलियन (m)	āstreliyan
australiana (f)	आस्ट्रेलियन (f)	āstreliyan
australiano	आस्ट्रेलियन	āstreliyan
Nova Zelândia (f)	न्यू ज़ीलैंड (m)	nyū zīlaind
neozelandês (m)	न्यू ज़ीलैंडियन (m)	nyū zīlaindiyan
neozelandesa (f)	न्यू ज़ीलैंडियन (f)	nyū zīlaindiyan
neozelandês	न्यू ज़ीलैंडियन	nyū zīlaindiyan
Tasmânia (f)	तास्मानिया (m)	tāsmāniya
Polinésia Francesa (f)	फ्रेंच पॉलीनेशिया (m)	french polīneshiya

242. Cidades

Amesterdão	एम्स्टर्डम (m)	emstardam
Ancara	अंकारा (m)	ankāra
Atenas	एथेन्स (m)	ethens
Bagdade	बगदाद (m)	bagadād
Banguecoque	बैंकॉक (m)	bainkok
Barcelona	बार्सिलोना (m)	bārsilona
Beirute	बेरूत (m)	berūt
Berlim	बर्लिन (m)	barlin
Bombaim	मुम्बई (m)	mumbī
Bona	बॉन (m)	bon
Bordéus	बोर्दो (m)	bordo
Bratislava	ब्राटीस्लावा (m)	brātīslāva
Bruxelas	ब्रसेल्स (m)	brasels
Bucareste	बुखारेस्ट (m)	bukhārest
Budapeste	बुडापेस्ट (m)	budāpest
Cairo	काहिरा (m)	kāhira
Calcutá	कोलकाता (m)	kolakāta
Chicago	शिकागो (m)	shikāgo
Cidade do México	मेक्सिको सिटी (f)	meksiko sitī
Copenhaga	कोपनहेगन (m)	kopanahegan
Dar es Salaam	दार-एस-सलाम (m)	dār-es-salām
Deli	दिल्ली (f)	dillī
Dubai	दुबई (m)	dubī
Dublin, Dublim	डब्लिन (m)	dablin
Düsseldorf	डसेलडोर्फ़ (m)	daseladorf
Estocolmo	स्टॉकहोम (m)	stokahom
Florença	फ़्लोरेंस (m)	florens
Frankfurt	फ़्रैंक्फ़र्ट (m)	frainkfart
Genebra	जेनेवा (m)	jeneva
Haia	हेग (m)	heg
Hamburgo	हैम्बर्ग (m)	haimbarg

| Hanói | हनोई (m) | hanoī |
| Havana | हवाना (m) | havāna |

Helsínquia	हेलसिंकी (m)	helasinkī
Hiroshima	हिरोशीमा (m)	hiroshīma
Hong Kong	हांगकांग (m)	hāngakāng
Istambul	इस्तांबुल (m)	istāmbul
Jerusalém	यरूशलेम (m)	yarūshalam
Kiev	कीव (m)	kīv
Kuala Lumpur	कुआला लुम्पुर (m)	kuāla lumpur
Lisboa	लिस्बन (m)	lisban
Londres	लंदन (m)	landan
Los Angeles	लॉस एंजेलेस (m)	los enjeles
Lion	लिओन (m)	lion

Madrid	मेड्रिड (m)	medrid
Marselha	मार्सेल (m)	mārsel
Miami	मियामी (m)	miyāmī
Montreal	मांट्रियल (m)	māntriyal
Moscovo	मॉस्को (m)	mosko
Munique	म्यूनिख़ (m)	myūnikh

Nairóbi	नैरोबी (m)	nairobī
Nápoles	नेपल्स (m)	nepals
Nice	नीस (m)	nīs
Nova York	न्यू यॉर्क (m)	nyū york

Oslo	ओस्लो (m)	oslo
Ottawa	ओटावा (m)	otāva
Paris	पेरिस (m)	peris
Pequim	बीजिंग (m)	bījing
Praga	प्राग (m)	prāg

Rio de Janeiro	रिओ डे जैनेरो (m)	rio de jainero
Roma	रोम (m)	rom
São Petersburgo	सेंट पीटरस्बर्ग (m)	sent pītarasbarg
Seul	सियोल (m)	siyol
Singapura	सिंगापुर (m)	singāpur
Sydney	सिडनी (m)	sidanī

Taipé	ताइपे (m)	taipe
Tóquio	टोकियो (m)	tokiyo
Toronto	टोरोन्टो (m)	toronto
Varsóvia	वॉर्सों (m)	voraso
Veneza	वीनिस (m)	vīnis
Viena	विएना (m)	viena

| Washington | वॉशिंग्टन (m) | voshingtan |
| Xangai | शंघाई (m) | shanghaī |

243. Política. Governo. Parte 1

| política (f) | राजनीति (f) | rājanīti |
| político | राजनीतिक | rājanītik |

político (m)	राजनीतिज्ञ (m)	rājanītigy
estado (m)	राज्य (m)	rājy
cidadão (m)	नागरिक (m)	nāgarik
cidadania (f)	नागरिकता (f)	nāgarikata
brasão (m) de armas	राष्ट्रीय प्रतीक (m)	rāshtrīy pratīk
hino (m) nacional	राष्ट्रीय धुन (f)	rāshtrīy dhun
governo (m)	सरकार (m)	sarakār
Chefe (m) de Estado	देश का नेता (m)	desh ka neta
parlamento (m)	संसद (m)	sansad
partido (m)	दल (m)	dal
capitalismo (m)	पुंजीवाद (m)	punjīvād
capitalista	पुंजीवादी	punjīvādī
socialismo (m)	समाजवाद (m)	samājavād
socialista	समाजवादी	samājavādī
comunismo (m)	साम्यवाद (m)	sāmyavād
comunista	साम्यवादी	sāmyavādī
comunista (m)	साम्यवादी (m)	sāmyavādī
democracia (f)	प्रजातंत्र (m)	prajātantr
democrata (m)	प्रजातंत्रवादी (m)	prajātantravādī
democrático	प्रजातंत्रवादी	prajātantravādī
Partido (m) Democrático	प्रजातंत्रवादी पार्टी (m)	prajātantravādī pārtī
liberal (m)	उदारवादी (m)	udāravādī
liberal	उदारवादी	udāravādī
conservador (m)	रूढ़िवादी (m)	rūrhivādī
conservador	रूढ़िवादी	rūrhivādī
república (f)	गणतंत्र (m)	ganatantr
republicano (m)	गणतंत्रवादी (m)	ganatantravādī
Partido (m) Republicano	गणतंत्रवादी पार्टी (m)	ganatantravādī pārtī
eleições (f pl)	चुनाव (m pl)	chunāv
eleger (vt)	चुनना	chunana
eleitor (m)	मतदाता (m)	matadāta
campanha (f) eleitoral	चुनाव प्रचार (m)	chunāv prachār
votação (f)	मतदान (m)	matadān
votar (vi)	मत डालना	mat dālana
direito (m) de voto	मताधिकार (m)	matādhikār
candidato (m)	उम्मीदवार (m)	ummīdavār
candidatar-se (vi)	चुनाव लड़ना	chunāv larana
campanha (f)	अभियान (m)	abhiyān
da oposição	विरोधी	virodhī
oposição (f)	विरोध (m)	virodh
visita (f)	यात्रा (f)	yātra
visita (f) oficial	सरकारी यात्रा (f)	sarakārī yātra
internacional	अंतरराष्ट्रीय	antarrāshtrīy

| negociações (f pl) | वार्ता (f pl) | vārtta |
| negociar (vi) | वार्ता करना | vārtta karana |

244. Política. Governo. Parte 2

sociedade (f)	समाज (m)	samāj
constituição (f)	संविधान (m)	sanvidhān
poder (ir para o ~)	शासन (m)	shāsan
corrupção (f)	भ्रष्टाचार (m)	bhrashtāchār

| lei (f) | कानून (m) | kānūn |
| legal | कानूनी | kānūnī |

| justiça (f) | न्याय (m) | nyāy |
| justo | न्यायी | nyāyī |

comité (m)	समिति (f)	samiti
projeto-lei (m)	विधेयक (m)	vidheyak
orçamento (m)	बजट (m)	bajat
política (f)	नीति (f)	nīti
reforma (f)	सुधार (m)	sudhār
radical	आमूल	āmūl

força (f)	ताकत (f)	tākat
poderoso	प्रबल	prabal
partidário (m)	समर्थक (m)	samarthak
influência (f)	असर (m)	asar

regime (m)	शासन (m)	shāsan
conflito (m)	टकराव (m)	takarāv
conspiração (f)	साज़िश (f)	sāzish
provocação (f)	उकसाव (m)	ukasāv

derrubar (vt)	तख़्ता पलटना	takhta palatana
derrube (m), queda (f)	तख़्ता पलट (m)	takhta palat
revolução (f)	क्रांति (f)	krānti

| golpe (m) de Estado | तख़्ता पलट (m) | takhta palat |
| golpe (m) militar | फौजी बगावत (f) | faujī bagāvat |

crise (f)	संकट (m)	sankat
recessão (f) económica	आर्थिक मंदी (f)	ārthik mandī
manifestante (m)	प्रदर्शक (m)	pradarshak
manifestação (f)	प्रदर्शन (m)	pradarshan
lei (f) marcial	फौजी कानून (m)	faujī kānūn
base (f) militar	सैन्य अड्डा (m)	sainy adda

| estabilidade (f) | स्थिरता (f) | sthirata |
| estável | स्थिर | sthir |

exploração (f)	शोषण (m)	shoshan
explorar (vt)	शोषण करना	shoshan karana
racismo (m)	जातिवाद (m)	jātivād
racista (m)	जातिवादी (m)	jātivādī

| fascismo (m) | फ़ासिवादी (m) | fāsivādī |
| fascista (m) | फ़ासिस्ट (m) | fāsist |

245. Países. Diversos

estrangeiro (m)	विदेशी (m)	videshī
estrangeiro	विदेश	videsh
no estrangeiro	परदेश में	paradesh men

emigrante (m)	प्रवासी (m)	pravāsī
emigração (f)	प्रवासन (m)	pravāsan
emigrar (vi)	प्रवास करना	pravās karana

Ocidente (m)	पश्चिम (m)	pashchim
Oriente (m)	पूर्व (m)	pūrv
Extremo Oriente (m)	सुदूर पूर्व (m)	sudūr pūrv

civilização (f)	सभ्यता (f)	sabhyata
humanidade (f)	मानवजाति (f)	mānavajāti
mundo (m)	संसार (m)	sansār
paz (f)	शांति (f)	shānti
mundial	विश्वव्यापी	vishvavyāpī

pátria (f)	मातृभूमि (f)	mātrbhūmi
povo (m)	जनता (m)	janata
população (f)	जनता (m)	janata
gente (f)	लोग (m)	log
nação (f)	जाति (f)	jāti
geração (f)	पीढ़ी (f)	pīrhī
território (m)	प्रदेश (m)	pradesh
região (f)	क्षेत्र (m)	kshetr
estado (m)	राज्य (m)	rājy

tradição (f)	रिवाज़ (m)	rivāz
costume (m)	परम्परा (m)	parampara
ecologia (f)	परिस्थितिकी (f)	paristhitikī

índio (m)	रेड इंडियन (m)	red indiyan
cigano (m)	जिप्सी (f)	jipsī
cigana (f)	जिप्सी (f)	jipsī
cigano	जिप्सी	jipsī

império (m)	साम्राज्य (m)	sāmrājy
colónia (f)	उपनिवेश (m)	upanivesh
escravidão (f)	दासता (f)	dāsata
invasão (f)	हमला (m)	hamala
fome (f)	भूखमरी (f)	bhūkhamarī

246. Grupos religiosos mais importantes. Confissões

| religião (f) | धर्म (m) | dharm |
| religioso | धार्मिक | dhārmik |

crença (f)	धर्म (m)	dharm
crer (vt)	आस्था रखना	āstha rakhana
crente (m)	आस्तिक (m)	āstik
ateísmo (m)	नास्तिकवाद (m)	nāstikavād
ateu (m)	नास्तिक (m)	nāstik
cristianismo (m)	ईसाई धर्म (m)	īsaī dharm
cristão (m)	ईसाई (m)	īsaī
cristão	ईसाई	īsaī
catolicismo (m)	कैथोलिक धर्म (m)	kaitholik dharm
católico (m)	कैथोलिक (m)	kaitholik
católico	कैथोलिक	kaitholik
protestantismo (m)	प्रोटेस्टेंट धर्म (m)	protestent dharm
Igreja (f) Protestante	प्रोटेस्टेंट चर्च (m)	protestent charch
protestante (m)	प्रोटेस्टेंट (m)	protestent
ortodoxia (f)	ऑथींडॉक्सी (m)	orthodoksī
Igreja (f) Ortodoxa	ऑथींडॉक्स चर्च (m)	orthodoks charch
ortodoxo (m)	ऑथींडॉक्सी (m)	orthodoksī
presbiterianismo (m)	प्रेस्बिटेरियनवाद (m)	presbiteriyanavād
Igreja (f) Presbiteriana	प्रेस्बिटेरियन चर्च (m)	presbiteriyan charch
presbiteriano (m)	प्रेस्बिटेरियन (m)	presbiteriyan
Igreja (f) Luterana	लुथर धर्म (m)	luthar dharm
luterano (m)	लुथर (m)	luthar
Igreja (f) Batista	बैप्टिस्ट चर्च (m)	baiptist charch
batista (m)	बैप्टिस्ट (m)	baiptist
Igreja (f) Anglicana	अंग्रेज़ी चर्च (m)	angrezī charch
anglicano (m)	अंग्रेज़ी (m)	angrezī
mormonismo (m)	मोर्मनवाद (m)	mormanavād
mórmon (m)	मोर्मन (m)	morman
Judaísmo (m)	यहूदी धर्म (m)	yahūdī dharm
judeu (m)	यहूदी (m)	yahūdī
budismo (m)	बौद्ध धर्म (m)	bauddh dharm
budista (m)	बौद्ध (m)	bauddh
hinduísmo (m)	हिन्दू धर्म (m)	hindū dharm
hindu (m)	हिन्दू (m)	hindū
Islão (m)	इस्लाम (m)	islām
muçulmano (m)	मुस्लिम (m)	muslim
muçulmano	मुस्लिम	muslim
Xiismo (m)	शिया इस्लाम (m)	shiya islām
xiita (m)	शिया (m)	shiya
sunismo (m)	सुन्नी इस्लाम (m)	sunnī islām
sunita (m)	सुन्नी (m)	sunnī

247. Religiões. Padres

| padre (m) | पादरी (m) | pādarī |
| Papa (m) | पोप (m) | pop |

monge (m)	मठवासी (m)	mathavāsī
freira (f)	नन (f)	nan
pastor (m)	पादरी (m)	pādarī

abade (m)	एब्बट (m)	ebbat
vigário (m)	विकार (m)	vikār
bispo (m)	बिशप (m)	bishap
cardeal (m)	कार्डिनल (m)	kārdinal

pregador (m)	प्रीचर (m)	prīchar
sermão (m)	धर्मोपदेश (m)	dharmopadesh
paroquianos (pl)	ग्रामवासी (m)	grāmavāsī

| crente (m) | आस्तिक (m) | āstik |
| ateu (m) | नास्तिक (m) | nāstik |

248. Fé. Cristianismo. Islão

| Adão | आदम (m) | ādam |
| Eva | हव्वा (f) | havva |

Deus (m)	भगवान (m)	bhagavān
Senhor (m)	ईश्वर (m)	īshvar
Todo Poderoso (m)	सर्वशक्तिशाली (m)	sarvashaktishālī

pecado (m)	पाप (m)	pāp
pecar (vi)	पाप करना	pāp karana
pecador (m)	पापी (m)	pāpī
pecadora (f)	पापी (f)	pāpī

| inferno (m) | नरक (m) | narak |
| paraíso (m) | जन्नत (m) | jannat |

| Jesus | ईसा (m) | īsa |
| Jesus Cristo | ईसा मसीह (m) | īsa masīh |

Espírito (m) Santo	पवित्र आत्मा (m)	pavitr ātma
Salvador (m)	मुक्तिदाता (m)	muktidāta
Virgem Maria (f)	वर्जिन मैरी (f)	varjin mairī

Diabo (m)	शैतान (m)	shaitān
diabólico	शैतानी	shaitānī
Satanás (m)	शैतान (m)	shaitān
satânico	शैतानी	shaitānī

anjo (m)	फरिश्ता (m)	farishta
anjo (m) da guarda	देवदूत (m)	devadūt
angélico	देवदूतीय	devadūtīy

apóstolo (m)	धर्मदूत (m)	dharmadūt
arcanjo (m)	महादेवदूत (m)	mahādevadūt
anticristo (m)	ईसा मसीह का शत्रु (m)	īsa masīh ka shatru

Igreja (f)	गिरजाघर (m)	girajāghar
Bíblia (f)	बाइबिल (m)	baibil
bíblico	बाइबिल का	baibil ka

Velho Testamento (m)	ओल्ड टेस्टामेंट (m)	old testāment
Novo Testamento (m)	न्यू टेस्टामेंट (m)	nyū testāment
Evangelho (m)	धर्मसिद्धान्त (m)	dharmasiddhānt
Sagradas Escrituras (f pl)	धर्म ग्रंथ (m)	dharm granth
Céu (m)	स्वर्ग (m)	svarg

mandamento (m)	धर्मादेश (m)	dharmādesh
profeta (m)	पैगंबर (m)	paigambar
profecia (f)	आगामवाणी (f)	āgāmavānī

Alá	अल्लाह (m)	allāh
Maomé	मुहम्मद (m)	muhammad
Corão, Alcorão (m)	कुरान (m)	qurān

mesquita (f)	मस्जिद (m)	masjid
mulá (m)	मुल्ला (m)	mulla
oração (f)	दुआ (f)	dua
rezar, orar (vi)	दुआ करना	dua karana

peregrinação (f)	तीर्थ यात्रा (m)	tīrth yātra
peregrino (m)	तीर्थ यात्री (m)	tīrth yātrī
Meca (f)	मक्का (m)	makka

igreja (f)	गिरजाघर (m)	girajāghar
templo (m)	मंदिर (m)	mandir
catedral (f)	गिरजाघर (m)	girajāghar
gótico	गोथिक	gothik
sinagoga (f)	सीनागोग (m)	sīnāgog
mesquita (f)	मस्जिद (m)	masjid

capela (f)	चैपल (m)	chaipal
abadia (f)	ईसाई मठ (m)	īsaī math
convento (m)	मठ (m)	math
mosteiro (m)	मठ (m)	math

sino (m)	घंटा (m)	ghanta
campanário (m)	घंटाघर (m)	ghantāghar
repicar (vi)	बजाना	bajāna

cruz (f)	क्रॉस (m)	kros
cúpula (f)	गुंबद (m)	gumbad
ícone (m)	देव प्रतिमा (f)	dev pratima

alma (f)	आत्मा (f)	ātma
destino (m)	भाग्य (f)	bhāgy
mal (m)	बुराई (f)	buraī
bem (m)	भलाई (f)	bhalaī
vampiro (m)	पिशाच (m)	pishāch

bruxa (f)	डायन (f)	dāyan
demónio (m)	असुर (m)	asur
espírito (m)	आत्मा (f)	ātma
redenção (f)	प्रयाश्चित (m)	prayāshchit
redimir (vt)	प्रयाश्चित करना	prayāshchit karana
missa (f)	धार्मिक सेवा (m)	dhārmik seva
celebrar a missa	उपासना करना	upāsana karana
confissão (f)	पापस्वीकरण (m)	pāpasvīkaran
confessar-se (vr)	पापस्वीकरण करना	pāpasvīkaran karana
santo (m)	संत (m)	sant
sagrado	पवित्र	pavitr
água (f) benta	पवित्र पानी (m)	pavitr pānī
ritual (m)	अनुष्ठान (m)	anushthān
ritual	सांस्कारिक	sānskārik
sacrifício (m)	कुरबानी (f)	kurabānī
superstição (f)	अंधविश्वास (m)	andhavishvās
supersticioso	अंधविश्वासी	andhavishvāsī
vida (f) depois da morte	परलोक (m)	paralok
vida (f) eterna	अमर जीवन (m)	amar jīvan

TEMAS DIVERSOS

249. Várias palavras úteis

ajuda (f)	सहायता (f)	sahāyata
barreira (f)	बाधा (f)	bādha
base (f)	आधार (m)	ādhār
categoria (f)	श्रेणी (f)	shrenī
causa (f)	कारण (m)	kāran

coincidência (f)	समकालीनता (f)	samakālīnata
coisa (f)	वस्तु (f)	vastu
começo (m)	शुरू (m)	shurū
cómodo (ex. poltrona ~a)	आरामदेह	ārāmadeh
comparação (f)	तुलना (f)	tulana

compensação (f)	क्षतिपुर्ति (f)	kshatipurti
crescimento (m)	वृद्धि (f)	vrddhi
desenvolvimento (m)	विकास (m)	vikās
diferença (f)	फ़र्क़ (m)	fark
efeito (m)	प्रभाव (m)	prabhāv

elemento (m)	तत्व (m)	tatv
equilíbrio (m)	संतुलन (m)	santulan
erro (m)	गलती (f)	galatī
esforço (m)	प्रयत्न (m)	prayatn
estilo (m)	शैली (f)	shailī

exemplo (m)	उदाहरण (m)	udāharan
facto (m)	तथ्य (m)	tathy
fim (m)	ख़त्म (m)	khatm
forma (f)	रूप (m)	rūp

frequente	बारंबार	bārambār
fundo (ex. ~ verde)	पृष्ठिका (f)	prshtika
género (tipo)	प्रकार (m)	prakār
grau (m)	मात्रा (f)	mātra
ideal (m)	आदर्श (m)	ādarsh

labirinto (m)	भूलभुलैया (f)	bhūlabhulaiya
modo (m)	तरीका (m)	tarīka
momento (m)	पल (m)	pal
objeto (m)	चीज़ें (f)	chīzen
obstáculo (m)	अवरोध (m)	avarodh

original (m)	मूल (m)	mūl
padrão	मानक	mānak
padrão (m)	मानक (m)	mānak
paragem (pausa)	विराम (m)	virām
parte (f)	भाग (m)	bhāg

partícula (f)	टुकड़ा (m)	tukara
pausa (f)	विराम (m)	virām
posição (f)	स्थिति (f)	sthiti
princípio (m)	उसूल (m)	usūl

problema (m)	समस्या (f)	samasya
processo (m)	प्रक्रिया (f)	prakriya
progresso (m)	उन्नति (f)	unnati
propriedade (f)	गुण (m)	gun

reação (f)	प्रतिक्रिया (f)	pratikriya
risco (m)	जोखिम (m)	jokhim
ritmo (m)	गति (f)	gati
segredo (m)	रहस्य (m)	rahasy
série (f)	श्रृंखला (f)	shrrnkhala

sistema (m)	प्रणाली (f)	pranālī
situação (f)	स्थिति (f)	sthiti
solução (f)	हल (m)	hal
tabela (f)	सारणी (f)	sāranī
termo (ex. ~ técnico)	पारिभाषिक शब्द (m)	pāribhāshik shabd

tipo (m)	ढंग (m)	dhang
urgente	अत्यावश्यक	atyāvashyak
urgentemente	तत्काल	tatkāl
utilidade (f)	उपयोग (m)	upayog

variante (f)	विकल्प (m)	vikalp
variedade (f)	चुनाव (m)	chunāv
verdade (f)	सच (m)	sach
vez (f)	बारी (f)	bārī
zona (f)	क्षेत्र (m)	kshetr

250. Modificadores. Adjetivos. Parte 1

aberto	खुला	khula
afiado	तेज़	tez
agradável	अच्छा	achchha
agradecido	आभारी	ābhārī
alegre	हँसमुख	hansamukh

alto (ex. voz ~a)	ऊंचा	ūncha
amargo	कड़वा	karava
amplo	विस्तृत	vistrt
antigo	प्राचीन	prāchīn

apropriado	उचित	uchit
arriscado	खतरनाक	khataranāk
artificial	कृत्रिम	krtrim
azedo	खट्टा	khatta

baixo (voz ~a)	धीमा	dhīma
barato	सस्ता	sasta
belo	सुंदर	sundar

bom	अच्छा	achchha
bondoso	नेक	nek
bonito	सुंदर	sundar
bronzeado	सांवला	sānvala
burro, estúpido	बेवकूफ़	bevakūf
calmo	शांत	shānt
cansado	थका	thaka
cansativo	थकाऊ	thakaū
carinhoso	विचारशील	vichārashīl
caro	महंगा	mahanga
cego	अंधा	andha
central	केंद्रीय	kendrīy
cerrado (ex. nevoeiro ~)	घना	ghana
cheio (ex. copo ~)	भरा	bhara
civil	नागरिक	nāgarik
clandestino	गुप्त	gupt
claro	हल्का	halka
claro (explicação ~a)	साफ़	sāf
compatível	अनुकूल	anukūl
comum, normal	आम	ām
congelado	जमा	jama
conjunto	संयुक्त	sanyukt
considerável	महत्वपूर्ण	mahatvapūrn
contente	संतुष्ट	santusht
contínuo	दीर्घकालिक	dīrghakālik
contrário (ex. o efeito ~)	उल्टा	ulta
correto (resposta ~a)	ठीक	thīk
cru (não cozinhado)	कच्चा	kachcha
curto	छोटा	chhota
de curta duração	अल्पकालिक	alpakālik
de sol, ensolarado	सूरज का	sūraj ka
de trás	पिछा	pichha
denso (fumo, etc.)	घना	ghana
desanuviado	निर्मेघ	nirmegh
descuidado	लापरवाह	lāparavāh
diferente	भिन्न	bhinn
difícil	मुश्किल	mushkil
difícil, complexo	कठिन	kathin
direito	दायां	dāyān
distante	दूर	dūr
diverso	विभिन्न	vibhinn
doce (açucarado)	मीठा	mītha
doce (água)	ताज़ा	tāza
doente	बीमार	bīmār
duro (material ~)	कड़ा	kara
educado	विनम्र	vinamr
encantador	दयालु	dayālu

enigmático	रहस्यपूर्ण	rahasyapūrn
enorme	विशाल	vishāl
escuro (quarto ~)	अंधेरा	andhera
especial	ख़ास	khās
esquerdo	बायाँ	bāyān
estrangeiro	विदेश	videsh
estreito	तंग	tang
exato	ठीक	thīk
excelente	उत्कृष्ट	utkrsht
excessivo	अत्यधिक	atyadhik
externo	बाहरी	bāharī
fácil	आसान	āsān
faminto	भूखा	bhūkha
fechado	बंद	band
feliz	प्रसन्न	prasann
fértil (terreno ~)	उपजाऊ	upajaū
forte (pessoa ~)	शक्तिशाली	shaktishālī
fraco (luz ~a)	धुंधला	dhundhala
frágil	नाज़ुक	nāzuk
fresco	ठंडा	thanda
fresco (pão ~)	ताज़ा	tāza
frio	ठंडा	thanda
gordo	चरबीला	charabīla
gostoso	मज़ेदार	mazedār
grande	बड़ा	bara
gratuito, grátis	मुफ़्त	muft
grosso (camada ~a)	मोटा	mota
hostil	शत्रुतापूर्ण	shatrutāpūrn
húmido	नमी	namī

251. Modificadores. Adjetivos. Parte 2

igual	समान	samān
imóvel	अचल	achal
importante	महत्वपूर्ण	mahatvapūrn
impossível	असंभव	asambhav
incompreensível	समझ से बाहर	samajh se bāhar
indigente	गरीब	garīb
indispensável	ज़रूरी	zarūrī
inexperiente	अनुभवहीन	anubhavahīn
infantil	बच्चों का	bachchon ka
ininterrupto	निरंतर	nirantar
insignificante	महत्वहीन	mahatvahīn
inteiro (completo)	पूरा	pūra
inteligente	बुद्धिमान	buddhimān
interno	आंतरिक	āntarik
jovem	जवान	javān

largo (caminho ~)	चौड़ा	chaura
legal	कानूनी	kānūnī
leve	हल्का	halka

limitado	सीमित	sīmit
limpo	साफ़	sāf
líquido	तरल	taral
liso	समतल	samatal
liso (superfície ~a)	समतल	samatal

livre	मुक्त	mukt
longo (ex. cabelos ~s)	लंबा	lamba
maduro (ex. fruto ~)	पक्का	pakka
magro	दुबला	dubala
magro (pessoa)	पतला	patala

mais próximo	निकटतम	nikatatam
mais recente	बीता हुआ	bīta hua
mate, baço	मैट	mait
mau	बुरा	bura
meticuloso	सुव्यवस्थित	suvvavasthit

míope	निकटदर्शी	nikatadarshī
mole	नरम	naram
molhado	भीगा	bhīga
moreno	काले मुँख का	kāle munkh ka
morto	मृत	mrt

não difícil	आसान	āsān
não é clara	धुंधला	dhundhala
não muito grande	बड़ा नहीं	bara nahin
natal (país ~)	देसी	desī
necessário	ज़रूरी	zarūrī

negativo	नकारात्मक	nakārātmak
nervoso	बेचैन	bechain
normal	साधारण	sādhāran
novo	नया	naya
o mais importante	सबसे महत्वपूर्ण	sabase mahatvapūrn

obrigatório	अनिवार्य	anivāry
original	मूल	mūl
passado	पिछला	pichhala
pequeno	छोटा	chhota
perigoso	खतरनाक	khataranāk

permanente	स्थायी	sthāyī
perto	निकट	nikat
pesado	भारी	bhārī
pessoal	व्यक्तिगत	vyaktigat
plano (ex. ecrã ~ a)	सपाट	sapāt

pobre	गरीब	garīb
pontual	ठीक	thīk
possível	संभव	sambhav
pouco fundo	उथला	uthala

presente (ex. momento ~)	वर्तमान	vartamān
primeiro (principal)	मूल	mūl
principal	मुख्य	mukhy
privado	निजी	nijī

provável	मुमकिन	mumakin
próximo	समीप	samīp
público	सार्वजनिक	sārvajanik
quente (cálido)	गरम	garam

quente (morno)	गरम	garam
rápido	तेज़	tez
raro	असाधारण	asādhāran
remoto, longínquo	सुदूर	sudūr
reto	सीधा	sīdha

salgado	नमकीन	namakīn
satisfeito	संतुष्ट	santusht
seco	सूखा	sūkha
seguinte	अगला	agala
seguro	सुरक्षित	surakshit

similar	मिलता-जुलता	milata-julata
simples	सरल	saral
soberbo	उत्तम	uttam
sólido	मज़बूत	mazabūt
sombrio	विषादपूर्ण	vishādapūrn

sujo	मैला	maila
superior	उच्चतम	uchchatam
suplementar	अतिरिक्त	atirikt
terno, afetuoso	नाज़ुक	nāzuk

tranquilo	शांत	shānt
transparente	पारदर्शी	pāradarshī
triste (pessoa)	उदास	udās
triste (um ar ~)	उदास	udās
último	आख़िरी	ākhirī

único	अद्वितीय	advitīy
usado	इस्तेमाल किया हुआ	istemāl kiya hua
vazio (meio ~)	खाली	khālī
velho	पुराना	purāna
vizinho	पड़ोस	paros

500 VERBOS PRINCIPAIS

252. Verbos A-B

aborrecer-se (vr)	ऊबना	ūbana
abraçar (vt)	गले लगाना	gale lagāna
abrir (~ a janela)	खोलना	kholana
acalmar (vt)	शांत करना	shānt karana
acariciar (vt)	सहलाना	sahalāna
acenar (vt)	हाथ हिलाना	hāth hilāna
acender (~ uma fogueira)	जलाना	jalāna
achar (vt)	सोचना	sochana
acompanhar (vt)	साथ चलना	sāth chalana
aconselhar (vt)	सलाह देना	salāh dena
acordar (despertar)	जगाना	jagāna
acrescentar (vt)	और डालना	aur dālana
acusar (vt)	आरोप लगाना	ārop lagāna
adestrar (vt)	सधाना	sadhāna
adivinhar (vt)	अनुमान लगाना	anumān lagāna
admirar (vt)	सराहना	sarāhana
advertir (vt)	चेतावनी देना	chetāvanī dena
afirmar (vt)	स्वीकार करना	svīkār karana
afogar-se (pessoa)	डूबना	dūbana
afugentar (vt)	भगा देना	bhaga dena
agir (vi)	करना	karana
agitar, sacudir (objeto)	हिलाना	hilāna
agradecer (vt)	धन्यवाद देना	dhanyavād dena
ajudar (vt)	मदद करना	madad karana
alcançar (objetivos)	पाना	pāna
alimentar (dar comida)	खिलाना	khilāna
almoçar (vi)	भोजन करना	bhojan karana
alugar (~ o barco, etc.)	किराये पर लेना	kirāye par lena
alugar (~ um apartamento)	किराए पर लेना	kirae par lena
amar (pessoa)	प्यार करना	pyār karana
amarrar (vt)	बाँधना	bāndhana
ameaçar (vt)	धमकाना	dhamakāna
amputar (vt)	अंगविच्छेद करना	angavichchhed karana
anotar (escrever)	लिख लेना	likh lena
anular, cancelar (vt)	रद्द करना	radd karana
apagar (com apagador, etc.)	साफ़ करना	sāf karana
apagar (um incêndio)	बुझाना	bujhāna
apaixonar-se de ...	प्रेम में पड़ना	prem men parana

aparecer (vi)	सामने आना	sāmane āna
aplaudir (vi)	तालियां बजाना	tāliyān bajāna
apoiar (vt)	समर्थन करना	samarthan karana
apontar para ...	निशाना लगाना	nishāna lagāna
apresentar (alguém a alguém)	परिचय कराना	parichay karāna
apresentar (Gostaria de ~)	प्रस्तुत करना	prastut karana
apressar (vt)	जल्दी करना	jaldī karana
apressar-se (vr)	जल्दी करना	jaldī karana
aproximar-se (vr)	पास आना	pās āna
aquecer (vt)	गरमाना	garamāna
arrancar (vt)	फाड़ना	fārana
arranhar (gato, etc.)	खरोंचना	kharonchana
arrepender-se (vr)	अफ़सोस करना	afasos karana
arriscar (vt)	जोखिम उठाना	jokhim uthāna
arrumar, limpar (vt)	साफ़ करना	sāf karana
aspirar a ...	... की महत्त्वाकांक्षा करना	... kī mahattvākānksha karana
assinar (vt)	हस्ताक्षर करना	hastākshar karana
assistir (vt)	मदद करना	madad karana
atacar (vt)	हमला करना	hamala karana
atar (vt)	बांधना	bāndhana
atirar (vi)	गोली चलाना	golī chalāna
atracar (vi)	किनारे लगाना	kināre lagāna
aumentar (vi)	बढ़ना	barhana
aumentar (vt)	बढ़ाना	barhāna
avançar (sb. trabalhos, etc.)	आगे बढ़ना	āge barhana
avistar (vt)	देख लेना	dekh lena
baixar (guindaste)	नीचे करना	nīche karana
barbear-se (vr)	शेव करना	shev karana
basear-se em ...	आधारित होना	ādhārit hona
bastar (vi)	बहुत हो जाना	bahut ho jāna
bater (espancar)	पीटना	pītana
bater (vi)	खटखटाना	khatakhatāna
bater-se (vr)	झगड़ना	jhagarana
beber, tomar (vt)	पीना	pīna
brilhar (vi)	चमकना	chamakana
brincar, jogar (crianças)	खेलना	khelana
buscar (vt)	तलाश करना	talāsh karana

253. Verbos C-D

caçar (vi)	शिकार करना	shikār karana
calar-se (parar de falar)	चुप होना	chup hona
calcular (vt)	गिनना	ginana
carregar (o caminhão)	लादना	lādana

carregar (uma arma)	भरना	bharana
casar-se (vr)	शादी करना	shādī karana
causar (vt)	की वजह होना	kī vajah hona
cavar (vt)	खोदना	khodana
ceder (não resistir)	मान जाना	mān jāna
cegar, ofuscar (vt)	अंधा करना	andha karana
censurar (vt)	ताने देना	tāne dena
cessar (vt)	बंद करना	band karana
chamar (~ por socorro)	बुलाना	bulāna
chamar (dizer em voz alta o nome)	बुलाना	bulāna
chegar (a algum lugar)	पहुंचना	pahunchana
chegar (sb. comboio, etc.)	पहुंचना	pahunchana
cheirar (tem o cheiro)	गंध देना	gandh dena
cheirar (uma flor)	सूंघना	sūnghana
chorar (vi)	रोना	rona
citar (vt)	उद्धत करना	uddhat karana
colher (flores)	तोड़ना	torana
colocar (vt)	रखना	rakhana
combater (vi, vt)	झगड़ना	jhagarana
começar (vt)	शुरू करना	shurū karana
comer (vt)	खाना	khāna
comparar (vt)	तुलना करना	tulana karana
compensar (vt)	क्षतिपूर्ति करना	kshatipūrti karana
competir (vi)	प्रतियोगिता करना	pratiyogita karana
complicar (vt)	उलझाना	ulajhāna
compor (vt)	रचना	rachana
comportar-se (vr)	बरताव करना	baratāv karana
comprar (vt)	खरीदना	kharīdana
compreender (vt)	समझना	samajhana
comprometer (vt)	समझौता करना	samajhauta karana
concentrar-se (vr)	ध्यान देना	dhyān dena
concordar (dizer "sim")	राज़ी होना	rāzī hona
condecorar (dar medalha)	पुरस्कार देना	puraskār dena
conduzir (~ o carro)	कार चलाना	kār chalāna
confessar-se (criminoso)	मानना	mānana
confiar (vt)	यकीन करना	yakīn karana
confundir (equivocar-se)	उलट-पलट करना	ulat-palat karana
conhecer (vt)	जानना	jānana
conhecer-se (vr)	परिचय करना	parichay karana
consertar (vt)	ठीक करना	thīk karana
consultar ...	सलाह करना	salāh karana
contagiar-se com ...	छूत का रोग लगाना	chhūt ka rog lagana
contar (vt)	बताना	batāna
contar com ...	भरोसा रखना	bharosa rakhana
continuar (vt)	जारी रखना	jārī rakhana

232

contratar (vt)	काम पर रखना	kām par rakhana
controlar (vt)	नियंत्रित करना	niyantrit karana
convencer (vt)	यकीन दिलाना	yakīn dilāna
convidar (vt)	आमंत्रित करना	āmantrit karana
cooperar (vi)	सहयोग करना	sahayog karana
coordenar (vt)	समन्वय करना	samanvay karana
corar (vi)	चेहरा लाल होना	chehara lāl hona
correr (vi)	दौड़ना	daurana
corrigir (vt)	ठीक करना	thīk karana
cortar (com um machado)	काटना	kātana
cortar (vt)	काटना	kātana
cozinhar (vt)	बनाना	banāna
crer (pensar)	विश्वास करना	vishvās karana
criar (vt)	बनाना	banāna
cultivar (vt)	उगाना	ugāna
cuspir (vi)	थूकना	thūkana
custar (vt)	दाम होना	dām hona
dar banho, lavar (vt)	नहाना	nahāna
datar (vi)	तारीख़ डालना	tārīkh dālana
decidir (vt)	फ़ैसला करना	faisala karana
decorar (enfeitar)	सजाना	sajāna
dedicar (vt)	अर्पित करना	arpit karana
defender (vt)	रक्षा करना	raksha karana
defender-se (vr)	रक्षा करना	raksha karana
deixar (~ a mulher)	छोड़ना	chhorana
deixar (esquecer)	छोड़ना	chhorana
deixar (permitir)	अनुमति देना	anumati dena
deixar cair (vt)	गिराना	girāna
denominar (vt)	नाम देना	nām dena
denunciar (vt)	आरोप लगाना	ārop lagāna
depender de ... (vi)	निर्भर होना	nirbhar hona
derramar (vt)	छलकाना	chhalakāna
desaparecer (vi)	गायब होना	gāyab hona
desatar (vt)	ढीला करना	dhīla karana
desatracar (vi)	फेंक देना	fenk dena
descansar (um pouco)	आराम करना	ārām karana
descer (para baixo)	उतरना	utarana
descobrir (novas terras)	खोजना	khojana
descolar (avião)	उड़ना	urana
desculpar (vt)	माफ़ी देना	māfī dena
desculpar-se (vr)	माफ़ी मांगना	māfī māngana
desejar (vt)	चाहना	chāhana
desempenhar (vt)	अभिनय करना	abhinay karana
desligar (vt)	बुझाना	bujhāna
desprezar (vt)	नफ़रत करना	nafarat karana
destruir (documentos, etc.)	तबाह करना	tabāh karana

233

| dever (vi) | ज़रूर | zarūr |
| devolver (vt) | वापस भेजना | vāpas bhejana |

direcionar (vt)	रास्ता बताना	rāsta batāna
dirigir (~ uma empresa)	नेतृत्व करना	netrtv karana
dirigir-se	संबोधित करना	sambodhit karana
(a um auditório, etc.)		
discutir (notícias, etc.)	वाद-विवाद करना	vād-vivād karana

distribuir (folhetos, etc.)	बाँटना	bāntana
distribuir (vt)	बांटना	bāntana
divertir (vt)	मन बहलाना	man bahalāna
divertir-se (vr)	आनंद उठाना	ānand uthāna

dividir (mat.)	विभाजित करना	vibhājit karana
dizer (vt)	कहना	kahana
dobrar (vt)	दुगुना करना	duguna karana
duvidar (vt)	शक करना	shak karana

254. Verbos E-J

elaborar (uma lista)	संकलन करना	sankalan karana
elevar-se acima de ...	ऊँचा होना	ūncha hona
eliminar (um obstáculo)	हटाना	hatāna
embrulhar (com papel)	लपेटना	lapetana

emergir (submarino)	पानी की सतह पर आना	pānī kī satah par āna
emitir (vt)	निकलना	nikalana
empreender (vt)	ज़िम्मेदारी लेना	zimmedārī lena
empurrar (vt)	धकेलना	dhakelana

encabeçar (vt)	संचालन करना	sanchālan karana
encher (~ a garrafa, etc.)	भरना	bharana
encontrar (achar)	ढूंढ लेना	dhūnrh lena
enganar (vt)	धोखा देना	dhokha dena

ensinar (vt)	सीखाना	sīkhāna
entrar (na sala, etc.)	अंदर आना	andar āna
enviar (uma carta)	भेजना	bhejana
equipar (vt)	तैयारी करना	taiyārī karana

errar (vi)	ग़लती करना	galatī karana
escolher (vt)	चुनना	chunana
esconder (vt)	छिपाना	chhipāna
escrever (vt)	लिखना	likhana

escutar (vt)	सुनना	sunana
escutar atrás da porta	छिपकर सुनना	chhipakar sunana
esmagar (um inseto, etc.)	कुचलना	kuchalana
esperar (contar com)	आशा करना	āsha karana

esperar (o autocarro, etc.)	इंतज़ार करना	intazār karana
esperar (ter esperança)	आशा रखना	āsha rakhana
espreitar (vi)	छिपकर देखना	chhipakar dekhana

estar	रखा होना	rakha hona
estar convencido	यकीन आना	yakīn āna
estar deitado	लेटना	letana
estar perplexo	सटपटाना	satapatāna
estar sentado	बैठना	baithana
estremecer (vi)	सिहर जाना	sihar jāna
estudar (vt)	पढ़ना	parhana
evitar (vt)	टालना	tālana
examinar (vt)	विचार करना	vichār karana
exigir (vt)	माँगना	māngana
existir (vi)	होना	hona
explicar (vt)	समझाना	samajhāna
expressar (vt)	प्रकट करना	prakat karana
expulsar (vt)	बरख़ास्त करना	barakhāst karana
facilitar (vt)	आसान बनाना	āsān banāna
falar com ...	से कहना	se kahana
faltar a ...	ग़ैरहाजिर होना	gairahājir hona
fascinar (vt)	मोहना	mohana
fatigar (vt)	थकाना	thakāna
fazer (vt)	करना	karana
fazer lembrar	याद दिलाना	yād dilāna
fazer piadas	मज़ाक करना	mazāk karana
fazer uma tentativa	कोशिश करना	koshish karana
fechar (vt)	बंद करना	band karana
felicitar (dar os parabéns)	बधाई देना	badhaī dena
ficar cansado	थकना	thakana
ficar em silêncio	चुप रहना	chup rahana
ficar pensativo	ख़्यालों में गुम रहना	khyālon men gum rahana
forçar (vt)	विवश करना	vivash karana
formar (vt)	बनाना	banāna
fotografar (vt)	फ़ोटो खींचना	foto khīnchana
gabar-se (vr)	डींग मारना	dīng mārana
garantir (vt)	गारंटी देना	gārantī dena
gostar (apreciar)	अच्छा लगना	achchha lagana
gostar (vt)	अच्छा लगना	achchha lagana
gritar (vi)	चिल्लाना	chillāna
guardar (cartas, etc.)	रखना	rakhana
guardar (no armário, etc.)	रख देना	rakh dena
guerrear (vt)	युद्ध करना	yuddh karana
herdar (vt)	उत्तराधिकार में पाना	uttarādhikār men pāna
iluminar (vt)	प्रकाश करना	prakāsh karana
imaginar (vt)	सोचना	sochana
imitar (vt)	नकल करना	nakal karana
implorar (vt)	प्रार्थना करके मनाना	prārthana karake manāna
importar (vt)	आयात करना	āyāt karana
indicar (orientar)	दिखाना	dikhāna

indignar-se (vr)	गुस्से में आना	gusse men āna
infetar, contagiar (vt)	संक्रमित करना	sankramit karana
influenciar (vt)	असर डालना	asar dālana
informar (fazer saber)	बताना	batāna
informar (vt)	ख़बर देना	khabar dena
informar-se (~ sobre)	जानकारी पाना	jānakārī pāna
inscrever (na lista)	दर्ज करना	darj karana
inserir (vt)	डालना	dālana
insinuar (vt)	इशारा करना	ishāra karana
insistir (vi)	आग्रह करना	āgrah karana
inspirar (vt)	प्रेरित करना	prerit karana
instruir (vt)	निर्देश देना	nirdesh dena
insultar (vt)	अपमान करना	apamān karana
interessar (vt)	रुचि लेना	ruchi lena
interessar-se (vr)	रुचि लेना	ruchi lena
intervir (vi)	घुलना-मिलना	ghulana-milana
invejar (vt)	ईर्ष्या करना	īrshya karana
inventar (vt)	आविष्कार करना	āvishkār karana
ir (a pé)	जाना	jāna
ir (de carro, etc.)	जाना	jāna
ir nadar	तैरना	tairana
ir para a cama	सोने जाना	sone jāna
irritar (vt)	नाराज़ करना	nārāz karana
irritar-se (vr)	नाराज़ होना	nārāz hona
isolar (vt)	अलग करना	alag karana
jantar (vi)	भोजन करना	bhojan karana
jogar, atirar (vt)	फेंकना	fenkana
juntar, unir (vt)	संयुक्त करना	sanyukt karana
juntar-se a ...	जुड़ना	jurana

255. Verbos L-P

lançar (novo projeto)	शुरू करना	shurū karana
lavar (vt)	धोना	dhona
lavar a roupa	धोना	dhona
lavar-se (vr)	नहाना	nahāna
lembrar (vt)	याद करना	yād karana
ler (vt)	पढ़ना	parhana
levantar-se (vr)	उठना	uthana
levar (ex. leva isso daqui)	ले जाना	le jāna
libertar (cidade, etc.)	आज़ाद करना	āzād karana
ligar (o radio, etc.)	चलाना	chalāna
limitar (vt)	पाबंदी लगाना	pābandī lagāna
limpar (eliminar sujeira)	साफ़ करना	sāf karana
limpar (vt)	साफ़ करना	sāf karana
lisonjear (vt)	चापलूसी करना	chāpalūsī karana

livrar-se de ...	छुटकारा पान	chhutakāra pān
lutar (combater)	लड़ना	larana
lutar (desp.)	कुश्ती लड़ना	kushtī larana
marcar (com lápis, etc.)	चिह्न लाना	chihn lāna
matar (vt)	मारना	mārana
memorizar (vt)	याद करना	yād karana
mencionar (vt)	उल्लेख करना	ullekh karana
mentir (vi)	झूठ बोलना	jhūth bolana
merecer (vt)	लायक होना	lāyak hona
mergulhar (vi)	गोता मारना	gota mārana
misturar (combinar)	मिलाना	milāna
morar (vt)	रहना	rahana
mostrar (vt)	दिखाना	dikhāna
mover (arredar)	सरकाना	sarakāna
mudar (modificar)	बदलना	badalana
multiplicar (vt)	गुणा करना	guna karana
nadar (vi)	तैरना	tairana
negar (vt)	नकारना	nakārana
negociar (vi)	वार्ता करना	vārtta karana
nomear (função)	तय करना	tay karana
obedecer (vt)	मानना	mānana
objetar (vt)	एतराज़ करना	etarāz karana
observar (vt)	देखना	dekhana
ofender (vt)	नाराज़ करना	nārāz karana
olhar (vt)	देखना	dekhana
omitir (vt)	छोड़ना	chhorana
ordenar (mil.)	हुक्म देना	hukm dena
organizar (evento, etc.)	आयोजित करना	āyojit karana
ousar (vt)	साहस करना	sāhas karana
ouvir (vt)	सुनना	sunana
pagar (vt)	दाम चुकाना	dām chukāna
parar (para descansar)	रुकना	rukana
parecer-se (vr)	मिलता-जुलता होना	milata-julata hona
participar (vi)	भाग लेना	bhāg lena
partir (~ para o estrangeiro)	चला जाना	chala jāna
passar (vt)	गुज़रना	guzarana
passar a ferro	इस्तरी करना	istarī karana
pecar (vi)	पाप करना	pāp karana
pedir (comida)	ऑर्डर करना	ordar karana
pedir (um favor, etc.)	कहना	kahana
pegar (tomar com a mão)	पकड़ना	pakarana
pegar (tomar)	लेना	lena
pendurar (cortinas, etc.)	टांगना	tāngana
penetrar (vt)	घुसना	ghusana
pensar (vt)	सोचना	sochana
pentear-se (vr)	अपने बालों में कंघी करना	apane bālon men kanghī karana

perceber (ver)	देखना	dekhana
perder (o guarda-chuva, etc.)	खोना	khona
perdoar (vt)	क्षमा करना	kshama karana
permitir (vt)	अनुमति देना	anumati dena

pertencer a ...	स्वामी होना	svāmī hona
perturbar (vt)	बाधा डालना	bādha dālana
pesar (ter o peso)	वज़न करना	vazan karana
pescar (vt)	मछली पकड़ना	machhalī pakarana

planear (vt)	योजना बनाना	yojana banāna
poder (vi)	सकना	sakana
pôr (posicionar)	रखना	rakhana
possuir (vt)	रखना	rakhana

predominar (vi, vt)	विजयी होना	vijayī hona
preferir (vt)	तरजीह देना	tarajīh dena
preocupar (vt)	परेशान करना	pareshān karana
preocupar-se (vr)	फ़िक्र होना	fikr hona
preocupar-se (vr)	परेशान होना	pareshān hona

preparar (vt)	तैयार करना	taiyār karana
preservar (ex. ~ a paz)	बचाना	bachāna
prever (vt)	भविष्य देखना	bhavishy dekhana
privar (vt)	वंचित करना	vanchit karana

proibir (vt)	मना करना	mana karana
projetar, criar (vt)	डिज़ाइन बनाना	dizain banāna
prometer (vt)	वचन देना	vachan dena
pronunciar (vt)	उच्चारण करना	uchchāran karana

propor (vt)	प्रस्ताव करना	prastāv karana
proteger (a natureza)	रक्षा करना	raksha karana
protestar (vi)	विरोध करना	virodh karana
provar (~ a teoria, etc.)	साबित करना	sābit karana

provocar (vt)	उकसाना	ukasāna
publicitar (vt)	विज्ञापन देना	vigyāpan dena
punir, castigar (vt)	सज़ा देना	saza dena
puxar (vt)	खींचना	khīnchana

256. Verbos Q-Z

quebrar (vt)	तोड़ना	torana
queimar (vt)	जलाना	jalāna
queixar-se (vr)	शिकायत करना	shikāyat karana
querer (desejar)	चाहना	chāhana

rachar-se (vr)	चीर पड़ना	chīr parana
realizar (vt)	पूरा करना	pūra karana
recomendar (vt)	सिफ़ारिश करना	sifārish karana
reconhecer (identificar)	पहचानना	pahachānana
reconhecer (o erro)	मानना	mānana
recordar, lembrar (vt)	याद करना	yād karana

recuperar-se (vr)	ठीक हो जाना	thīk ho jāna
recusar (vt)	इन्कार करना	inkār karana
reduzir (vt)	कम करना	kam karana
refazer (vt)	दोबारा करना	dobāra karana
reforçar (vt)	दृढ़ करना	drrh karana
refrear (vt)	रोकना	rokana
regar (plantas)	सींचना	sīnchana
remover (~ uma mancha)	धब्बा मिटाना	dhabba mitāna
reparar (vt)	ठीक करना	thīk karana
repetir (dizer outra vez)	दोहराना	doharāna
reportar (vt)	रिपोर्ट करना	riport karana
repreender (vt)	डाँटना	dāntana
reservar (~ um quarto)	बुक करना	buk karana
resolver (o conflito)	सुलझाना	sulajhāna
resolver (um problema)	हल करना	hal karana
respirar (vi)	साँस लेना	sāns lena
responder (vt)	जवाब देना	javāb dena
rezar, orar (vi)	दुआ देना	dua dena
rir (vi)	हसना	hansana
romper-se (corda, etc.)	फटना	fatana
roubar (vt)	चुराना	churāna
saber (vt)	मालूम होना	mālūm hona
sair (~ de casa)	बाहर जाना	bāhar jāna
sair (livro)	छापना	chhāpana
salvar (vt)	बचाना	bachāna
satisfazer (vt)	संतुष्ट करना	santusht karana
saudar (vt)	स्वागत करना	svāgat karana
secar (vt)	सुखाना	sukhāna
seguir ...	पीछे जाना	pīchhe jāna
selecionar (vt)	चुनना	chunana
semear (vt)	बोना	bona
sentar-se (vr)	बैठ जाना	baith jāna
sentenciar (vt)	सज़ा देना	saza dena
sentir (~ perigo)	महसूस करना	mahasūs karana
ser diferente	फ़र्क होना	fark hona
ser indispensável	ज़रूरी होना	zarūrī hona
ser necessário	आवश्यक होना	āvashyak hona
ser preservado	बचाना	bachāna
ser, estar	होना	hona
servir (restaurant, etc.)	सेवा करना	seva karana
servir (roupa)	फिट करना	fit karana
significar (palavra, etc.)	अर्थ होना	arth hona
significar (vt)	अर्थ बताना	arth batāna
simplificar (vt)	सरल बनाना	saral banāna
sobrestimar (vt)	ज़्यादा आंकना	zyāda ānkana
sofrer (vt)	सहना	sahana

239

sonhar (vi)	सपना देखना	sapana dekhana
sonhar (vt)	सपने देखना	sapane dekhana
soprar (vi)	फूंकना	fūnkana
sorrir (vi)	मुस्कुराना	muskurāna
subestimar (vt)	कम आंकना	kam ānkana
sublinhar (vt)	रेखांकित करना	rekhānkit karana
sujar-se (vr)	मैला होना	maila hona
supor (vt)	अंदाज़ा लगाना	andāza lagāna
suportar (as dores)	सहना	sahana
surpreender (vt)	हैरान करना	hairān karana
surpreender-se (vr)	हैरान होना	hairān hona
suspeitar (vt)	शक करना	shak karana
suspirar (vi)	आह भरना	āh bharana
tentar (vt)	कोशिश करना	koshish karana
ter (vt)	होना	hona
ter medo	डरना	darana
terminar (vt)	ख़त्म करना	khatm karana
tirar (vt)	हटाना	hatāna
tirar cópias	ज़ीरोक्स करना	zīroks karana
tirar uma conclusão	नतीजा निकालना	natīja nikālana
tocar (com as mãos)	छूना	chhūna
tomar emprestado	कर्ज़ लेना	karz lena
tomar nota	लिखना	likhana
tomar o pequeno-almoço	नाश्ता करना	nāshta karana
tornar-se (ex. ~ conhecido)	हो जाना	ho jāna
trabalhar (vi)	काम करना	kām karana
traduzir (vt)	अनुवाद करना	anuvād karana
transformar (vt)	रूप बदलना	rūp badalana
tratar (a doença)	इलाज कराना	ilāj karāna
trazer (vt)	लाना	lāna
treinar (pessoa)	प्रशिक्षित करना	prashikshit karana
treinar-se (vr)	प्रशिक्षण करना	prashikshan karana
tremer (de frio)	कांपना	kāmpana
trocar (vt)	बदलना	badalana
trocar, mudar (vt)	बदलाना	badalāna
usar (uma palavra, etc.)	उपयोग करना	upayog karana
utilizar (vt)	उपयोग करना	upayog karana
vacinar (vt)	टीका लगाना	tīka lagāna
vender (vt)	बेचना	bechana
verter (encher)	डालना	dālana
vingar (vt)	बदला लेना	badala lena
virar (ex. ~ à direita)	मोड़ना	morana
virar (pedra, etc.)	उलटना	ulatana
virar as costas	मुड़ना	murana
viver (vi)	जीना	jīna
voar (vi)	उड़ना	urana

voltar (vi)	लौटाना	lautāna
votar (vi)	मतदान डालना	matadān dālana
zangar (vt)	क्रोध में लाना	krodh men lāna
zangar-se com …	क्रोध में आना	krodh men āna
zombar (vt)	मज़ाक उड़ाना	mazāk urāna